CHV

Pierre Salinger / Eric Laurent

# Krieg am Golf

## Das Geheimdossier

Aus dem Französischen von
Sebastian Kerschenstein
und
Reinhard Hesse

Carl Hanser Verlag

Titel der Originalausgabe:
*Guerre du Golfe. Le Dossier Secret*, Paris 1991


ISBN 3-446-16356-5

Satz: Fotosatz Reinhard Amann, Leutkirch
Druck und Bindung: Franz Spiegel Buch GmbH, Ulm
Printed in Germany

# Inhalt

# 1

# Die Krise begann 1988

Der Krieg zwischen dem Iran und dem Irak endete am 8. August 1988. Niemand ahnte, daß an diesem Tag auch die Golfkrise beginnen würde.

Man sah damals im Irak den Gewinner eines Konflikts, der in acht Jahren fast eine Million Menschen getötet hatte: den Gewinner einfach deshalb, weil zuerst Teheran einen Waffenstillstand vorgeschlagen hatte. In Wahrheit jedoch beendete Bagdad diesen Krieg erschöpft und mächtig zugleich. Sein Militärapparat war eindrucksvoll und ohne Konkurrenz im Nahen Osten: 55 Divisionen im Vergleich zu 10 Divisionen im Jahr 1980, eine Million bestens ausgerüsteter und kampfbereiter Soldaten, 500 Flugzeuge und 5500 Panzer.

Das finanzielle Desaster sprengte ebenfalls alle Grenzen. Anfang des Krieges hatte der Irak 30 Milliarden Dollar Währungsreserven. Acht Jahre später erreichte die Verschuldung des Landes die Marke von 100 Milliarden Dollar. Allen seinen ausländischen Gästen, die Saddam Hussein in den Salons seines riesigen und kalten Palastes im Zentrum Bagdads empfing, teilte er mit, daß er acht Jahre lang ein »wahres Schild zum Schutz der arabischen Brüder gegen die persische Gefahr« gewesen sei und daß er nun von den »reichsten unter ihnen, Saudi-Arabien, den Vereinigten Arabischen Emiraten und Kuwait« verlange, »daß sie uns bei der Rückzahlung all unserer Schulden helfen«.

Doch schon am 9. August, also nur einen Tag nach dem Waffenstillstand, brach Kuwait den OPEC-Vertrag und beschloß, seine Erdölproduktion vor allem im Rumeila-Feld aus jener Grenzzone zu erhöhen, die seit jeher ein diplomatischer Zankapfel zwischen dem Irak und Kuwait ist.

Saddam Hussein empfand das Vorgehen Kuwaits als Provokation und Verrat. Das zusätzliche Öl erhöhte die ohnehin vorhandene Überproduktion und führte zu Preisstürzen auf dem Weltmarkt. Allein durch diese Maßnahme fielen die Einkünfte Bagdads , die zu 90 Prozent auf Erdölexporten beruhten, um sieben Milliarden Dollar pro Jahr, während die Schuldenlast um die gleiche Summe stieg. Dem Land drohte regelrecht der Erstickungstod.

Man kann sich schwerlich zwei Länder vorstellen, die sich mehr unterschieden als der Irak und das Emirat Kuwait. Im ersten lag alle Gewalt in den Händen eines Mannes, eines unerbittlichen und von Großmachtträumen zerfressenen Diktators. Gegenüber dem Irak, einem strengen, kargen und von Entbehrungen gezeichneten Land mit 18 Millionen Einwohnern war das Emirat eine winzige Enklave des Reichtums und des Überflusses, in dem sich die tausend Mitglieder der regierenden Familie, die Sabbahs, Einfluß, Posten und Profite teilten wie die Mitglieder eines Aufsichtsrats. Die kuwaitischen Investitionen im Ausland überschritten die unglaubliche Summe von 100 Milliarden Dollar und brachten dem Emirat jährlich Einkünfte von mehr als sechs Milliarden Dollar, mehr noch als der Erdölexport. Dieser warme Regen ging in erster Linie auf die 700000 kuwaitischen Staatsbürger nieder, während die 1,2 Millionen Gastarbeiter – Palästinenser, Filipinos, Pakistaner, Ägypter –, die die Wirtschaft des Landes in Schwung hielten, leer ausgingen.

Geld macht oft blind und arrogant. Indem sie diese doppelte Schieflage nicht berücksichtigten, haben die kuwaitischen Herrscher das Drama fast zwangsläufig heraufbeschworen. Ein Drama, dessen Vorzeichen niemand erkannte und das dabei ist, sich in eine Tragödie zu verwandeln.

Am 12. Februar 1990, dem Jahrestag der Geburt von Abraham Lincoln, kam am späten Vormittag John Kelly in Bagdad an. Der mittelgroße, an die 50 Jahre alte, ruhige und gelassene Karrierediplomat, der nur einen Posten im Ausland – als Botschafter im Libanon – bekleidet hatte, machte seine erste offizielle Visite, seit er als amerikanischer Unterstaatssekretär für den Nahen Osten zuständig war. Es war kalt, als er von der amerikanischen Botschafterin April Glaspie, begleitet von zwei irakischen Offiziellen, am Fuß der Gangway begrüßt wurde. April Glaspie mit dem kleinen Gesicht, den scharfen Zügen und einem strengen Äußeren, war in den diplomatischen Dienst eingetreten, nachdem sie an der John-Hopkins-Universität ihr Diplom gemacht hatte. Sie sprach fließend Arabisch und hatte mehrere Posten bekleidet, besonders in Tunis und Damaskus, bevor sie das Büro für jordanische, libanesische und syrische Angelegenheiten im US-Außenministerium übernahm.

Sie lebte mit ihrer Mutter und ihrem Hund allein in Bagdad und hatte seit ihrer Ankunft noch niemals ein persönliches Gespräch unter vier Augen mit Saddam Hussein geführt.

Die im amerikanischen Außenministerium über den irakischen Herrscher angefertigten Studien drehten sich um drei Achsen: Saddams erklärten Willen und sein Vermögen, ein wahrer Führer der arabischen Welt zu werden, seine Faszination durch das Prestige und die Ausstrahlung des früheren Präsidenten von Ägypten, Raïs Gamal Abd el-Nasser, mit dem er sich gern vergleichen ließ, sowie schließlich seine Annäherung an den Westen. Der letzte Punkt wurde von John Kelly und den Experten seines Dienstes als entscheidend angesehen.

Als die irakischen Truppen 1980 den Iran angriffen, war das Baath-Regime von den Amerikanern als zuverlässigster Alliierter Moskaus angesehen worden. 1978 hatte sich Bagdad nach der Unterzeichnung der Verträge von Camp David zwischen Israel und Ägypten sogar an die Spitze der Ablehnungsfront gestellt und war bereit, Kairo zu isolieren und für seine Annäherung an den jüdischen Staat zu bestrafen. Der Irak bot zu jener Zeit auch den mörderischsten palästinensischen Terrorgruppen Schutz, besonders jener von Abu Nidal.

Acht Jahre später ging das Land aus dem Krieg so hervor, als ob es dem Westen näher stünde als je zuvor. Seine Wirtschaft war mehr mit der des Westens verflochten als mit der der Sowjetunion, und sein Waffenarsenal stammte zu gleich großen Teilen aus den europäischen Ländern, besonders Frankreich, wie aus Moskau. Das führte die Amerikaner dazu, auf den Irak zu setzen, den sie als wichtigen Macht- und Stabilitätsfaktor der Region ansahen.

John Kelly wurde von Saddam Hussein am Nachmittag des 12. Februar empfangen. Das Treffen mit einem amerikanischen Regierungsvertreter war das erste seit langer Zeit. »Sie sind eine Kraft der Mäßigung in der Region«, sagte der Diplomat im Verlauf der herzlichen Unterredung zu Saddam Hussein, »und die Vereinigten Staaten möchten ihre Beziehungen zum Irak ausbauen.«

Saddam Hussein fühlte sich äußerst geschmeichelt, nach eigenen Worten sogar »stolz«, und berichtete über das Gespräch mehreren arabischen Staatschefs, als erstem per Telefon dem jordanischen König Hussein.

John Kelly hatte ein erstes von mehreren vieldeutigen und widersprüchlichen Signalen gegeben, die schwere Konsequenzen haben sollten.

Drei Tage nach dieser Unterredung, am 15. Februar, brachte die »Stimme Amerikas« in einer ihrer Sendungen für die arabische Welt einen Bericht, der – so der Sprecher – »die Sicht der amerikanischen Regierung widerspiegelt«. Es handelte sich um einen Appell an die öffentliche Meinung, gegen Diktatoren überall auf der Welt mobil zu machen. Der Irak wurde an prominenter Stelle genannt und Saddam Hussein als einer der schlimmsten Tyrannen auf der Erde angeprangert. Der irakische Staatschef bekam einen Wutanfall und konnte trotz aller Entschuldigungen, die ihm über seine Botschaft in Washington übermittelt wurden, nicht fassen, daß die »Stimme Amerikas« und die amerikanischen Regierungsvertreter solch unterschiedliche Standpunkte vertraten. Dieser Zwischenfall gleich nach den Lobessprüchen von John Kelly schien ihm ein Beweis zu sein für das doppelte Spiel, das die Amerikaner trieben. Wie um ihn zu bestätigen, veröffentlichte das amerikanische Außenamt am 21. Februar einen Bericht über die Menschenrechte. Ein Dutzend Seiten waren dem Irak gewidmet, und die Regierung von Saddam Hussein wurde als die »schlimmste im Zusammenhang mit der Verletzung von Menschenrechten« bezeichnet. Auch wurden die vielen Folterungen und Massenhinrichtungen gebrandmarkt.

Als kurz nach dieser Veröffentlichung der Auswärtige Ausschuß des Repräsentantenhauses in einer Resolution den Irak »wegen schwerer Verletzungen der Menschenrechte« verurteilen wollte, protestierte die Bush-Administration energisch und stellte sich der Annahme dieser Resolution entgegen.

All diese sich widersprechenden Interventionen zeigten die unklare Linie der amerikanischen Führung. Aber der Irak und der Nahe Osten standen damals noch nicht im Mittelpunkt der amerikanischen Politik. Alle Aufmerksamkeit und Energie des Präsidenten Bush und seiner engsten Mitarbeiter – insbesonders des Außenministers James Baker – galt den sowjetisch-amerikanischen Beziehungen und der gewaltigen demokratischen Explosion in Osteuropa.

Am 23. Februar 1990 kam Saddam Hussein nach Amman. Bis zum letzten Augenblick waren Plan seines Fluges und Ankunftszeit geheimgehalten worden. Aus Furcht vor einem Attentat flog der irakische Präsident mit einem Flugzeug ohne jede Kennzeichnung. Die Maschine, die er normalerweise für seine Reisen benutzte, war mit seinen Mitarbeitern und Leibwächtern einige Stunden zuvor gelandet.

König Hussein empfing den irakischen Staatschef, der einen sehr angespannten und besorgten Eindruck machte. Er hatte soeben an den Feierlichkeiten zum ersten Jahrestag der Errichtung des Rates der Arabischen Kooperation teilgenommen, einem regionalen Klub, der dem jordanischen Herrscher besonders am Herzen lag, Saddam Hussein hingegen nur am Rande interessierte. In der Tat weckte das Ereignis kaum Aufmerksamkeit in der arabischen Öffentlichkeit und unter den wenigen westlichen Journalisten in Amman. Niemand konnte deshalb ahnen, was sich hinter den Kulissen abgespielt hatte.

Saddam Hussein hatte für einige seiner Kollegen sehr heftige Worte gehabt. Er hatte vorhergesagt, daß die Schwächung Moskaus den Vereinigten Staaten in den nächsten fünf Jahren im Nahen Osten eine Bewegungsfreiheit geben würde wie nie zuvor: »Ist es nicht Washington, das den sowjetischen Juden zur Einwanderung nach Israel verhilft? Läßt nicht Amerika seine Schiffe im Golf patroullieren trotz der Beendigung der Feindseligkeiten zwischen dem Iran und Irak?« Für Saddam Hussein, dessen Rede vom jordanischen Fernsehen übertragen wurde, waren die Gründe für dieses Verhalten klar: »Das Land, das den größten Einfluß auf die Region, den Golf und sein Erdöl ausübt, wird seine Vorherrschaft als Supermacht konsolidieren, ohne daß ihm jemand Paroli bieten kann. Wenn die Bevölkerung des Golfs – und darüber hinaus die der gesamten arabischen Welt – nicht aufpaßt, wird diese Region nach dem Willen der Vereinigten Staaten regiert werden. Beispielsweise werden die Ölpreise so festgesetzt, daß sie den amerikanischen Interessen dienen und nicht denen der anderen Völker.«

Die Botschaft Saddam Husseins war klar: Es ist im Interesse der arabischen Welt, daß der Golf vom Irak und nicht von den Vereinigten Staaten beherrscht wird.

Über diese Erklärung geriet Ägyptens Staatschef Husni Mubarak, Hauptalliierter der USA, in Wut. Kairo wurde jährlich von den Amerikanern mit zwei Milliarden Dollar unterstützt. Saddam Hussein hatte in seiner Ansprache auch angeregt, damit zu drohen, die im Westen investierten Petrodollar abzuziehen, um so die Amerikaner weich zu machen. »Neben den guten Arabern«, fügte er hinzu, »gibt es keinen Platz für Feiglinge und Angsthasen, die meinen, die Supermacht USA sei der entscheidende Faktor und die anderen müßten sich eben unterwerfen.« Mubarak nahm diese Worte als persönlichen Angriff und verließ zusammen mit seiner Delegation wütend den Saal. König Hussein folgte ihm, und

Mubarak sagte: »Solche Vorsätze sind unerträglich. Ich kehre nach Ägypten zurück.«

Der jordanische Herrscher besänftigte seinen Gast und schlug ein Treffen mit dem irakischen Präsidenten vor, um die Mißverständnisse auszuräumen. Mubarak lehnte erst entschieden ab, ließ sich dann aber doch breitschlagen. Die drei Männer trafen sich am 24. abends im Palast Haschemiel, wo Hussein gelebt hatte, bevor seine Frau, Königin Alia, durch einen Hubschrauberunfall ums Leben kam. Die Atmosphäre war sehr gespannt, und Saddam Hussein, weit davon entfernt, sich konziliant zu geben, präzisierte seine Forderungen. Er sah seinen Gesprächspartnern fest in die Augen und sprach mit harten Worten von den 30 Milliarden Dollar Anleihen, die ihm von Kuwait und Saudi-Arabien zu Kriegszeiten gewährt worden waren: »Wenn sie diese Schulden nicht streichen und mir nicht weitere 30 Milliarden Dollar geben, dann greife ich zu Repressalien.«

Mubarak war mit seiner Geduld am Ende und brach die Unterhaltung ab: »Deine Forderungen passen nicht zusammen. Du wirst ein Drama provozieren.« Noch in der Nacht kehrte Mubarak nach Kairo zurück, und König Hussein mußte die Debatte des Kooperationsrates am zweiten Tag absagen.

Der von Saddam Hussein provozierte Eklat und die Höhe seiner Forderungen beunruhigten die arabische Welt zutiefst, besonders Kuwait und Saudi-Arabien. In beiden Ländern fürchteten die Regierenden, daß Bagdad mit seinen Raketen einen Überraschungsangriff gegen sie führen und sodann das Land besetzen werde oder daß gegen die Mitglieder der beiden Herrscherfamilien terroristische Aktionen unternommen würden.

In Riad informierten die saudischen Verantwortlichen sofort die lokale Vertretung der CIA über die Drohung. Die Nachricht wurde auch ins Hauptquartier Langley in der Nähe Washingtons weitergereicht, aber es gab keine Reaktion der amerikanischen politischen Führung. Der Geheimdienst beschloß zwar, den Irak näher unter die Lupe zu nehmen und mehr Informationen über ihn zu sammeln, aber die

Hauptschwierigkeit bestand darin, an zuverlässige Quellen heranzukommen. Die Kontrolle der gesamten Regierungsmaschinerie lag in den Händen Saddams und der Mitglieder seiner Familie, die sich auf eine allgegenwärtige und wirkungsvolle Geheimpolizei stützen konnten. William Casey, einst unter Reagan CIA-Direktor, hatte eine bittere Feststellung treffen müssen, und die Situation hatte sich seither nicht geändert: der amerikanische Geheimdienst verfügte im Irak über keinen Agenten von Rang.

Die wichtigsten arabischen Hauptstädte hatten etwa zur gleichen Zeit Kenntnis von einem vertraulichen Bericht über den Zustand der irakischen Wirtschaft erlangt, den einer der einflußreichsten Bankiers des Nahen Ostens verfaßt hatte. Darin erinnerte er zunächst daran, daß die irakischen Einnahmen aus Erdölexporten zwischen 1972 und 1980, dem Beginn des Golfkriegs mit dem Iran, von einer Milliarde Dollar jährlich auf 25 Milliarden gestiegen waren. Jetzt, zu Anfang des Jahres 1990, zeigte sich der Bankier äußerst pessimistisch hinsichtlich der Zukunft des Landes und vermengte in seiner Analyse bildreiche Vergleiche und harte Tatsachen: »Der leuchtende Regenbogen der siebziger Jahre steht in starkem Widerspruch zur düsteren und traurigen wirtschaftlichen Wirklichkeit der Gegenwart, zu der gewaltigen Vernichtung quer durchs Land und dem Schwinden jeder Hoffnung für die künftigen Generationen. Kann dieser desolate Zustand verändert werden? Meine traurige Aufgabe besteht darin nachzuweisen, daß sich die Situation unter der derzeitigen Regierung nur noch verschlechtern kann.«

Er bestand auch darauf, daß die riesigen akkumulierten Schulden, deren Zinsen Bagdad nicht einmal mehr bezahlen konnte, »zu einer waghalsigen und gefährlichen Politik führen wird, zu Anleihen, deren effektive Zinsen 30 Prozent jährlich überschreiten werden«. Er machte besonders auf einen Punkt aufmerksam: 1989 war der Irak der größte Nutznießer des amerikanischen »Credit Commodity Program«, das den Verkauf landwirtschaftlicher Produkte der Vereinigten Staaten in der Welt förderte.

Der letzte Absatz des Berichts war der interessanteste. Mit bemerkenswerter Klarheit sagte er voraus, was passieren werde: »Saddam Hussein ist jetzt über die finanzielle Situation seines Landes voll informiert. Welche Optionen hat er im Irak selbst? Nicht viele. Aber es gibt ja immer noch Kuwait, nur wenige Kilometer von seiner untätigen Armee entfernt, die im Schatt el-Arab massiert ist. Der Irak braucht einen direkten Zugang zum offenen Meer des Golfs.«

Die wirtschaftlichen Kennzahlen enthüllten immer größere Schwierigkeiten Bagdads. Mehrere ambitiöse Projekte mußten unterbrochen werden. So die Tunnelarbeiten für eine Untergrundbahn in der Hauptstadt, der Bau von 3200 Kilometern Eisenbahnstrecke sowie die Errichtung zweier riesiger Staudämme und der dazugehörenden Kraftwerke zur Stromerzeugung.

Noch ein anderer beobachtete mit Besorgnis das immer stärkere Auseinanderfallen »dieser arabischen Familie«, die er jedoch immer wieder erwähnte, sowohl in seinen Reden als auch während vertraulicher Gespräche mit Freunden: Jordaniens König Hussein. In 37 Jahren einer erstaunlichen Regentschaft, die gekennzeichnet war durch das Wissen um ihre Gebrechlichkeit und einen Überlebensinstinkt ohnegleichen, spürte er besser als irgend jemand sonst die nahenden Anzeichen des Dramas. Er wußte, daß ein neues politisches Erdbeben in der Region die Existenz Jordaniens gefährdete, das mit seinen drei Millionen Einwohnern, davon 60 Prozent Palästinensern, weggefegt werden könnte.

»Die Spannung steigt wie vor dem Krieg von 1967«, sagte er, »seit den vierzig Jahren, die ich an der Macht bin, habe ich diese Region nicht mehr an eine so gefährliche Wegkreuzung kommen sehen.« Er sagte das sehr ernst, mit einem leidenschaftslosen Ton, während er neben seinem Besucher saß, an der Wand ein Foto von Saddam Hussein, direkt über seiner Schulter.

Der irakische Präsident war für ihn gleichzeitig ein Alliierter und ein Sorgenfall. Ein Partner mit direkter Macht über das zerbrechliche Jordanien, aber auch ein Führer, dessen klar geäußerte Ambitionen das nur noch mühsam aufrechterhaltene prekäre Gleichgewicht stören konnten. Nach dem Mißerfolg des Treffens in Amman am 24. Februar hatte König Hussein dem irakischen Präsidenten vorgeschlagen, sich in die Golfstaaten zu begeben, um zu versuchen, eine Vereinbarung zwischen Kuwait, Saudi-Arabien und dem Irak zu finden. Am 26. Februar startete er zu einer Rundreise von drei Tagen durch die Hauptstädte der Region und hatte ausführliche Gespräche mit allen Führern. Erschöpft kehrte er in der Nacht des 1. März nach Amman zurück. Am 3. März vormittags rief ihn Saddam Hussein an: »Ich schicke Ihnen ein Flugzeug und erwarte Sie in Bagdad.«

Die beiden Männer trafen sich insgesamt vier Stunden lang, und König Hussein erstattete genau Bericht.

Eines war klar: Verhandlungen schienen ausgeschlossen zu sein. Der jordanische Monarch hatte kein positives Signal von den Herrschern am Golf erhalten. Saddam hatte sich drei Ziele gesteckt: den Streit um das außerordentlich ertragreiche Rumeila-Erdölfeld zu regeln, vom Emirat Kuwait die beiden Inseln Warba und Bubijan zu pachten, um sich den direkten Zugang zum Golf zu verschaffen, der für den Irak von vitalem Interesse war, sowie das Problem der während des Kriegs angehäuften Schulden zu lösen.

König Hussein machte Saddam klar, daß der Emir von Kuwait sich weigerte, in irgendwelche Verhandlungen einzutreten, bevor der Irak nicht offiziell die Unabhängigkeit Kuwaits anerkannt habe. Das hatte 1963 zwar die irakische Regierung getan, aber der militärische Revolutionsrat, der das Land in Wahrheit beherrschte, hatte den Beschluß kurz darauf wieder annulliert.

Saddam Hussein, in einem großen Sessel versunken, die Augen halb geschlossen, sich von Zeit zu Zeit eine Zigarette anzündend, hatte den Worten des Haschemiten-Königs aufmerksam gelauscht. Er zeigte keinerlei Erregung, so, als ob er die Ablehnung bereits erahnt und in Betracht gezogen hätte. Er dankte seinem Gast sehr für die Vermittlungsbemühungen und sagte ihm, er hoffe, »daß in dieser Angelegenheit mit der Zeit Klarsicht und guter Wille siegen würden«. Das waren gedämpfte und konziliante Worte, ungewöhnlich für einen Mann, dessen Kollegen an angsteinflößende Auftritte gewöhnt waren. Im Dezember 1989 hatte er, erregt über die geringen Fortschritte bei den Verhandlungen zwischen dem Irak und Kuwait und über die Haltung der Saudis, die, wenn auch nur verschleiert, die Position des Emirats zu unterstützen schienen, mitten in der Nacht den saudischen Herrscher in seinem Palast in Dschidda angerufen. König Fahd hörte Saddam Hussein brüllen: »Sie sind weiter nichts als ein Zuhälter und der Sohn eines Zuhälters«, bevor er den Hörer wütend auflegte. Husni Mubarak, der seine tiefe Antipathie gegen den Iraker nicht verbarg, faßte das Gefühl vieler arabischer Staatsmänner zusammen und nannte Saddam einen »wirklichen Psychopathen«.

Nachdem der König nach Amman zurückgekehrt war, brauchte Saddam nur drei Tage für die Entscheidung, alle Mitglieder seines Generalstabes zusammenzurufen. Die Unterredung wurde geheimgehalten, und der irakische Präsident beauftragte die verantwortlichen Militärs, schnell einen Plan auszuarbeiten, um irakische Truppen an der kuwaitischen Grenze zusammenzuziehen.

Noch war vom Aufmarsch der Kolonnen nichts zu hören, aber die Spannung stieg spürbar. Die Kuwaiter zeigten jetzt jene Klarsicht, die ihnen einige Monate zuvor gefehlt hatte. Zwei Wochen nach dem Befehl an den irakischen Generalstab, den Aufmarsch der Truppen in der Grenzzone vorzubereiten, machte ein hoher kuwaitischer Beamter einen Zwischenstop in Amman. Noch hatte sich keine irakische Division bewegt, und dennoch vertraute der Kuwaiter seinen jordanischen Gesprächspartnern an: »Saddam Hussein will nicht nur die beiden Inseln, auf die er Anspruch erhebt und die ihm einen Zugang zum Golf verschaffen. Er will ganz Kuwait!«

# 2

# Der Terrorist in einem Land der Gewalt

Mehr als ein Jahrhundert lang hatte London den Golf als rein britisches Territorium betrachtet, das ihm die Kontrolle über den Weg nach Indien und in den Fernen Osten garantierte. Die von London gezeigte Entschlossenheit, keinen anderen Einfluß in der Region zuzulassen, und die Wendigkeit und Gerissenheit seiner Diplomatie haben dazu beigetragen, den Keim des heutigen Konflikts zu legen.

Bis zum Ersten Weltkrieg waren der Irak und Kuwait Bestandteil des Osmanischen Reichs. Kuwait mit seiner kleinen Oberfläche von 18000 Quadratkilometer war dem irakischen Wilajat (Regierungsbezirk) von Basra zugeordnet. Als sich 1913 in Europa der Krieg ankündigte, schlossen Engländer und Türken ein Abkommen, nach dem Kuwait ein autonomer Distrikt wurde. Mitten im Krieg, als das Osmanische Reich an der Seite Deutschlands kämpfte, erkannte London das Emirat und seine Grenzen als vom türkischen Reich völlig unabhängig an.

Diese Grenzlinie verschaffte den Briten einen Alliierten und einen strategischen Vorteil. Der Irak jedoch, der damit vom Golf abgeschnitten und um eine Region gebracht wurde, die in seinen Augen niemals unabhängig war, zeigte sich zu keiner Zeit bereit, diese Grenze anzuerkennen.

Der Irak, der 1918 unter britisches Mandat gestellt wurde, hatte noch einen anderen Grund zum Groll. 1925 mußte die Regierung in Bagdad einen Vertrag mit der gigantischen Iraq Petroleum Company schließen. Dieser Vertrag legte vor allem fest, daß die Gesellschaft britisch bleibt, ihr Präsident ein Brite ist und die bewilligte Konzession bis zum Jahr 2000 läuft. Die Iraq Petroleum Company hatte freie Hand, um die großartigsten Vorkommen der gesamten Erdölgeschichte nach Belieben und mit kolossalen Gewinnen auszubeuten.

Freilich war auch der Irak in dieser Gegend der ungenauen Grenzen ein Kunstgebilde. Nach dem 1916 abgeschlossenen sogenannten Sykes-Picot-Vertrag, der die Aufteilung des untergegangenen Osmanischen Reichs zwischen England und Frankreich festlegte, wurde Irak aus den drei früheren türkischen Provinzen Bagdad, Basra und Mossul gebildet.

Eine Redewendung illustriert am deutlichsten diesen Zustand: »Der Irak ist eine Narretei Churchills, der zwei Erdölquellen vereinigen wollte, die alle entzweite, indem er drei Volksgruppen zusammenlegte, die alles trennte – Kurden, Sunniten und Schiiten.«

Vielleicht erklärt die instabile und mißliche Konstruktion jene Gewalt, die dem modernen Staat Irak innewohnt. 1958 wurde die prowestliche Monarchie gestürzt, König Feisal umgebracht und sein Premierminister Nuri Said von der Menge gelyncht. Der neue Staatschef, General Kassim, entkam ein Jahr später nur knapp einem Attentat. Einer der Leute des Kommandos war ein 24jähriger junger Mann namens Saddam Hussein, der sich verletzt nach Syrien retten konnte.

1963 führte eine lärmende Menge den Kopf Kassims auf einer Lanze durch die Stadt. 1968 kam die Baath-Partei an die Macht. Es war der Triumph von Saddam Hussein. Zwar trug er nur den Titel eines Vizepräsidenten des Revolutionsrats, war aber bereits der starke Mann im Lande. Sein Geheimdienst wurde und wird von seinen drei Halbbrüdern Barsan, Sabawi und Wathban kontrolliert, sein Vetter Hussein Kamal el-Madschid besorgte die Ausrottung der Kurden, besonders durch Anwendung chemischer Waffen. Dieser Mann war auch die Schlüsselfigur bei den Waffeneinkäufen. Er vergaß dabei auch nicht, in seine eigene Tasche zu wirtschaften. 1987, beim Kauf von 120 Scud-Raketen chinesischer Herstellung, soll er 60 Millionen Dollar einkassiert haben.

Diese kleine Gruppe an der Macht in Bagdad ist durch Bande des Bluts verbunden – besonders des Bluts von anderen. Vor geladenen Gästen erschoß Udai, der älteste Sohn Saddams, einen der Leibwächter seines Vaters. Wütend drohte der, seinen Sohn selbst zu erschießen. Seine erste Frau Sajida bat ihren Bruder Adnan Cheirallah, der gleichzeitig irakischer Verteidigungsminister war, bei Saddam für Udai zu intervenieren. Der starke Mann des Irak verschonte daraufhin seinen Sohn, verzieh aber nicht seinem Minister, der immerhin sein Schwager und auch sein Cousin war. Er gab Befehl, ihn hinzurichten, und kaschierte den Mord als Hubschrauberunfall.

Gewalt ist die Hauptwaffe von Saddam Hussein. Als er 1979 an die Macht kam, feierte er das Ereignis, indem er 21 Mitglieder seines Kabinetts hinrichten ließ, darunter einen seiner engsten Mitarbeiter, für den er den Nachruf parat hatte: »Er stand mir sehr nahe, hatte sich aber zu sehr entfernt.«

Ein Jahr später beorderte er mehrere seiner Minister und Mitarbeiter ins Zentralgefängnis von Bagdad und setzte sie als Erschießungskommando für politische Gefangene ein. Er gab damit einen Vorgeschmack auf das, was jenen blüht, die versuchen sollten, sich seinem Willen zu widersetzen. Mit unglaublichem Zynismus kommentierte er diese Episode: »Die Loyalsten sind jene, die sich selbst schuldig gemacht haben.«

Er, der niemals Soldat gewesen war, ist von seiner Armee fasziniert, mißtraut ihr aber. Sie soll mächtig und gefügig zugleich sein. Obgleich er häufig in der Uniform eines Generals auftritt, hat er einen Minderwertigkeitskomplex seinen höheren Offizieren gegenüber, die ihn zumeist für einen Emporkömmling halten. Also säubert er, massiv sogar. Während des iranisch-irakischen Kriegs gingen Gerüchte um, daß mehrere hochrangige Offiziere standrechtlich erschossen worden seien. Saddam stellt das richtig: »Das stimmt so nicht. Nur zwei Divisionskommandeure und der Chef einer motorisierten Einheit sind hingerichtet worden. Das ist in einem Krieg völlig normal.«

Dennoch. Bei einer Besprechung im Generalstab sprach sich ein Offizier gegen die von Saddam befürworteten Pläne für eine Offensive aus. Der Staatschef hörte sich die Kritik an, zog dann, ohne ein Wort zu sagen, seinen Revolver, den er stets trägt, und schoß dem Offizier eine Kugel in den Kopf.

1988, gleich nach dem Ende der Kämpfe gegen den Iran, ließ er Hunderte von Offizieren ins Gefängnis werfen, und viele von ihnen starben kurz darauf. Einer der Helden des Kriegs, General Mahir Abd el-Raschid, dessen Tochter die Frau eines der Söhne Saddams ist, verschwand auf Nimmerwiedersehen.

In einem 1990 publizierten Bericht über die Menschenrechte wurde festgestellt: »Der Irak ist unter der Herrschaft der Baath-Partei eine Nation von Spitzeln geworden.« Eine Beschreibung, die so traurig wie richtig ist. Man schätzt, daß 25 Prozent aller Einwohner, also jeder vierte Iraki, für einen der verschiedenen Dienste arbeitet, die von Experten der ostdeutschen Stasi geschaffen und lange Zeit beaufsichtigt wurden.

Saddam Hussein, der sich privat regelmäßig seinen Lieblingsfilm »Der Pate« vorspielen läßt, vergleicht sich selbst gern mit dem babylonischen König Nebukadnezar, der Babylon zwischen 605 und 562 v. Chr. regierte. Vermutlich, weil dieser politische Urahn, der wie Saddam an die Macht der Gewalt glaubte, einst Jerusalem erobert, den Tempel zerstört und die Juden in die Gefangenschaft geführt hat.

Napoleon hat einmal gesagt: »Ich entwerfe die Pläne für meine Schlachten aufgrund der Träume meiner dahingegangenen Soldaten.« Saddam Hussein macht seine kriegerischen Pläne und erfüllt sich seine Großmachtträume dank des Wohlwollens und der Komplizenschaft der westlichen Demokratien. 1984 gab der Irak 14 Milliarden Dollar für den Kauf von Kriegsmaterial aus, das entsprach der Hälfte seines Bruttosozialprodukts. Zwischen 1982 und 1985 importierte das Land für 42,8 Milliarden Dollar Waffen, und diese Käufe haben nach dem Waffenstillstand mit dem Iran nicht abgenommen. In den letzten fünf Jahren war Bagdad der größte Waffenimporteur der Welt und erwarb 10 Prozent aller weltweit verkauften militärischen Ausrüstungen.

Dieser Alliierte Moskaus, mit dem 1972 ein »Freundschafts- und Kooperationsvertrag« unterzeichnet wurde, band sich im Laufe der Jahre immer enger an die westlichen Länder, die als einzige in der Lage waren, seinen wichtigsten Bedürfnisse nachzukommen. Will er sich eine Atomindustrie zulegen? Mitte der siebziger Jahre lieferte ihm Frankreich den Atommeiler, den er verlangte, und verschloß die Augen vor den Gefahren einer Fabrikation und Verbreitung von Plutonium. Saddam Hussein will die Atombombe haben und verheimlicht das auch nicht. Sein Traum wurde vorübergehend unterbrochen, als 1981 israelische Flugzeuge die irakische Nuklearanlage von Osirak zerstörten.

Er verfügt bereits über ein großes Arsenal chemischer Waffen, die er gegen iranische Angriffswellen und gegen die rebellischen kurdischen Dörfer einsetzte. Und auch in diesem Bereich war die westliche Hilfe entscheidend. Wir haben 208 Gesellschaften ausfindig gemacht, die mit dem Irak in unterschiedlichem Maße kooperierten und hauptsächlich zu diesem Arsenal beitrugen. Hier die Liste: 86 westdeutsche Unternehmen, 18 amerikanische Firmen, 18 englische, 16 französische, 12 italienische, 11 Schweizer, 17 österreichische, 8 belgische sowie 4 spanische. Der Rest verteilt sich auf Argentinien (3), Japan (1), Brasilien (1), Ägypten (1), Schweden (1), Holland (2), Polen (1), Indien (1), Monaco (2) und Jersey (1). Obgleich die Regierung der Vereinigten Staaten stets geleugnet hat, Waffen an Saddam geliefert zu haben, verkauften viele private amerikanische Firmen militärische Ausrüstungsgüter, die über Briefkastenfirmen oder Mittelsmänner nach Bagdad gelangten.

Die am 28. März 1990 auf dem Londoner Flughafen

Heathrow durchgeführte Aktion zeigte das ganze Ausmaß dieses Handels auf. An diesem Tag beschlagnahmte der britische Zoll elektrische »Krytrons« für den militärischen Gebrauch. Diese Bausteine können als Teile eines Zünders für die Explosion von Atomwaffen verwendet werden. Dieser Fang war das Ergebnis von 18 Monaten Nachforschungen, die gemeinsam vom britischen Geheimdienst und dem amerikanischen Zoll angestellt wurden.

Die beanstandeten Teile waren von einer kalifornischen Firma in San Diego hergestellt worden, die von Zwischenhändlern angesprochen worden war, die für den Irak arbeiteten. Die durch das Ansinnen skeptisch gewordenen Verantwortlichen der amerikanischen Firma schalteten die Zollbehörden ein, die einen ihrer Leute in jene Gruppe einschleuste, die an allen Verhandlungen über Kauf und Transport der »Krytrons« teilnahm. Das Material wurde nach London an Bord eines Frachtflugzeugs der TWA geschickt und blieb dort zwei Wochen auf dem Transitgelände liegen. Die Zollbeamten schritten erst ein, als die Ladung im Frachtraum einer für den Flug nach Bagdad bereitstehenden Maschine der Iraqi Airways verstaut werden sollte. Fünf Personen, die für die Gesellschaft arbeiteten, wurden verhaftet. Zwei von ihnen waren Iraker, einer Libanese und zwei Briten.

In San Diego führte ein weiterer Fang zur Verhaftung von Briten, die für englische Filialen arbeiteten. Die beschlagnahmten Teile ließen die Verantwortlichen aufhorchen. Denn es zirkulierten seit zwei Jahren zahlreiche Berichte über die Anstrengungen Bagdads, selbst nukleare Waffen herzustellen. Die Beschlagnahme dieser »Krytrons« rechtfertigte die Besorgnis vieler Experten: War der Irak dem Besitz der Atombombe viel näher, als alle glaubten?

Saddam Hussein reagierte, indem er in einer Rede die »antiarabischen Kräfte, die Iraks Weg zum Fortschritt zu stoppen versuchen«, erwähnte. Der Herr von Bagdad befand sich in einer schwierigen Lage.

Im September 1989 zerstörte eine riesige Explosion den Militärkomplex von Aleksandria südlich der Hauptstadt, wo chemische Waffen hergestellt wurden. Trotz der völligen Nachrichtensperre belegten Zeugenaussagen und Satellitenaufnahmen das ganze Ausmaß der Katastrophe, bei der mehr als 700 Menschen umkamen und Hunderte bis an ihr Lebensende verstümmelt wurden. Im Februar 1990 versuchte ein Mitarbeiter des Londoner »Observer« die Hintergründe dieser Katastrophe zu recherchieren. Er hieß Farzad Bazoft, war iranischer Herkunft und verfügte über einen Paß des Vereinten Königreichs. Er wurde vom irakischen Geheimdienst verhaftet, dem schrecklichen Muchabarat, den ein Halbbruder Saddam Husseins, Sabawi, leitet. Der Spionage zugunsten Israels angeklagt, legte er im Fernsehen ein offensichtlich erpreßtes Geständnis ab. Seine Verurteilung zum Tode führte zu heftigen Protesten, nicht nur in Europa und den Vereinigten Staaten, sondern auch bei einigen arabischen Verantwortlichen. Wenige Tage nach dem Urteil traf der jordanische Außenminister Marwan el-Kassim in Tunis seinen irakischen Kollegen Tarik Asis. Beide nahmen an einem Treffen der arabischen Außenminister teil. Marwan nutzte einen Augenblick, als beide allein waren, und sagte zu Tarik Asis: »Es wäre ein schrecklicher Fehler seitens deiner Regierung, Bazoft zu töten. Die Presse wird sich der Angelegenheit annehmen, und das Image des Irak wird im Westen sehr leiden.« Marwan el-Kassim war von der Härte überrascht, mit der Tarik Asis, den er seit vielen Jahren kannte, reagierte. Der irakische Minister entgegnete ihm kurz und trocken: »Wir müssen ihn hinrichten, andernfalls hätten wir in der nächsten Woche tausend Spione im Irak.«

Nachdem Bazoft am 15. März gehenkt worden war, war Saddam über die Empörung des Westens sehr erstaunt. Er verstand nicht die Kritik der westlichen Länder, die sich ihm gegenüber bislang so tolerant gezeigt hatten. Die Affäre Bazoft, die Beschlagnahme des Materials auf dem Flughafen Heathrow und die amerikanischen Kehrtwendungen ließen ihn immer mehr zu der Überzeugung kommen, daß es eine internationale Kampagne gegen sein Land gebe.

Als zwar nicht akademisch gebildeter, aber intelligenter Mensch, der gleichzeitig stolz und größenwahnsinnig ist, sah er den Irak zunehmend als belagerte Festung, die jedoch fähig sei, jener Welt zu trotzen, die sie erst so stark gemacht hatte.

# 3

# Irakische Drohungen und die Blindheit des Westens

Am 2. April 1990 hielt Saddam vor den Führern seiner Armee eine Rede, die in voller Länge im Radio übertragen wurde. Uniformiert, barhäuptig, die Rangabzeichen eines Generals tragend, sprach er über eine Stunde, aber nur einige seiner Worte lösten Schockwellen in der ganzen Welt aus. Er sprach über die Ergebnisse der irakischen Forscher, die neue chemische Waffen hergestellt hätten, und fügte hinzu: »Wenn Israel irgend etwas gegen den Irak unternimmt, dann werden wir dafür sorgen, daß das Feuer die Hälfte dieses Landes vernichtet. Wer uns mit der Atombombe bedroht, den rotten wir mit chemischen Waffen aus.«

Die Rede lag noch am gleichen Tag John Kelly vor. Immer wieder las der amerikanische Unterstaatssekretär für den Nahen Osten den Text und war erschrocken über die Heftigkeit des Tons. Der Mann, der zwei Monate zuvor dem irakischen Führer mit besänftigenden Worten gut zugeredet hatte, ging sofort zu Dennis Ross, der einige Etagen über ihm im Außenamt residierte. Ross leitete das Büro für politische Planung und war einer der engsten Mitarbeiter von Außenminister James Baker. Kelly befürwortete eine sofortige und klare Reaktion, die deutlich machen sollte, daß die Amerikaner solche Drohungen nicht tolerieren würden. Was die irakische Affäre anbelangt, so war John Kelly dabei, sich von einem wirklichen Doktor Jekyll in einen Mr. Hyde zu verwandeln.

Kelly und Ross arbeiteten einen ersten Sanktionsplan aus

und begaben sich ins Büro von James Baker im siebten Stock. Sie warteten nicht lange im dunkel getäfelten Sekretariat. Der Außenminister hörte sich ihre Argumente aufmerksam an. »Wir müssen«, schlugen sie vor, »ein klares Signal setzen und vor allem einige wirtschaftliche Maßnahmen ergreifen.« Baker, der selbst erschrocken war über die Aggressivität Saddam Husseins, stimmte den ihm vorgelegten Vorschlägen zu.

Es handelte sich hauptsächlich um drei Punkte: Erstens sollte der Irak keine billigen Kredite der Export-Import-Bank mehr erhalten, zweitens sollte das Credit Commodity Program, durch das Bagdads Käufe von amerikanischem Weizen finanziert wurden, annulliert werden, und drittens sollten Maßnahmen ergriffen werden, damit die Iraker nicht mehr »für militärische Verwendung geeignetes Material« einführen könnten.

Während die Experten sich daran machten, den Plan zu verfeinern, äußerte sich George Bush zu den von Saddam ausgestoßenen Drohungen. Er tat das an Bord der Präsidenten-Boeing Air Force One, die ihn von Atlanta nach Indianapolis brachte. Er tat es in sehr vage gehaltenen Worten, die seine Verwirrung spiegelten und klar machten, daß das irakische Problem ersichtlich nicht im Vordergrund seines Interesses stand. »Ich finde, daß diese Erklärungen sehr übel sind. Ich verlange vom Irak klar und deutlich, den Gebrauch von chemischen Waffen abzulehnen. Ich glaube, daß das weder dem Nahen Osten hilft noch den Sicherheitsinteressen des Irak dient. Ich behaupte sogar, daß es einen gegenteiligen Effekt hat. Mein Vorschlag ist, daß wir solche Reden über den Gebrauch von chemischen und biologischen Waffen einfach vergessen.«

Am 9. April trafen sich John Kelly und Dennis Ross wieder im Büro von James Baker. Zu ihnen stieß Robert Kimmitt, der Unterstaatssekretär für politische Angelegenheiten, der auch zum engsten Mitarbeiterkreis des Ministers gehörte.

Baker hatte das Okay von Bush erhalten, und der Plan

wirtschaftlicher Sanktionen wurde, nachdem er ein weiteres Mal im Detail geprüft worden war, verabschiedet. Robert Kimmitt erhielt die undankbare Aufgabe, die Verhandlungen mit den verschiedenen Ministerien und betroffenen Organisationen zu führen, damit das Projekt gestartet werden konnte. Aber die Entschlossenheit, die diese Zusammenkunft noch auszeichnete, verpuffte bald, und der Sanktionsplan blieb ein Fetzen Papier. Der Grund für diesen Mißerfolg lag hauptsächlich am Widerstand der amerikanischen Bürokratie und im Fehlen eines politischen Willens.

Das Handelsministerium machte sofort geltend, daß die Suspendierung der Kredite der Export-Import-Bank die amerikanischen Geschäftsleute bestrafe. Die Verantwortlichen desselben Ministeriums stellten sich auch gegen die Ausschaltung des Credit Commodity Program, weil dadurch ihrer Meinung nach die amerikanischen Weizenproduzenten benachteiligt würden.

Der Nationale Sicherheitsrat, der im Weißen Haus für Fragen der Außenpolitik zuständig ist, unterstützte zwar die Idee von Sanktionen, widersetzte sich aber einer schnellen Anwendung. Robert Gates, früher stellvertretender Direktor der CIA und jetzt Nummer Zwei des Rates, trat für diese abgestufte Variante ein. Robert Kimmitt leitete kurze Zeit darauf eine Besprechung im »Situation Room«, einem der Konferenzräume des Weißen Hauses. Seine Gesprächspartner waren die stellvertretenden Leiter der wichtigsten Regierungsämter. Während der ganzen Diskussion herrschte nur scheinbare Einmütigkeit; niemand ließ sich darüber hinwegtäuschen, daß der Sanktionsplan gegen den Irak immer mehr durchlöchert und zerstückelt wurde.

Der einzige, der sich gegen diese Widerstände hätte durchsetzen können, war James Baker. Aber das Denken des Außenministers war fast gänzlich von der deutschen Vereinigung beansprucht und den häufigen Treffen mit seinem sowjetischen Kollegen Eduard Schewardnadse, um das Gipfeltreffen zwischen Bush und Gorbatschow im Mai auf Malta vorzubereiten. »Die irakischen Raketen«, so ein enger Mitarbeiter Bakers, »wurden vom Washingtoner Radar noch nicht erfaßt.«

Saddam Hussein erhielt nicht nur keine offizielle Warnung, sondern zur gleichen Zeit auch noch eine Reihe von Ermutigungssignalen, die dazu beitrugen, die amerikanische Haltung zwielichtig und unklar erscheinen zu lassen.

Am 12. April, sechs Tage nach Saddam Husseins Schmährede gegen Israel, kamen fünf amerikanische Senatoren zu einem offiziellen Besuch nach Bagdad. Die Delegation wurde angeführt vom Senator des Bundesstaates Kansas, Robert Dole, dem glücklosen Gegner von George Bush bei den letzten Vorwahlen zur Präsidentschaftswahl und derzeitigen Sprecher der republikanischen Minderheit im Senat.

Saddam Hussein hatte einen Gesprächspartner vor sich, den er für wichtig und einflußreich hielt und der vor allem den Ansichten des US-Präsidenten nahestand.

Das Treffen fand in Mossul statt, einer Stadt im Norden des Landes, nahe der syrischen Grenze. Saddam Hussein trug einen eleganten grauen Anzug und eine dunkle Krawatte und saß in einem kleinen Salon auf einem Sofa mit grünem Velours. Vor ihm stand ein niedriger Glastisch mitten im Zimmer, um den seine Gäste in Sesseln saßen. Einer von ihnen begann einen vorbereiteten Text vorzulesen, in dem die Amerikaner versicherten, gekommen zu sein, »weil wir glauben, daß der Irak eine wesentliche Rolle im Nahen Osten spielt«. Er sprach auch dem Staatschef gegenüber die Überzeugung aus, »daß Ihr erklärter Wille, sich chemische und biologische Waffen zuzulegen, Ihr Land großen Gefahren aussetzt, statt die Sicherheit zu verstärken. Solche Initiativen bedrohen auch andere Länder und verursachen ernsthafte Schwierigkeiten im ganzen Nahen Osten. Ihre kürzlich abgegebenen Erklärungen, in denen Sie damit drohten, Ihre chemischen Waffen gegen Israel einzusetzen, haben viel Aufregung in der Welt verursacht, und es wäre gut für Sie und den Frieden im Nahen Osten, wenn Sie schnell auf so gefährliche Programme verzichten würden wie auch auf solche Erklärungen und provokanten Aktionen.«

Saddam schüttelte den Kopf. Er hatte sich alles ganz ruhig angehört, wandte sich nun an den neben ihm sitzenden Dole und sagte ohne jede Aggressivität: »Ich weiß, daß es eine große Kampagne der Vereinigten Staaten und Europas gegen uns gibt.« Der strenge und ernste sechzigjährige Dole antwortete sofort: »Auf jeden Fall geht diese Kampagne nicht vom Präsidenten Bush aus. Er sagte uns noch gestern, daß er sie nicht unterstützt.«

Robert Dole erinnerte sodann daran, daß die Vereinigten Staaten 1981 Israel nach dem Angriff auf die irakischen Atomanlagen verurteilt hätten. Saddam Hussein unterbrach ihn: »Ja, Sie haben ihn verurteilt, aber viele Berichte bestätigen, daß die Vereinigten Staaten auf dem laufenden waren, schon lange vor dieser Operation.«

Der republikanische Senator von Wyoming, Alan Simpson, ergriff nun das Wort: »Es gibt keine Probleme zwischen Ihnen und der Regierung oder dem amerikanischen Volk. Ihr einziges Problem ist unsere arrogante und herausfordernde Presse.« Robert Dole legte richtig los, als er auf die Sendung der »Stimme Amerikas« vom Februar zu sprechen kam. Er entschuldigte sich für diese Sendung, die Saddam Hussein »gekränkt habe«, und teilte dem Präsidenten als gute Nachricht mit, daß der verantwortliche Journalist gefeuert worden sei. Dole: »Ich kann noch hinzufügen, daß Präsident Bush mir vor zwölf Stunden erklärt hat, er selbst suche die besten Beziehungen zum Irak und auch seine Regierung suche die besten Beziehungen zum Irak. Ich kann Ihnen sogar noch versichern, daß sich der Präsident gegen Sanktionen wenden wird. Er kann sein Veto gegen sie einlegen, es sei denn, es gäbe irgendeine Provokation.«

Die amerikanische Botschafterin April Glaspie, die an der Unterredung teilnahm, aber bis dahin stumm geblieben war, sprach einige Worte, die als Schlußfolgerung dienen konnten: »Als amerikanische Botschafterin kann ich Ihnen versichern, Herr Präsident, daß das sehr wohl die Politik der Regierung der Vereinigten Staaten ist.«

Diese versöhnlichen Worte entsprachen auch Wahlüberlegungen, denn alle in Bagdad anwesenden Senatoren repräsentierten große amerikanische Agrarstaaten. Dole beispielsweise war der Vertreter von Kansas, das große Mengen Weizen in den Irak exportierte. Kommerzielle Interessen spielten in der Tat eine große Rolle in dem Bestreben um amerikanische Mäßigung, denn die USA verkauften jedes Jahr für fast eine Milliarde Dollar Weizen, Reis, Hühnchen und Mais an den Irak. Diese Exporte waren seit 1983 zu einem großen Teil mit Anleihen von insgesamt fünf Milliarden Dollar finanziert worden, für die der amerikanische Staat die Bürgschaft übernommen hatte. Ein Vertreter von Kansas faßte die Situation mit einem Satz zusammen: »Wir beliefern die Iraker mit allen Nahrungsmitteln, die sie brauchen, und das zu subventionierten Preisen.«

Niemand hatte ein Interesse daran, solch schwunghaften Handel zu boykottieren. Als George Bush im Weißen Haus die Delegation der Senatoren nach ihrer Rückkehr aus Bagdad empfing, hörte er besonders aufmerksam den optimistischen und gemäßigten Worten Doles zu. Der Senator sah in Saddam Hussein »den Typ eines Herrschers, den die Vereinigten Staaten beeinflussen können«.

Der Vorsitzende des Nationalen Sicherheitsrats, General Brent Scowcroft, nahm an dem Gespräch teil. Dieser hochaufgeschossene Mann mit dem abgezehrten Gesicht spielte in den Kulissen der obersten Macht seit vielen Jahren eine wichtige Rolle. Er hatte seine Karriere unter Richard Nixon als Vertreter von Henry Kissinger begonnen. Als Militär, der von seinem Temperament und von seinem Verstand her zu Ausgewogenheit neigte, stimmte er Dole zu: Irak und sein Chef seien die Schlüsselfiguren im politischen Gleichgewicht des Nahen Ostens.

Um die wieder ungetrübten Verhältnisse zu dokumentieren, schickte George Bush am 25. April aus Anlaß des Endes des Fastenmonats Ramadan eine Freundschaftsadresse an Saddam Hussein. Er äußerte darin seine Hoffnung, daß »das Band zwischen den Vereinigten Staaten und dem Irak zum Frieden und zur Stabilität im Nahen Osten beiträgt«.

Kurze Zeit darauf sprach John Kelly vor dem außenpolitischen Ausschuß des Kongresses, und seine Äußerungen waren das ganze Gegenteil seiner festen Haltung vom 2. April nach der Drohung Saddams. »Die Regierung«, sagte er jetzt, »ist weiterhin gegen jegliche Sanktionen. Diese würden die amerikanischen Exporteure bestrafen und unser Handelsdefizit vergrößern. Darüber hinaus sehe ich wirklich nicht, wie solche Sanktionen unsere Möglichkeiten erweitern könnten, einen mäßigenden Einfluß auf die irakischen Aktionen auszuüben.«

Die Worte jenes Mannes, der für den Nahen Osten zuständig war, gaben die offizielle Linie des Außenministeriums wieder: Keine ernsthaften Maßnahmen gegen den Irak im Augenblick. Diese Position war auch wieder die von James Baker geworden. Der Außenminister hatte in Moskau den ägyptischen Präsidenten getroffen und mit ihm die Drohungen diskutiert. Mubarak hatte ihm empfohlen, die Sache nicht hochzuspielen; das sei die beste Methode, die Provokationen des irakischen Führers zu entschärfen.

Anfang Mai erreichten zwei alarmierende Signale Washington, aber kein Regierungsvertreter war bereit, ihnen Rechnung zu tragen. Es gab zuerst eine überraschende Meldung der CIA an das Weiße Haus. Der Geheimdienst meldete, daß nach seinen Informationen »ein irakischer Angriff gegen Kuwait wahrscheinlich« sei. Die Dienste des Weißen Hauses waren ihrerseits auch auf die Möglichkeit eines Angriffs hingewiesen worden – allerdings eines Angriffs gegen Israel. So wurde die Information mit großer Skepsis aufgenommen und beeinflußte die offizielle Linie in keiner Weise.

Eine israelische Delegation von militärischen und politischen Experten kam kurze Zeit darauf in die Hauptstadt der Vereinigten Staaten. Ihre Analysen waren düster: Der gemäßigte und reformerische Charakter des irakischen Regimes sei nur Pulver in den Augen. Zwischen Februar und jetzt habe Saddam Hussein seine Position immer nur verhärtet. Er habe den Abzug der amerikanischen Schiffe aus dem Golf verlangt und die Araber aufgefordert, die Ölwaffe zu gebrauchen. Er hatte sich nicht darauf beschränkt, Israel, den wichtigsten Alliierten Amerikas in dieser Region, anzugreifen, sondern auch den Gebrauch von chemischen Waffen angedroht. Schließlich sei auch die ständige und beeindruckende Verstärkung seiner Militärmacht ein zusätzliches Zeichen für seine aggressiven Absichten.

Die Israelis schafften es nicht, die Amerikaner von ihren Besorgnissen zu überzeugen. Einige ihrer Gesprächspartner erklärten den harten irakischen Ton mit der Furcht eines neuen Angriffs der Israelis auf die Chemiewaffenfabriken. Andere glaubten, Saddam wolle sich nur als Führer der arabischen Welt in Szene setzen.

Es herrschte seltsame Blindheit. Man sah im starken Mann des Irak eine Persönlichkeit mit beschränkter Weltsicht. Er spricht keine andere Sprache als Arabisch und hat nur eine Reise in den Westen unternommen – 1975, als er in Frankreich mit dem damaligen Premier Jacques Chirac den Kauf eines Atomreaktors aushandelte. Er wußte nichts von den Vereinigten Staaten und war während einer Unterhaltung mit einem westlichen Besucher überrascht zu hören, daß eine Kritik am amerikanischen Präsidenten nicht, wie im Irak, mit dem Tod bestraft würde.

Keiner schien in Washington zu begreifen, daß gerade diese seine Engstirnigkeit Saddam Hussein so gefährlich machen könnte. Er benahm sich dem Rest der Welt gegenüber genauso, wie er das im Irak tat, und ignorierte dabei alle Regeln und Grenzen, die in den internationalen Beziehungen üblich sind.

Viele Jahre lang hatte er in der Person seines Botschafters in den Vereinigten Staaten, Nisar Hamdum, einen geachteten Diplomaten, der zu vielen hochrangigen amerikanischen Regierungsmitgliedern und Volksvertretern gute Beziehungen unterhielt. Einen Monat nach dem Beginn der Krise bezeichnete das »Wall Street Journal« ihn sogar als »besten ausländischen Botschafter auf Posten in den Vereinigten Staaten«. Hamdum war 1987 nach Bagdad zurückbeordert worden, um dort den Posten eines Vizeaußenministers zu bekleiden, und sein Nachfolger besaß weder seine Beziehungen noch seine Energie.

Nach dem Gedankenaustausch mit amerikanischen Regierungsvertretern wie John Kelly oder Robert Dole und angesichts der widersprüchlichen Positionen Washingtons konnte sich bei Saddam nur der Eindruck festigen, die amerikanische Führung sei unentschlossen, zögerlich und mehr auf Kompromisse aus als auf Konfrontation. Ein Eindruck, der schwere Konsequenzen für die Zukunft haben sollte.

Am 21. Mai trug ein Ereignis dazu bei, die Spannung gleich um mehrere Grade ansteigen zu lassen. Ein junger israelischer Soldat tötete sieben völlig unbewaffnete Palästinenser, und trotz der sofortigen Verurteilung dieses Aktes durch die Jerusalemer Regierung nahm die Agitation in den besetzten Gebieten stark zu. Dieses Drama konnte nicht ungelegener kommen. Es ereignete sich genau eine Woche vor dem Gipfeltreffen der Arabischen Liga in Bagdad, auf dem die massive Einwanderung sowjetischer Juden in Israel angeprangert werden sollte. Gleich nach diesen Morden hatte Washington in den Vereinten Nationen einen Vorschlag der PLO blockiert, internationale Beobachter in die besetzten Gebiete zu entsenden. Diese Haltung verschärfte noch die antiamerikanischen Gefühle, die sich in der arabischen Welt Luft machten. In Jordanien kam es zu gewalttätigen und blutigen Demonstrationen.

Am 24. Mai, aus Anlaß eines Empfangs in den luxuriösen Gärten seines Palastes, machte König Hussein von Jordanien bei seinen Gästen den Eindruck, äußerst besorgt zu sein. Der Monarch ging von Gruppe zu Gruppe, mischte sich kurze Zeit in die Gespräche ein und hatte ein freundliches Wort für jeden.

So hielt er mit Eleganz die Fiktion einer starken Stellung aufrecht, seiner eigenen, die von Rückschlägen verschont sei. Aber das täuschte niemanden, und durch eine Vertraulichkeit im Laufe des fortgeschrittenen Abends machte er klar, bis zu welchem Punkt er in alles hineingezogen war: »Beim nächsten Gipfel in Bagdad werde ich lautstark finanzielle Hilfe für Jordanien verlangen, aber auch für die palästinensische Befreiungsorganisation.« Saddam Hussein hätte ihm kurz zuvor anvertraut: »Ich werde sie zwingen, auch für Sie zu zahlen.«

Die 21 arabischen Könige und Staatschefs, die sich am 28. Mai in Bagdad trafen, ahnten nichts von dem, was sie dort erwartete. Sie waren gekommen, um den Zuzug sowjetischer Juden zu verurteilen, aber auch um Saddams Drohung zu unterstützen, halb Israel zu zerstören. Der Herr des Hauses war der eigentliche Held des Gipfeltreffens. Seit Gamal Abd el-Nasser schien kein arabischer Führer mehr in der Lage gewesen zu sein, den jüdischen Staat so ernsthaft zu bedrohen.

Doch das Treffen sollte eine ganz andere Wendung bekommen. Zur Überraschung aller schlug Saddam nach der Eröffnungssitzung ein privates Treffen nur der Staatschefs vor. König Fahd von Saudi-Arabien versuchte sich dem zu widersetzen, mußte sich aber beugen, weil er in der klaren Minderheit war. Nur die Staatschefs, hatte Saddam verlangt, sollten sich in einen Saal zurückziehen, auch die Mitarbeiter sollten ausgeschlossen bleiben. Saddam erklärte das: »Sie sollen die Dinge nicht hören, die wir Euch zu sagen haben.«

Er ergriff auf der Sitzung das Wort, attackierte aber weder Israel noch Amerika, wie alle erwartet hatten. Vielmehr griff er frontal die Haltung der Golfstaaten an und schlug dabei oft mit der flachen rechten Hand auf den Tisch:

»Ihr fördert zuviel Erdöl«, warf er den Golfstaaten vor, »und tragt damit dazu bei, daß der Erdölpreis so niedrig ist. Jeder Preissturz um einen Dollar pro Barrel bedeutet für den Irak den Verlust von einer Milliarde Dollar im Jahr. Das ist ein regelrechter Wirtschaftskrieg, den ihr gegen mein Land führt.«

Es herrschte allgemeines Erstaunen, und Emir Said bin Sultan Al-Nahajjan, der Präsident der Vereinigten Arabischen Emirate, antwortete als erster und verteidigte sich. Aber der großgewachsene Mann mit seiner goldbestickten weißen Abaja war ein miserabler Redner. Saddam Hussein antwortete: »Ich danke den Vereinigten Emiraten, die noch die positivste Haltung uns gegenüber haben, aber ich mache sie auch darauf aufmerksam, daß die Lieferungen von Waffen und militärischem Material von Dubai (einem der zur Föderation gehörenden Emirate, P. S.) an den Iran während des Kriegs eine Geschichte ist, die ich nicht vergesse, und es wird der Tag kommen, wo all das aufgerechnet wird.«

Mubarak, leicht gebeugt, die Augen auf den Tisch gerichtet, konnte seinen Zorn nur mühsam unterdrücken. Gaddafi guckte sich die ganze Runde amüsiert an, während König Fahd von Saudi-Arabien mit griesgrämigem Mund zwischen Entrüstung und Langeweile schwankte.

Die völlig improvisierte Rede von Saddam Hussein war eine verwirrende Mischung aus aggressiven Forderungen, gezielten Anschuldigungen und arabischen Geschichten, die er als Gleichnisse verwendete. Er sprach mit Pathos, und die Gesten, die seine Rede unterstützten, wurden immer heftiger.

»Brüder, laßt mich euch eine alte Legende erzählen, die einige von euch vielleicht schon kennen. Eines Tages ereignete sich in einem Dorf eine Katastrophe, und man wandte sich an alle Dorfbewohner, ihr Scherflein dazu beizutragen, die Schäden zu reparieren. In diesem Dorf lebte ein sehr armer Mann, der nichts besaß und bei dem die Einwohner deshalb auch um nichts nachsuchten. Aber dieser arme Mann näherte sich ihnen und sagte, es sei eine Schande, sich nicht zu beteiligen. Er reichte den anderen Dorfbewohnern den einzigen Gegenstand, den er besaß: einen Kupferbecher. Nun also, auf diesem Gipfel, ist der Irak dieser arme Mann, aber wir entziehen uns nicht unseren Pflichten. Wir werden Jordanien 50 Millionen Dollar geben und 25 Millionen an die PLO. Damit üben wir einen moralischen Druck auf jene aus, die versuchen, sich herauszuhalten. Ihr kennt all die Opfer, die wir seit Jahren auf uns genommen haben, während andere nicht einmal geschlossene Verträge einhalten.«

Er fixierte Dschabir el-Sabbah, den Emir von Kuwait, der wenige Meter entfernt saß. Die beiden Männer begegneten sich seit langem nur noch mit Verachtung: »Die von der OPEC festgesetzten Quoten sahen für Kuwait eine Tagesproduktion von 1,5 Millionen Barrel vor. In Wahrheit hat

Kuwait täglich zu unserem Schaden 2,1 Millionen Barrel gefördert. Irak will aber wieder in der Situation von 1980 sein, vor dem Krieg gegen den Iran. Kurzfristig brauchen wir dringend 10 Milliarden Dollar und die Tilgung der Darlehen von 30 Milliarden Dollar, die uns Kuwait, Saudi-Arabien und die Vereinigten Arabischen Emirate während des Krieges gewährt haben. Das, Brüder, muß einmal ganz klar ausgesprochen werden, denn heute geht es um einen anderen Konflikt.«

Er schäumte jetzt fast über: »Ein Angriff wird nicht nur mit Panzern, Artillerie und Schiffen geführt. Er kann auch mit subtileren und heimtückischeren Mitteln geführt werden wie der Überproduktion von Erdöl, mit wirtschaftlichen Benachteiligungen und anderen Druckmitteln, um ein Volk zu versklaven.«

Die letzten Worte stießen auf eisiges Schweigen, das König Hussein unterbrach, um anzumerken: »Es darf nichts unternommen werden, was dem Irak wirtschaftlich schadet.«

Jetzt mußten jene antworten, die beschuldigt worden waren, besonders der König von Saudi-Arabien und vor allem der Emir von Kuwait. Doch beide brachten nur Gemeinplätze hervor. Sie hatten keine Ermutigungen parat und machten vor allem kein Hilfsangebot. Was die Staatschefs am meisten erstaunte, war die seltsame Ruhe, ja Gleichgültigkeit von Emir Dschabir. In seiner Haltung und der seiner Delegation, zu der er kurz danach stieß, gab es so etwas wie Verachtung für die irakischen Positionen und Forderungen.

Dreimal hatte die OPEC nach dem Krieg die Produktion erhöht, jedesmal auf Drängen Kuwaits, das diese Interventionen auch gar nicht geleugnet hat.

Die Kuwaiter mögen es, wenn man sie als »die Schweiz des Nahen Ostens« bezeichnet. Sie verdrängten allzu gern die sehr viel restriktivere Bezeichnung, die ihnen die Iraker gaben: »Eine in einen Staat umgewandelte Erdölquelle.« Sie hatten auch den Invasionsversuch vergessen, den Saddam Hussein 1973 unternommen hatte. Die irakischen Truppen hatten damals den ganzen Norden des Emirats besetzt, sich dann aber auf Druck der arabischen Welt wieder zurückgezogen.

Die irakischen Führer beriefen sich in ihrer Politik gern auf fünf Jahrtausende einer glorreichen Vergangenheit. Sie lebten eingetaucht in der Geschichte eines untergegangenen Reichs, dessen Macht und Ausstrahlung sie wiederherzustellen versuchten. Die Kuwaiter, gerissene Geschäftsleute, lebten ihrerseits ganz in der Gegenwart und blickten gebannt auf ihre ungeheuerlichen Investitionen überall in der Welt. Sie glaubten, daß die irakischen Drohungen immer wieder an eine eindeutige Grenze stoßen würden: Niemals in der modernen Geschichte der arabischen Nation hat ein Land ein anderes überfallen.

Es gab aber eine Formel, die perfekt auf Kuwait paßt und wie ein Urteil klingt: »Eine Welt ohne Vergangenheit, ohne Gedächtnis, wird zu einer Welt ohne Zukunft.«

In den Fluren und Salons des Palastes gingen die Gespräche nach der Intervention Saddam Husseins weiter. Eine Schlußfolgerung drängte sich allen Staatschefs, Ministern und diplomatischen Beratern auf: das irakische Regime und sein Anführer standen vor großen Schwierigkeiten. Aber nur einige kühne Geister gingen so weit vorauszusagen, daß die einzige verbleibende Lösung für Saddam Hussein die Einnahme Kuwaits sei.

# 4
# Die amerikanische Botschafterin bei Saddam Hussein

Die ersten Wochen zwischen dem 30. Mai und dem 2. August 1990 verliefen seltsam ruhig, so, als ob die Leidenschaften ihre Kraft und die Überlegungen ihren Sinn verloren hätten.

Mitte Juni erörterte ein prominenter Europäer auf Besuch in Washington mit seinen Gespächspartnern den Fall Irak. »Niemand«, berichtete er, »sah diesen Staat als Bedrohung an. Für meine Gesprächspartner war er hauptsächlich ein wichtiger Markt für amerikanische Produkte und eines der wenigen Länder, wo die amerikanische Technologie noch der japanischen Konkurrenz vorgezogen wird.«

Ende Juni unternahm der irakische Vizepremier Saadum Hammadi eine Reise durch die Golfstaaten. Dieser schiitische Wirtschaftler ist ein feiner und eleganter Mann, tief religiös und hat an der amerikanischen Universität Beirut studiert. Sein Besuch fand einen Monat vor einer wichtigen OPEC-Tagung statt und hatte zum Ziel, seine Gesprächspartner zu bitten, auf dem Sondergipfel geringere Förderquoten festzulegen und sie dann auch einzuhalten, um damit ein Ansteigen des Ölpreises zu bewirken. Am 25. Juni kam er in Riad an und bat König Fahd, die irakische Demarche zu unterstützen. Denn allein das saudische Königreich war in der Lage, einer solchen Strategie zum Erfolg zu verhelfen.

Im Jahr 1930 hatte Ibn Saud, der Gründer von Saudi-Arabien, gesagt, er sei »so arm, daß er nicht einmal einen Stein besäße, um sein müdes Haupt darauf zu legen«. Zwei Jahre später hatte das aus Beduinenstämmen gebildete Königreich als Steuerquelle nur den Verkauf von Wegerechten an die Pilger nach Mekka. In manchen Jahren waren die Einnahmen so gering, daß sich das Land am Rande des Bankrotts befand. Ibn Saud richtete deshalb verzweifelte Appelle an die großen Erdölgesellschaften, besonders die britischen, doch Öl auch in seinem Land zu fördern. »Für eine Million Dollar«, vertraute er einem britischen Geschäftsmann an, »gebe ich ihnen alle Konzessionen, die sie haben möchten.« Die Summe war lächerlich gering, aber der Vorschlag interessierte niemanden. Es gab so riesige Mengen Erdöl, besonders das von der Iraq Petroleum Company geförderte, daß sich die großen Gesellschaften darauf geeinigt hatten: Das saudische Öl solle niemals den Wüstengrund verlassen, um die ohnehin vorhandene Überproduktion nicht noch weiter zu erhöhen, zumal die arabische Halbinsel nicht die geringste politische oder wirtschaftliche Anziehungskraft besaß.

50 Jahre später hatte sich die Geschichte von Grund auf gewendet. Saudi-Arabien war ein Erdölgigant mit riesigen Vorräten geworden und in der Lage, täglich acht oder sogar zehn Millionen Barrel Öl auf den Markt zu werfen. Es gab keine wichtige Entscheidung in Sachen Erdöl ohne die Saudis. Aber der gegenwärtige Herrscher, König Fahd, war alles andere, nur nicht ein Mann schneller und radikaler Entschlüsse. Das Königreich ist ein Land der Renditebezieher, in dem sich ein zu schnell und zu leicht erworbener Reichtum (Jahreseinkommen: mehr als 150 Milliarden Dollar) mit einer vorsichtigen und manchmal sogar zögerlichen Regionalpolitik paart.

König Fahd hatte, wie die meisten Mitglieder seiner Familie, keine großen Sympathien für die arroganten Kuwaiter, die sich gern als im Vergleich zu ihrem königlichen Nachbarn offenes und entwickeltes Land darstellten. Die Saudis, die ihr Land seit seiner Schaffung mehr als eine riesige Moschee ansahen, richteten ihre Blicke stets nach Mekka, während die Kuwaiter immer den Westen im Auge hatten. Fahd verfolgte nicht ohne eine gewisse Befriedigung die spürbare Unruhe in Kuwait-City, aber ihm war auch klar, daß die Drohungen Saddam Husseins alle Erdölmonarchien der Region erschüttern könnten.

Der König empfing den irakischen Emissär in seinem Palast und hörte sich aufmerksam seine Bitten an: eine Sondersitzung der OPEC einzuberufen, damit wirkliche Disziplin unter ihren Mitgliedern hergestellt werde. Der König war damit einverstanden und lächelte seinem Gast freundlich zu. Schwerfällig, das runde Gesicht mit einem kleinen Bart verziert, mit müdem Blick (wie die meisten Mitglieder der wahhabitischen Dynastie seit Ibn Saud leidet er an einer erblichen Augenkrankheit) fügte Fahd im gleichen gesetzten und freundlichen Ton hinzu, daß es aber nicht notwendig sei, übereilt zu handeln. Die Erdölminister, die sich am Ende des kommenden Monats in Genf träfen, könnten diese Frage behandeln. Im Augenblick wäre es besser, alles beim alten zu belassen.

Mit dem König, einem Mann von langsamen Gesten und Reden, erschien die Zeit wie eine Ewigkeit. Aber genau diese Zeit war es, die den Irakern unter den Nägeln brannte. Sie konnten die Antwort von Fahd nur schwer akzeptieren.

Saadum Hammadi erinnerte den König, wie zuvor schon den Scheich Sadih, an Saddam Husseins Forderung von 10 Milliarden Dollar. Doch er erhielt nur ausweichende Antworten. Als er in Kuwait mit dem Emir Dschabir darüber sprach, antwortete der ihm: »Das ist eine Verrücktheit! Eine solche Summe haben wir gar nicht flüssig.«

Bei all seinen Gesprächen hatte Hammadi stets zwei zusammengeheftete Schreibmaschinenseiten zur Hand, auf denen im Detail die kuwaitischen Guthaben in allen Teilen der Welt zusammengestellt worden waren. Die Summe dieser Investitionen war gigantisch: mehr als 100 Milliarden Dollar. Auf seine Hinweise über den Reichtum des Landes antwortete der Emir mit dem Vorschlag, dem Irak, über drei Jahre verteilt, die Summe von... 500 Millionen Dollar zu überweisen, ein Almosen für Bagdad. Diese Offerte verknüpfte er noch mit dem Zusatz: »Lassen Sie uns über den Grenzverlauf eine Übereinkunft finden und ihn ratifizieren. Dann können wir über die anderen Dinge sprechen.«

Kaum nach Bagdad zurückgekehrt, erfuhr Hammadi von einer Erklärung des kuwaitischen Erdölministers, daß sein Land die erhöhten Förderquoten bis Oktober beibehalten werde. Diese Entscheidung sowie die Weigerung der Saudis, eine OPEC-Sondersitzung einzuberufen, überzeugten Saddam Hussein, daß es, wie er einem seiner Mitarbeiter anvertraute, nur »einen Vorstoß gibt, die Kuwaiter in die Knie zu zwingen«.

Am 16. Juli kam der irakische Außenminister Tarik Asis in Tunis an, um an einer Sitzung der Arabischen Liga teilzunehmen. Der sechzigjährige Asis mit seinen starken Brillengläsern und seinem kräftigen Schnauzbart ist einer der wenigen Christen – sein wirklicher Vorname ist Johanna – in einer Führungsposition seines Landes. Er hat die Gabe, mit der größten Liebenswürdigkeit die unnachgiebigsten Forderungen zu stellen. Auf der Weltszene ist er ein wahrer Handlungsreisender von Saddam Hussein. Er hat den Irak bei allen schwierigen Verhandlungen vertreten, ob es sich nun um eine Streckung der Schulden bei den europäischen Ländern handelte oder um neue Kredite für den Kauf von Rüstungsgütern. Mit Talent, Hartnäckigkeit und manchmal Brutalität spricht er aus, was Saddam denkt und will.

Normalerweise sind die Tagungen der Arabischen Liga laue Veranstaltungen, wo sich alle Anwesenden stillschweigend und schnell darauf einigen, daß ihre Differenzen nicht an den Tag kommen dürfen. Tarik Asis sorgte diesmal sogleich nach seiner Ankunft für eine gespannte Atmosphäre. »Wir wußten«, so ein Augenzeuge, »daß es sich bei ihm um einen Mann handelt, der in der Wahl seiner Worte hart ist, wenn er die Positionen seines Landes vertritt, aber er war stets von angenehmer Art im privaten Kontakt. Diesmal jedoch hielt er sich von Anfang an abseits, hochnäsig und kurz angebunden, so als ob er schon durch sein Verhalten die Divergenzen klarmachen wollte, die zwischen dem Irak und gewissen Staaten der Liga bestanden.« Die irakische Delegation hielt sich zwar peinlich an das Protokoll, reduzierte aber ihre Kontakte mit den anderen Diplomaten auf ein striktes Minimum.

Noch ein anderer Faktor erklärte das Verhalten der Iraker. Seit seinen Drohungen gegen Israel war Saddam Hussein für die arabischen Massen zu einem wahren Held geworden, ein Mann, dem man aufmerksam zuhörte. Die Absichten, die Tarik Asis in Tunis vorbrachte, hätten, das wußte jeder, Wort für Wort von Saddam Hussein selbst stammen können: »Wir sind davon überzeugt«, sagte er, »daß bestimmte Staaten eine wahre Verschwörung gegen uns im Schilde führen. Ihr sollt wissen, daß unser Land nicht in die Knie geht, daß unsere Frauen sich nicht prostituieren und daß unsere Kinder nicht ohne Nahrung sein werden.« Gleich nach dieser Einlassung übergab er dem damaligen Generalsekretär der Liga, Schadli Klibi, ein Memorandum und stellte klar, daß Saddam Hussein am nächsten Tag, dem 17. Juli, zur Sache kommen werde.

Der tunesische Diplomat Klibi mit den Allüren eines schüchternen Intellektuellen ist ein besonnener Mann. Aber bei der Lektüre des Memorandums fiel er aus allen Wolken. Es handelte sich um eine wahre Kriegserklärung des Irak an Kuwait. Es ging nicht mehr um eine Überproduktion von Erdöl. Bagdad beschuldigte vielmehr Kuwait, Militärposten innerhalb des irakischen Territoriums installiert und für mehr als 2,4 Milliarden Dollar Erdöl aus den vom Irak beanspruchten Feldern von Rumeila gestohlen zu haben. Kuwait und die Vereinigten Emirate wurden ebenfalls erwähnt. Sie hätten teilgenommen »an einem zionistischen und imperialistischen Komplott gegen die arabische Nation«. Der jordanische Außenminister Marwan el-Kassim sagte zu Tarik Asis: »Ihr seid dabei, eine Falle aufzustellen. Paßt auf, daß sie nicht über Euch zuschnappt.«

Schadli Klibi verteilte eine Kopie dieses Memorandums an alle anwesenden Außenminister. Scheich Sabbah el-Ahmed, der die kuwaitische Diplomatie seit vielen Jahren leitet, war nach dem Studium der Details »richtig groggy«, wie ein Zeuge berichtete. Er wurde nebenbei von den Irakern in dem Papier bezichtigt, sogar ein Agent im Sold der Amerikaner zu sein, und beschloß, alle Verabredungen abzusagen und sofort nach Kuwait-City zurückzukehren.

Den Brokern und Bankiers auf den asiatischen Finanzplätzen Hongkong und Singapur waren seit dem Mai seltsame Transaktionen aufgefallen. Das KIO, das »Kuwait Investment Office«, eine in London ansässige Organisation, das die gewaltigen kuwaitischen Geldanlagen in der ganzen Welt betreut, hatte scheinbar ohne jeden Grund große Verkäufe getätigt. Einige Tage nach dem Treffen von Tunis, vom 19. Juli an, begann das KIO die asiatischen Märkte völlig abzuräumen, um sich Liquidität zu verschaffen. Die kuwaitischen Agenten hatten schnell reagiert, aber auch mit einer bemerkenswerten Diskretion, um zu verhindern, daß die Kunde unter die Leute kam und einen Minikrach an jenen Plätzen verursachte, wo das KIO stark vertreten war.

Am 17. Juli, dem Jahrestag der irakischen Revolution, erschien Saddam auf der Tribüne, umgeben von den Mitgliedern des Revolutionsrates. Alle waren in Uniform. Wenn der Staatschef in der Öffentlichkeit auftrat, war praktisch ganz Bagdad in einer Art Ausnahmezustand, aber an diesem Tag waren die Sicherheitsmaßnahmen nochmals verstärkt worden.

»Dank unserer neuen Waffen«, sagte Saddam in seiner Rede, die kurz darauf im Radio übertragen wurde, »können uns die Imperialisten künftig nicht mehr militärisch überfallen. Deshalb haben sie sich entschlossen, uns mit wirtschaftlichen Guerillamethoden zu bekämpfen, und haben dafür die Hilfe dieser Agenten des Imperialismus bekommen, als die man die Führer des Golfs bezeichnen muß. Ihre Politik, die darin bestand, den Erdölpreis niedrig zu halten, ist ein vergifteter Dolch im Rücken des Irak.«

Erstmals erwähnte Saddam eine Militärintervention: »Wenn Worte scheitern, um uns zu schützen, dann haben wir keine andere Wahl, als uns in eine Aktion zu flüchten, um die Dinge wieder zurechtzurücken und unsere Rechte wiederherzustellen.« Am gleichen Tag begannen die irakischen Truppen, sich in Richtung kuwaitischer Grenze zu bewegen.

Am 18. Juli spätnachmittags trat die kuwaitische Regierung zusammen. Die Männer, die den luxuriösen amerikanischen Limousinen entstiegen, während die Sonne über dem nahen Meer stand, hatten angespannte Gesichter. Die Drohung war greifbar nah – nur einige Dutzend Kilometer entfernt in Gestalt von Kolonnen irakischer T-62-Panzer, die in Richtung auf ihr Land vorrückten. Die meisten Regierungsmitglieder sträubten sich noch dagegen, an das Unwiderrufliche zu denken, obgleich das ganze Ausmaß der Gefahr nicht zu übersehen war.

Emir Dschabir kam als letzter an, begleitet vom Kronprinzen und Premierminister Scheich Saad el-Abdullah el-Sabbah. Der Kronprinz war gerade aus Saudi-Arabien zurückgekehrt, wo König Fahd sich als Vermittler angeboten hatte. Der Emir und sein Premier hatten sich noch kurz vor der Sitzung unterhalten. Beide schlossen einen irakischen Angriff nicht aus, aber sie glaubten beide, daß es sich nur um eine Operation in der von den Irakern beanspruchten Grenzzone handeln könne. Niemand war bereit, sich darauf einzustellen, daß Kuwait nur noch eine Galgenfrist bis zum Untergang hatte, wenn man so will, nur noch eine Klammer des Friedens war, die sich nun schloß.

Die Kabinettssitzung sollte eine Antwort auf das Memorandum beschließen, das Tarik Asis zwei Tage zuvor übergeben hatte und in dem Kuwait bezichtigt wurde, für 2,4 Milliarden Dollar Erdöl gestohlen zu haben.

Die meisten Äußerungen der Regierungsrunde zeigten die Beunruhigung und Verwirrung, die sich unter den Beteiligten ausgebreitet hatte.

Als erster nahm der frühere Erdölminister Ali Chalifa el-Sabbah das Wort, der jetzt den Posten eines tatkräftigen Finanzministers bekleidete. Dieser Mann mit den Manieren eines westlichen Bankiers war eine in der internationalen Finanzwelt anerkannte Persönlichkeit. »Ich glaube«, sagte er,

»daß der Irak seine Wirtschaft retten möchte und versucht, die Golfstaaten für seinen Mißerfolg verantwortlich zu machen. Aber wir sollten uns keinen Illusionen hingeben. Der Ton der irakischen Anschuldigungen wird sich auch nach der OPEC-Tagung in Genf nicht ändern. Das Land wird die Konfrontation weiter suchen und sie eskalieren.«

Die Feststellung Chalifa el-Sabbahs hatten mehrere seiner Kollegen mit Kopfnicken unterstützt. Was er aber im Anschluß daran vorschlug, schien weit weniger realistisch zu sein. Er meinte, eine Lösung müsse innerhalb des Golf-Kooperationsrats gesucht werden, einer Organisation, in der sich Kuwait, die Vereinigten Arabischen Emirate, Oman, Katar, Bahrein und Saudi-Arabien zusammengeschlossen hatten, also alle Monarchien der Region, die Bagdad als seine erklärten Feinde ansah.

Manche der Einwände, wie die des für das Parlament oder das Kabinett zuständigen Ministers, hatten zum Tenor, daß die irakischen Drohungen nur ein Ziel hätten: »Geld aus Kuwait herauszupressen, viel Geld.« Einer fügte sogar hinzu: »Wir müssen die Ruhe bewahren.« Salman el-Mutawa, der Planungsminister, ging noch weiter und qualifizierte das Memorandum der Iraker so ab: »Es ist schwach und erlaubt uns eine einfache Antwort.«

Doch diese Einlassungen machten nur wenige. Der Verteidigungsminister, Scheich Naiwal el-Sabbah, machte es sich zu leicht, indem er die irakischen Anschuldigungen mit dem Argument zurückwies, es sei schließlich der Irak gewesen, der seine militärischen Installationen auf der anderen Seite der Grenze aufgebaut habe, und das Problem damit sein Bewenden haben ließ.

Wie ernst von jetzt an die Drohung des Irak zu nehmen sei, wollte der Emir wissen. Außenamtschef Scheich Sabbah el-Ahmed el-Sabbah, der von dem Memorandum und den Beschuldigungen Tarik Asis' so beeindruckt war, antwortete: »Es ist möglich, daß die Iraker angreifen. Die Situation an der Grenze ist explosiv. Wir haben deshalb intensive Kontakte mit unseren Brüdern vom Kooperationsrat der Golfstaaten geknüpft.«

Verhandlungen! Das Wort kam in allen Gesprächen immer wieder als letzte Hoffnung vor dem Untergang vor. Alle schienen aber die vielen Treffen zwischen irakischen und kuwaitischen Emissären vergessen zu haben, die immer wieder an der harten, unbeeindruckten und unnachgiebigen Haltung der Kuwaiter gescheitert waren.

»Ich glaube«, schloß der Kronprinz seine Beurteilung, »daß die Iraker militärische Maßnahmen ergreifen könnten, aber sie würden sich auf die Regionen Ritka und Kasar an unseren Grenzen beschränken.«

Je mehr Zeit verstrich, desto mehr glaubten sich die Mitglieder der Regierung in Sicherheit. Und nur noch mit halbem Ohr hörten sie die Worte ihres Kollegen, des Justizministers Dhari el-Uthman, die bemerkenswertesten der ganzen Zusammenkunft: »Das irakische Memorandum war nur der Anfang. Nur Gott weiß, wie weit sie gehen werden. Das Problem des Ölpreises ist nur ein Vorwand. In Wahrheit stehen sich Irak und Kuwait wie der Wolf und das Lamm gegenüber.«

Die Diskussionen verlagerten sich sodann auf wirtschaftliche Gebiete und wurden immer konfuser. Sollte man die irakische Forderung von 10 Milliarden Dollar und die Streichung der Schulden akzeptieren? Es wurde keine Entscheidung getroffen, während die Zeit davonraste. Scheich Dschabir el-Hamad el-Sabbah wurde damit beauftragt, sofort ein Treffen des Golf-Kooperationsrats zu organisieren, der dann die Intervention der Arabischen Liga verlangen würde. Aber es wurden keine militärischen Maßnahmen getroffen.

Die herrschenden Kreise in Kuwait glaubten vielleicht, noch eine letzte Trumpfkarte im Ärmel zu haben: die Unterstützung der Vereinigten Staaten. Ein merkwürdiges Dokument, datiert auf den 22. November 1989, das von den Irakern entdeckt worden war (und weder von der kuwaitischen Exilregierung noch von der amerikanischen Regierung inzwischen dementiert wurde), läßt den Ursprung der Krise in einem neuen Licht erscheinen. Dieses Dokument ist ein von Fahd Hakmad el-Fahd, dem kuwaitischen Direktor der Staatssicherheit, an den Innenminister gerichtetes Memorandum, und sein Paragraph 5 lautet:

»Wir stimmen mit der amerikanischen Seite in der Einschätzung überein, daß es wichtig ist, von der Verschlechterung der wirtschaftlichen Lage des Irak zu profitieren, um Druck auf dieses Land auszuüben mit dem Ziel, eine gespannte Situation über den Grenzverlauf zu provozieren. Die CIA hat uns ihren Standpunkt über die geeigneten Mittel vorgetragen, diesen Druck aufrechtzuerhalten. Ihre Verantwortlichen haben uns gesagt, daß eine weitgehende Zusammenarbeit stattfinden müsse unter der Bedingung, daß diese Aktivitäten auf höchster Ebene koordiniert würden.«

Der Direktor der Staatssicherheit sprach auch von einer Reise vom 12. bis zum 18. November nach Washington, wo er mehrere streng geheime Treffen mit den CIA-Verantwortlichen gehabt habe. Der amerikanische Geheimdienst hätte sich wenig zufrieden über die Stärke der königlich-kuwaitischen Garde gezeigt, die für die Sicherheit des Emirs zuständig ist. Der war bereits das Ziel mehrerer Attentatsversuche, und die CIA bereitete sich nach dem Bericht darauf vor, eine 123 Mann starke Truppe zu formen und zu unterhalten, die von kuwaitischen Verantwortlichen ausgewählt werden und in Zukunft für die Sicherheit des Emirs und des Kronprinzen zuständig sein sollte.

Waren die Kuwaiter zu weit gegangen, weil sie sicher waren, Washington würde sie bis zum letzten unterstützen? Die Herrscher des Emirats waren davon überzeugt, seit langem schon die Unterstützung der Vereinigten Staaten zu haben, besonders seit 1987, als die kuwaitischen Tanker mitten im irakisch-iranischen Krieg unter amerikanischer Flagge fahren durften, um besser geschützt zu sein.

Am Tag der Kabinettssitzung in Kuwait-City hatte das irakische Parlament die natürlich einstimmige Entscheidung getroffen, Saddam Hussein zum Präsidenten auf Lebenszeit zu ernennen.

Am 24. Juli erhielt das Generalquartier der CIA Meldungen, daß zwei irakische Divisionen ihre Standorte verlassen und neue Stellungen an der kuwaitischen Grenze bezogen hätten.

Am selben Tag vormittags kam Husni Mubarak in Bagdad an, um zu vermitteln. Die Wahl der Arabischen Liga war nicht sonderlich glücklich angesichts des starken Mißtrauens, das zwischen dem ägyptischen Staatschef und Saddam Hussein herrschte.

Saddam vertraute seinem Kollegen vom Nil an: »Solange es Diskussionen zwischen dem Irak und Kuwait gibt, werde ich keine Gewalt anwenden. Ich werde erst alle Mittel der Verhandlung ausschöpfen. Aber, Bruder Mubarak, sag das nicht den Kuwaitern. Mach ihnen keine Hoffnung, das macht sie nur noch arroganter.«

Mubarak flog sofort nach Kuwait, wo er dem Emir von dem vertraulichen Gespräch berichtete..., aber nur teilweise. »Seid sicher, Exzellenz, daß ich aus dem Mund von Saddam Hussein gehört habe, er würde keine Truppen aussenden und keinen Angriff auf Kuwait ins Auge fassen.« Er unterließ es hinzuzufügen, »solange die Verhandlungen andauern«. Die gleiche verkürzte Version ließ der Ägypter Washington übermitteln.

Am 25. Juli bat Saddam die amerikanische Botschafterin April Glaspie zu einer Unterredung. Frau Glaspie war erst eine Stunde davor benachrichtigt worden und konnte deshalb keine Instruktionen des Washingtoner Außenministeriums mehr einholen. Um 13 Uhr trat sie sehr angespannt in das Büro des irakischen Führers. Es war ihr erstes Einzelgespräch mit ihm. Der Dialog, der nun stattfand, war erstaunlich, irreführend sogar, und stellt ein Dokument von größter Wichtigkeit dar. Die amerikanische Fernsehkette ABC hat es sich beschaffen können. Es enthält viele Botschaften, manchmal unfreiwillige, und verdient es, genau analysiert zu werden.

Saddam Hussein hatte an seiner Seite Tarik Asis. Nachdem er die Botschafterin liebenswürdig empfangen und ihr einen Platz angewiesen hatte, sagte er ihr sogleich: »Ich habe Sie hierher gebeten, um mit Ihnen eine eindringliche Diskussion zu führen, die ich als eine Botschaft an Präsident Bush ansehe.«

Dieses Gespräch wurde von Saddam Hussein also als ein Treffen auf höchster Ebene eingestuft. Er schnitt zuerst die Geschichte der Beziehungen zwischen dem Irak und Amerika an:

»Die Entscheidung, mit Amerika diplomatische Beziehungen aufzunehmen, wurde 1980 gefaßt, zwei Monate vor dem Krieg mit dem Iran. Als der Konflikt dann ausbrach, verschoben wir die Aufnahme der diplomatischen Beziehungen auf später, um jede tendenziöse Interpretation zu vermeiden, denn wir waren davon überzeugt, daß der Krieg nicht lange dauern würde.

Aber er dauerte: Um nun zu zeigen, daß wir ein blockfreies Land sind, war es wichtig, die diplomatischen Beziehungen mit Amerika herzustellen, ohne das Ende des Krieges abzuwarten. Das taten wir dann 1984. Nachdem die Beziehungen hergestellt waren, erwarteten wir ein besseres Verständnis und Zusammenarbeit, denn auch wir verstehen oft nicht die Gründe für so manche amerikanischen Entscheidungen.

Aber unsere Beziehungen mit Amerika litten unter vielen Unsicherheiten. Die größte Krise war natürlich 1986 die Irangate-Affäre, die in dem Augenblick ausbrach, als der Iran die Halbinsel Fao besetzte.

Wenn die gemeinsamen Interessen zweier Staaten gering sind und die Beziehungen noch sehr jung, dann fehlt es auch noch an gegenseitigem Verständnis, und Mißverständnisse haben einen noch negativeren Effekt. Manchmal kann dann die Konsequenz eines Fehlers größer sein als der Fehler selbst. Trotz alledem akzeptierten wir die Entschuldigungen, die uns der amerikanische Präsident über seinen Beauftragten zum Irangate übermittelte, und wischten unseren Ärger weg. Und wir haben nicht vor, die Vergangenheit wieder aufzurollen, es sei denn, neue Erkenntnisse lassen uns zu dem Schluß kommen, die früheren Irrtümer waren mehr als reiner Zufall.

Unser Verdacht verstärkte sich nach der Räumung der Halbinsel Fao. Die (amerikanischen) Medien begannen, sich in die inneren Angelegenheiten des Irak einzumischen. Unser Mißtrauen wurde wieder wach, und wir fragten uns, ob es den Vereinigten Staaten nicht sogar vielleicht ungelegen kam, daß sich der Konflikt zu unseren Gunsten entwikkelte.«

Nach diesem langen Vorspruch fügte er hinzu: »Es steht für uns außer Frage, daß es in den Vereinigten Staaten gewisse Kreise gibt – ich schließe den Präsidenten davon aus –, die Verbindungen mit dem Geheimdienst und dem Außenministerium haben – ich will in diesem Zusammenhang nicht von dem Außenminister selbst sprechen –, und daß diese Kreise, na ja, es nicht gut finden, daß wir unser Gebiet befreiten. Sie bereiteten Studien vor, die den Titel trugen: ›Wer kommt nach Saddam Hussein?‹, und traten mit den Golfstaaten in Kontakt, um den Irak einzuschüchtern und die Golfstaaten zu überreden, uns keine Wirtschaftshilfe mehr zu gewähren. Wir haben Beweise für diese Aktivitäten ...«

Der irakische Präsident war also der Meinung, daß die in der arabischen Welt sichtbar gewordene Spaltung ein amerikanisches Komplott sei, um das Regime in Bagdad zu unterminieren.

Saddam Hussein machte eine Pause, bevor er seinen Monolog wieder aufnahm:

»Der Irak hat durch den Krieg Schulden in Höhe von 40 Milliarden Dollar aufnehmen müssen, ohne die Hilfe arabischer Staaten mitzuzählen, die manche von ihnen allerdings auch als Schulden ihnen gegenüber ansehen, obgleich sie genau wissen, daß sie ohne den Irak nicht mehr das Vergnügen hätten, sich ihrer Einnahmen zu erfreuen, denn das Schicksal der Region wäre ein völlig anderes gewesen.

Wir mußten dann unter der Politik der Preisstürze auf dem Ölmarkt leiden. Dann begann die Kampagne gegen Saddam Hussein in den offiziellen amerikanischen Medien. Die Vereinigten Staaten waren der Meinung, die Situation des Irak gleiche der Polens, der Tschechoslowakei und Rumäniens. Wir waren von dieser Kampagne unangenehm überrascht, aber nur bis zu einem bestimmten Punkt, denn wir hofften, wenn erstmal einige Monate ins Land gegangen wären, würden die wichtigen amerikanischen Entscheidungsträger sich schon über die wahren Tatsachen klar werden und feststellen, daß diese Kampagne nicht den geringsten Effekt bei den Irakern zeitigt. Wir hatten gehofft, daß die amerikanische Führung bald die notwendigen Entscheidungen fällen würde, was die Beziehungen zum Irak anbelangt. Bei guten Beziehungen kann man sich manchmal den Luxus erlauben, mit etwas nicht einverstanden zu sein.

Es war aber eine gewollte und geplante Politik, die zum Preisverfall für das Erdöl führte. Es gab keine wirtschaftlichen Gründe dafür, und das hieß, daß ein anderer Krieg gegen den Irak entfesselt wurde.«

Für Saddam Hussein waren diese um das Öl geführten Aktionen der Golfstaaten also gleichzusetzen mit einer regelrechten Kriegserklärung.

»Der militärische Krieg«, fuhr er fort, »tötet die Völker durch Ausbluten. Der Wirtschaftskrieg nimmt ihnen die Möglichkeit, ein besseres Leben zu führen. Sie wissen genau, daß wir Ströme an Blut vergossen haben in dem achtjährigen Krieg, aber wir haben nicht unsere Menschlichkeit verloren. Die Iraker haben das Recht, in Würde zu leben. Wir lassen nicht zu, daß an der irakischen Ehre gerüttelt wird und am Recht der Iraker, ein würdevolles Leben zu führen.

Kuwait und die Vereinigten Arabischen Emirate haben sich an die Spitze dieser Politik der Erniedrigung des Irak gesetzt. Sie verhindern, daß das irakische Volk ein höheres Lebensniveau erreicht. Wie Sie sicher wissen, waren unsere Beziehungen zu den Emiraten gut. Aber Kuwait hat sich, während wir den Krieg führten, zu unseren Lasten territorial ausgebreitet.«

In diesem Moment erklärte Saddam Hussein ganz eindeutig Kuwait zur wichtigsten Zielscheibe.

»Sie werden mir antworten, daß das Propaganda ist. Ich verweise Sie auf ein Dokument – die Linie der militärischen Patrouillen –, das die von der Arabischen Liga 1961 festgelegte Grenze enthält, damit die Patrouillen nicht die Grenze zwischen dem Irak und Kuwait überschreiten.

Überzeugen Sie sich vor Ort selbst. Sie werden kuwaitische Patrouillen sehen, kuwaitische Bauernhöfe und kuwaitische Erdölinstallationen finden, die so nah wie irgend möglich an dieser Grenze stehen, um dieses Gebiet als kuwaitisches Territorium zu beanspruchen.

Seit 1961 hat die kuwaitische Regierung nicht gewechselt, im Gegensatz zur irakischen. Selbst nach 1968 (dem Jahr, in dem die Baath-Partei an die Macht kam) und weitere zehn Jahre lang wurden wir durch unsere internen Probleme in Beschlag genommen. Erst im Norden (im Krieg gegen die Kurden), dann durch den Krieg von 1973 (den Jom-Kippur-Krieg) und durch andere Schwierigkeiten. Und dann brach der Konflikt mit dem Iran aus.

Die Vereinigten Staaten verstehen sich aufgrund gegenseitiger und legitimer Interessen gut mit Völkern, die im Luxus und in wirtschaftlicher Sicherheit leben. Aber die ausgehungerten und wirtschaftlich abgewürgten Völker haben es nicht so leicht, Verständnis für sich zu gewinnen.

Wir akzeptieren keinerlei Drohungen gegen uns, weil auch wir niemanden bedrohen. Aber wir hoffen doch stark, daß sich die Vereinigten Staaten nicht allzu großen Illusionen in dieser Hinsicht hingeben und daß sie versuchen, sich neue Freunde zu schaffen, statt die Zahl ihrer Feinde zu vermehren.

Ich habe die amerikanischen Erklärungen über ihre Freunde in der Region gelesen. Jeder hat natürlich das Recht, sich seine Freunde selbst auszusuchen. Dagegen haben wir gar nichts einzuwenden. Aber Sie wissen sehr wohl, daß es nicht amerikanische Truppen waren, die ihre Freunde während des Kriegs mit dem Irak beschützt haben. Ich kann Ihnen versichern, daß Ihre Truppen die Iraner, wenn sie in die Region eingedrungen wären, nicht aufgehalten hätten, es sei denn durch den Einsatz von nuklearen Waffen.

Ich will Ihr Land hier nicht herabsetzen, aber ich halte mich an die Geographie und die Natur der amerikanischen Gesellschaft. Die ist nicht bereit, 10000 Tote in einer einzigen Schlacht zu opfern.

Sie wissen sehr gut, daß der Iran den Waffenstillstand akzeptiert hat. Aber keineswegs, weil die Amerikaner eine seiner Ölplattformen bombardiert haben, nachdem wir Fao befreit hatten. Ist das die Gegenleistung an den Irak, weil er die Stabilität der Region gesichert und sie vor einer Flutwelle ohnegleichen beschützt hat?

Was bedeutet eigentlich: ›Die Amerikaner beschützen ihre Freunde?‹ Das bedeutet ganz offensichtlich eine feindliche Haltung gegenüber dem Irak.

Diese Position, dazu die Manöver und Ihre Erklärungen, haben die Emirate und Kuwait darin bestärkt, auf die Rechte der Iraker keinerlei Rücksicht zu nehmen.«

Saddam Hussein beurteilt die Risse in der Arabischen Welt als Teil eines amerikanischen Komplotts, mit dem der Irak und seine eigenständige Macht unterminiert werden sollen.

»Ich kann Ihnen versichern, daß alle vom Irak geforderten Rechte Zug um Zug eingelöst werden. Wir werden sie uns alle nehmen. Vielleicht schaffen wir das nicht sofort oder in einem Monat oder in einem Jahr, aber wir schaffen es. Wir gehören nicht zu denen, die ihre Rechte aufgeben. Es gibt keine historische oder wirtschaftliche Rechtfertigung, keinerlei Legitimität für Kuwait oder die Emirate, uns unsere Rechte vorzuenthalten. Wenn sie hilfsbedürftig sind, sind wir es auch.«

Nachdem er ohne Umschweife seinen erklärten Willen kundgetan hatte, die Rechte des Irak durchzusetzen, setzte Saddam Hussein nach:

»Die Vereinigten Staaten müssen die Situation besser verstehen und klar sehen, wer ihre Feinde sind und mit welchen Ländern sie gute Beziehungen unterhalten wollen. Aber sie dürfen nicht einfach jene Länder als ihre Feinde betrachten, die über den israelisch-arabischen Konflikt eine andere Meinung haben.

Wir verstehen die amerikanische Forderung nach einer gesicherten Ölversorgung. Wir verstehen, daß Amerika mit Staaten der Region, die die gleichen Interessen haben, freundschaftliche Beziehungen unterhalten will. Aber wir können nicht die Ermutigungen verstehen, die gewissen Parteien dazu gemacht werden, den Interessen des Irak zu schaden.

Die Vereinigten Staaten wollen eine sichere Ölversorgung haben. Das ist eine legitime Sorge, der wir Rechnung tragen wollen. Aber dazu dürfen die Vereinigten Staaten nicht zu Methoden greifen, die sie anderswo verurteilen, wofür sie ihre Muskeln spielen lassen und Druck ausüben. Wenn sie diesen Druck uns gegenüber ausüben, dann werden wir mit Gegendruck antworten und ihnen unsere Stärke zeigen. Sie wissen, daß sie uns weh tun können, während wir nicht die Macht haben, sie zu bedrohen. Aber wir können auch weh tun. Jeder kann nach seinen Möglichkeiten Schläge austeilen. Wir können nicht in Amerika landen, aber Araber können Ihr Land individuell angreifen ...«

Saddam Hussein zeigt keine diplomatische Zurückhaltung mehr und bedroht die Vereinigten Staaten mit einer Welle terroristischer Attentate. Damit er auch nicht im geringsten mißverstanden wird, fügt er hinzu:

»Sie können den Irak mit Raketen und Flugzeugen überfallen, aber bringen sie uns nicht bis zu dem Punkt, an dem wir alle Bedenken über Bord werfen. Wenn wir spüren, daß sie unseren Stolz brechen und die Iraker um die Chance bringen wollen, ein hohes Lebensniveau zu erreichen, dann werden wir alle Vorsicht vergessen und uns für den Tod entscheiden. Wir werden keine Sicherheitsvorkehrungen treffen, selbst wenn sie jede Rakete von uns mit hundert Raketen beantworten, denn ohne Würde hat das Leben keinen Wert ...«

Saddam warnte den amerikanischen Präsidenten, daß er zu einem Krieg selbst gegen Amerika bereit sei, auch wenn er ihn wahrscheinlich verlieren würde.

»Es macht keine Sinn«, rief er aus, »von unserem Volk zu verlangen, acht Jahre lang Ströme von Blut zu vergießen, und ihm dann zu sagen: Jetzt müßt ihr die Aggression Kuwaits ertragen oder der Vereinigten Arabischen Emirate oder der Vereinigten Staaten oder gar Israels. Wir scheren nicht alle über einen Kamm. Vor allem also: Wir sind verletzt und entrüstet, daß eine solche Mißstimmung zwischen uns und Kuwait oder den Arabischen Emiraten aufkommen konnte. Die Lösung dafür muß in einem arabischen Rahmen gefunden werden, über die direkten bilateralen Verbindungen. Wir reihen die Vereinigten Staaten nicht unter unsere Feinde ein. Wir möchten sie dort sehen, wo unsere Freunde sind, und wir versuchen, ihre Freunde zu sein. Aber die wiederholten amerikanischen Erklärungen des letzten Jahres machten uns klar, daß Amerika uns nicht als Freund ansieht. Gut, es steht den Amerikanern frei, die Dinge so zu sehen, aber wenn wir die Freundschaft von jemanden suchen, dann wollen wir auch die Ehre, die Freiheit und das Recht haben zu wählen. Wir wollen unserem Rang gemäß wählen, wie wir auch mit jedem seinem Rang gemäß verkehren. Wir sehen die Interessen anderer, aber wir tragen auch unseren Interessen Rechnung. Und wir erwarten von anderen, daß sie unsere Interessen in gleichem Maße berücksichtigen wie ihre eigenen. Was soll man davon halten, daß der zionistische Kriegsminister in diesen Tagen in die USA reiste? Was sollen diese flammenden Aufrufe Israels in den letzten Tagen und diese Gerüchte über einen Krieg, der notwendiger sei als je zuvor?«

Wahrscheinlich noch immer unter dem Trauma des Bombardements der Nuklearanlage von Osirak stehend, zögerte Saddam Hussein nicht, der amerikanischen Botschafterin seine Besorgnis über einen unmittelbar bevorstehenden Angriff Israels, womöglich mit amerikanischer Unterstützung, mitzuteilen.

»Wir wollen keinen Krieg, weil wir aus Erfahrung wissen, was Krieg bedeutet. Aber bringen sie uns nicht so weit, daß wir den Krieg als einzige Lösung ansehen, um würdig zu leben und unserem Volk zu erlauben, ein anständiges Leben zu führen.

Wir wissen, daß die Vereinigten Staaten die Nuklearwaffe besitzen. Aber wir sind entschlossen, als freie Menschen zu leben oder bis zum Letzten zu sterben. Es gibt keinen achtbaren Menschen auf der ganzen Welt, da bin ich mir sicher, der dieses Gefühl nicht verstehen würde. Wir verlangen von ihnen gar nicht, daß sie unsere Probleme lösen. Ich habe schon gesagt, daß die arabischen Probleme unter den Arabern gelöst werden müssen. Aber sie sollen niemanden ermutigen, eine Aktion zu unternehmen, die seiner Lage nicht entspricht! Ich glaube nicht, daß irgend jemand etwas verlieren würde, wenn er ein Freund des Irak wäre. In meinen

Augen hat der amerikanische Präsident keine Fehler gemacht, was die Araber anbelangt, selbst wenn seine Entscheidung, die Verhandlungen mit der PLO einzufrieren, falsch ist. Aber es scheint, daß sie getroffen wurde, um die zionistische Lobby zu besänftigen oder als strategisches Element, um die zionistische Wut zu dämpfen, bevor neue Kontakte mit der PLO aufgenommen werden. Ich hoffe, daß die letzte Einschätzung richtig ist. Aber wie dem auch sei, wir werden daran festhalten, daß die Entscheidung falsch gewesen ist. Sie besänftigen den Usurpator (Israel, P.S.) auf vielerlei Weise, auf ökonomische, politische und militärische Art sowie durch die Medien. Wann wird die Zeit kommen, wo sie für drei Besänftigungen gegenüber dem Usurpator nur ein Mal die Verdienste der Araber anerkennen? Wann wird die Menschheit die Chance bekommen, mit einer gerechten amerikanischen Lösung rechnen zu können, die eine Balance herstellt zwischen 200 Millionen menschlichen Wesen und 3 Millionen Juden? Wir wollen die Freundschaft, aber wir laufen ihr nicht nach. Wir weisen jede Aggression zurück, von wem sie auch kommt. Wenn sie uns was Böses wollen, werden wir Widerstand leisten.

Das ist unser Recht, ob der Schaden nun von Amerika, den Vereinigten Emiraten, Kuwait oder Israel verursacht wird. Aber ich stelle nicht all diese Staaten auf die gleiche Stufe. Israel hat mit Hilfe Amerikas arabischen Boden gestohlen. Aber die Emirate und Kuwait unterstützen nicht Israel. Wie immer die Dinge auch stehen, sie sind Araber. Aber wenn sie versuchen, den Irak zu schwächen, dann helfen sie dem Feind. Und dann hat der Irak das Recht, sich zu verteidigen.«

In diesem Stadium des Gesprächs erwähnt Saddam Hussein, um sein Plädoyer zu unterstützen, zwei Vorfälle, über die Amerika einmal nachdenken solle.

»1974 traf ich Idriss, den Sohn von Mullah Mustafa Barsani (dem letzten kurdischen Führer, P.S.). Er saß im selben Sessel, in dem Sie jetzt sitzen. Er bat mich, das Inkrafttreten der Autonomie für das irakische Kurdistan, die im März 1970 ausgehandelt worden war, zu verschieben. Ich sagte ihm, daß wir entschlossen seien, unsere Verpflichtungen (den Kampf gegen die Kurden einzustellen, P.S.) zu erfüllen, daß er aber auch sein Wort halten müsse. Weil ich fühlte, daß Idriss Barsani feindselige Absichten hegte, fügte ich hinzu: Übermitteln Sie Ihrem Vater meine Hochachtung und erinnern Sie ihn daran, daß Saddam Hussein ihm sehr wohl gesagt habe, was folgen wird. Ich erklärte ihm dann, mit genauen Zahlen belegt, das Kräftegleichgewicht, genauso wie ich es in offenen Briefen an die Iraner während des Kriegs gemacht habe. Ich beendete die Unterhaltung mit einem zusammenfassenden Satz: Wenn wir gegeneinander kämpfen müssen, werden wir gewinnen. Wissen Sie warum? Ich nannte ihm alle (militärischen) Gründe dafür, zusätzlich noch einen politischen: Euer Schicksal (das der Kurden, die 1974, vom Iran finanziell und materiell unterstützt, gegen die Iraker für ein völlig freies Kurdistan kämpften, P.S.) hängt von den Differenzen ab, die wir mit dem Schah von Persien haben. Die Ursprünge des Konflikts mit dem Iran gingen auf den Anspruch dieses Landes auf die Hälfte des Schatt el-Arab zurück. Wenn wir (so Saddam damals zu Idriss, P.S.) den Bestand des Irak in seiner Gesamtheit bewahren könnten, den Schatt el-Arab eingeschlossen, dann würden wir keinerlei Konzessionen machen. Aber wenn wir wählen müßten zwischen der Hälfte des Schatt el-Arab oder der Gesamtheit des Irak, dann würden wir auf den Schatt el-Arab verzichten, um den Irak in den Grenzen zu erhalten, die wir wollen. Wir hoffen, daß Sie (Idriss, P.S.) nicht Öl ins Feuer gießen mit dem Risiko, uns an diese letzte Wahlmöglichkeit zu erinnern, die wir dem Iran gegenüber haben.

Nach dieser Unterredung traten wir (1975 im Vertrag von Algier, P.S.) die Hälfte des Schatt el-Arab an den Iran ab. Barsani starb, wurde außerhalb des Irak beerdigt und verlor seinen Krieg.«

Der Herr des Irak wandte sich nun direkt an die amerikanische Botschafterin: »Wir hoffen, daß wir nicht erneut gezwungen werden, aufs Ganze zu gehen. Das einzige nicht geregelte Problem mit dem Iran ist der Schatt el-Arab. Wenn wir vor die Wahl gestellt werden, zwischen dem Irak und seinem legitimen Stolz einerseits und dem Schatt el-Arab auf der anderen Seite zu entscheiden, dann würden wir mit der gleichen Weisheit verhandeln, die wir 1975 bewiesen haben. Und genauso wie Barsani eine historische Chance versäumte, wird es anderen auch ergehen.«

Saddam Hussein beschloß seine historische Vorlesung trocken: »Ich hoffe, daß Präsident Bush das hier selbst liest und es nicht in die Hände einer Bande im Außenministerium fallen läßt, wobei ich Außenminister James Baker und John Kelly ausnehmen will, denn den kenne ich, weil ich mit ihm gesprochen habe.«

Endlich konnte die amerikanische Botschafterin antworten:

»Ich danke Ihnen, Herr Präsident, es ist ein großes Vergnügen für einen Diplomaten, Sie zu treffen und direkt mit Ihnen zu sprechen. Ich habe Ihre Botschaft genau verstanden. Wir haben Geschichte in der Schule gelernt, und man hat uns beigebracht zu sagen: ›Freiheit oder Tod‹.«

»Ich glaube, Sie wissen sehr wohl, daß unser Volk Erfahrung mit Kolonialisten gemacht hat.«

»Herr Präsident, Sie haben mehrere Punkte erwähnt, über die ich mich im Namen meiner Regierung nicht auslassen kann. Aber mit Ihrer Zustimmung möchte ich zwei Punkte kommentieren. Sie haben von Freundschaft gesprochen, und ich glaube, daß unser Präsident in seinem Schreiben an Sie anläßlich Ihres Nationalfeiertags zu diesem Punkt ganz klar ...«

Saddam Hussein unterbrach sie: »Sein Brief war freundschaftlich, und seine guten Wünsche stimmten mit unserer Einschätzung und mit unseren guten Wünschen überein.«

Die Botschafterin überbot sich fast: »Wie Sie wissen, hat er die amerikanische Administration angewiesen, die Vorschläge wirtschaftlicher Sanktionen gegen den Irak abzulehnen.«

»Aber wir können nichts mehr in Amerika kaufen! Nur noch Weizen. Jedes Mal, wenn wir etwas anderes haben wollen, heißt es, das sei untersagt. Ich fürchte, daß Sie uns demnächst sagen werden, wir würden aus dem Weizen Schießpulver machen!«

Die amerikanische Botschafterin beeilte sich, Saddam zu versichern: »Ich habe persönliche Instruktionen des Präsidenten, die besten Beziehungen zum Irak herzustellen.«

»Ja, aber wie? Wir teilen diesen Wunsch auch. Aber die Dinge laufen dauernd in die Gegenrichtung.«

»Je mehr wir darüber sprechen, desto weniger wird das so bleiben. Sie haben den Artikel der amerikanischen Nachrichtenagentur angesprochen (Saddam Hussein hatte von der Sendung der ›Stimme Amerikas‹ vom 15. Februar 1990 geredet, P.S.), der in der Tat bedauerlich war. Aber es gab dafür ja offizielle Entschuldigungen.«

Saddam verneigte sich vor ihr, ganz Charmeur: »Ihre Anmerkung ist sehr großmütig. Wir sind Araber. Wenn jemand anerkennt, sich geirrt zu haben, und sich entschuldigt, dann genügt uns das. Aber die Medienkampagne geht weiter. Man erzählt immer neue Geschichten über uns. Wenn sie stimmen würden, nähme niemand daran Anstoß. Wir schließen aber aus dieser Beharrlichkeit, daß es sehr wohl den Willen gibt, uns zu diskreditieren.«

Die Botschafterin sprang ihm bei. »Ich habe die ABC-Sendung von Diane Sawyer gesehen. Sie war von einer erbärmlichen Qualität und ohne jede Objektivität. So geht das immer mit den amerikanischen Medien, die Politiker eingeschlossen. Das sind die Methoden der westlichen Medien. Ich bin froh, daß Sie Ihre Stimme in dieser Richtung erheben und die Meinung der Diplomaten stärken, die sich tapfer gegen die Medien zur Wehr setzen. Wenn Sie persönlich einmal in den Medien auftreten würden, und sei es auch nur für fünf Minuten, dann könnte uns das helfen, dem amerikanischen

Volk die Position des Irak klarzumachen. Das würde dem gegenseitigen Verständnis nützen. Hätte der amerikanische Präsident die Kontrolle über die Medien, würde das seine Aufgabe erheblich erleichtern.

Herr Präsident, mir liegt daran, Ihnen nicht nur zu sagen, daß der Präsident die besten und weitestgehenden Beziehungen zum Irak wünscht, er möchte auch, daß der Irak zum Frieden und zum Wohlstand des Nahen Ostens beiträgt. Präsident Bush ist ein intelligenter Mann, er wird keinen Wirtschaftskrieg gegen den Irak erklären (die amerikanische Botschafterin gab damit regelrecht grünes Licht für Saddam Hussein, P.S.). Es stimmt, daß wir keine höheren Preise für das Erdöl wollen. Aber ich bitte Sie, die Möglichkeit zu prüfen, nicht einen übertrieben hohen Preis zu fordern.«

Der Präsident gab sich konziliant: »Wir wollen auch keinen überhöhten Preis. Und ich erinnere Sie daran, daß ich 1974 Tarik Asis den Anstoß zu einem Artikel gab, in dem er die Politik der hohen Preise kritisierte. Das war der erste arabische Artikel, der diese Meinung vertrat.«

Tarik Asis nahm daraufhin das Wort: »Unsere Politik in der OPEC wendet sich gegen zu plötzliche Veränderungen der Erdölpreise.«

Saddam Hussein: »25 Dollar pro Barrel ist kein hoher Preis.«

Die Botschafterin: »Viele Amerikaner aus unseren eigenen Fördergebieten möchten, daß der Preis die 25 Dollar übersteigt.«

(Erneut ein grünes Licht: Saddam kann glauben, daß die Botschafterin und darüber hinaus der Präsident Forderungen nach höheren Preisen unterstützen, P.S.)

Saddam Hussein: »Der Preis war schon mal auf 12 Dollar pro Barrel gefallen, und der Verlust von 6 bis 7 Milliarden Dollar ist eine Katastrophe für das bescheidene irakische Budget.«

Die Botschafterin stimmt dem durch Kopfnicken zu: »Das kann ich ohne weiteres verstehen. Ich lebe seit Jahren hier. Ich bewundere Ihre außerordentlichen Anstrengungen, das Land aufzubauen. Ich weiß, daß Sie dafür Kapital brauchen.

Wir verstehen das und sind der Meinung, daß Sie die Möglichkeit haben müssen, das Land wieder aufzubauen. Aber wir wollen zu den innerarabischen Konflikten keine Position beziehen, beispielsweise zu Ihrem Konflikt mit Kuwait. Ende der sechziger Jahre war ich auf Posten in Kuwait. Unsere damaligen Instruktionen hießen, keine Meinung zu Problemen zu äußern, die Amerika nicht betrafen. James Baker hat jetzt unserem offiziellen Sprecher die Order gegeben, diese Instruktionen erneut zu bestätigen. Wir hoffen, daß Sie Ihr Problem durch alle notwendigen Maßnahmen lösen, über Klibi (den damaligen Generalsekretär der Arabischen Liga, P.S.) oder über Präsident Mubarak. Das einzige, was wir wünschen, ist, daß Sie zu einer schnellen Lösung kommen. In dieser Frage darf ich Sie auf die Art und Weise aufmerksam machen, wie wir diese Frage angehen.«

(Weiteres grünes Licht: der Streit um die irakisch-kuwaitische Grenze ist nicht unser Problem, P.S.)

»Nach 25 Jahren Dienst in der Golfregion ist meine Meinung, daß Ihr Ziel von Ihren arabischen Brüdern weitestgehend unterstützt werden sollte. Sprechen wir nicht mehr über das Öl. Sie, Herr Präsident, haben einen schrecklichen und schwierigen Krieg geführt.

Um es klar zu sagen: Wir beschränken uns darauf zu sagen, daß Sie im Süden Truppen massiert haben. Normalerweise ist das nicht unser Problem, aber wenn wir den irakischen Standpunkt, den Sie selbst an Ihrem Nationalfeiertag vertraten, in Betracht ziehen, daß die von den Emiraten und Kuwait beschlossenen Maßnahmen im Grunde genommen einer militärischen Aggression gegen den Irak nahekommen, dann scheint es mir begründet zu sein, daß wir uns betroffen fühlen. Ich habe deshalb die Instruktion bekommen, Sie im Geist der Freundschaft und nicht der Konfrontation zu fragen, was Ihre Absichten sind.

Ich beschreibe ihnen lediglich die Sorge meiner Regierung. Es steht mir nicht an zu behaupten, daß die Situation einfach ist. Aber unsere Interessen, die sind einfach.«

Der Präsident: »Wir verlangen von niemandem, sich nicht betroffen zu fühlen, wenn der Frieden in Gefahr ist. Das ist ein menschliches und nobles Gefühl, das wir mit Ihnen teilen. Es ist ganz normal, daß sich eine Supermacht wie die Vereinigten Staaten betroffen fühlt. Nur verlangen wir, daß Sie Ihre Besorgnis nicht nur in eine Richtung lenken, was einen Aggressor dazu führen könnte zu glauben, Sie würden ihn bei dieser Aggression unterstützen. Wir wollen eine gerechte Lösung finden, die unsere Rechte anerkennt, ohne die der anderen zu verletzen. Aber gleichzeitig sollen sie wissen, daß unsere Geduld zu Ende ist, was ihre Aktionen anbelangt, die so weit gehen, daß sie die Milch betreffen, die unsere Kinder trinken, die Renten der Witwen, die ihren Mann im Krieg verloren haben, und die Renten der Waisen, die ihre Eltern verloren haben. Als Nation haben wir ein Recht auf Wohlstand. Durch den Krieg haben wir so viele Möglichkeiten verpaßt, und die anderen müssen die Rolle richtig einschätzen, die der Irak zu ihrem Schutz gespielt hat.«

An dieser Stelle zeigte Saddam auf seinen Dolmetscher: »Sogar dieser Iraker ist voller Bitterkeit in dieser Sache, genauso wie seine Brüder. Wir sind keine Aggressoren, aber wir nehmen auch keine Aggression hin. Wir haben unsere Emissäre geschickt und Briefe geschrieben. Wir haben alles versucht. Wir haben den Diener der beiden heiligen Stätten (König Fahd, P.S.) gebeten, eine Gipfelkonferenz zu viert einzuberufen, aber er hat nur ein einfaches Treffen der Erdölminister vorgeschlagen. Wir haben das akzeptiert. Wie Sie wissen, fand das Treffen in Dschidda statt. Sie sind zu einem Ergebnis gekommen, daß unseren Erwartungen nicht entsprach, aber wir haben es mitgetragen.

Nur zwei Tage nach diesem Treffen hat der kuwaitische Erdölminister eine Erklärung abgegeben, die in Widerspruch zu dieser Übereinkunft stand. Wir haben das Problem auch beim Gipfel in Bagdad diskutiert. Ich habe den Königen und arabischen Präsidenten gesagt, daß einige unserer Brüder einen Wirtschaftkrieg gegen uns führten, daß nicht alle Kriege zwangsläufig mit Waffen ausgetragen würden, sie aber deshalb in unseren Augen gleichfalls eine militärische Aktion gegen uns darstellten. Denn wenn unser militärisches Potential geschwächt und der Iran die Feindseligkeiten wieder aufnehmen würde, dann könnte er schließlich doch noch sein Ziel erreichen. Und wenn wir das Niveau unserer Verteidigung herabsetzen, könnte Israel ermutigt werden, uns anzugreifen. All das habe ich den Königen und arabischen Präsidenten gesagt. Ich habe mich gerade noch zurückhalten können, Kuwait und die Emirate namentlich zu nennen, denn sie waren unsere Gäste. Vorher schon hatte ich meine Emissäre nach Kuwait und in die Emirate geschickt, um daran zu erinnern, daß unser Krieg auch dazu beigetragen hat, sie zu verteidigen. Deshalb kann ihre damalige Unterstützungsleistung jetzt nicht als Darlehen angesehen werden. Wir haben mehr getan, als die Vereinigten Staaten gegen einen Aggressor unternommen hätten, der sich gegen ihre Interessen richtet.

Ich habe diesen Punkt mit mehreren arabischen Staaten besprochen. Ich habe die Situation mehrmals meinem Bruder, König Fahd, erklärt, durch meine Emissäre oder per Telefon. Ich habe mit meinem Bruder, König Hussein, und mit dem Emir Said (dem Präsidenten der Vereinigten Arabischen Emirate, P.S.) nach dem Gipfeltreffen darüber gesprochen. Ich habe den Emir zu seinem Flugzeug begleitet, als er Mossul verließ. Er sagte mir: ›Warten Sie, bis ich heimgekehrt bin.‹ Aber kaum war er heimgekehrt, verhießen die Erklärungen nichts Gutes. Sie kamen nicht aus seinem Mund, sondern aus dem seines Erdölministers. Nach der Vereinbarung von Dschidda erhielten wir Berichte, nach denen sie davon gesprochen haben sollen, sich nur zwei Monate daran zu halten und dann die Politik zu wechseln. Sagen Sie mir: Was würde der amerikanische Präsident an meiner Stelle machen? Ich kann darüber nicht öffentlich sprechen, aber wir müssen dem irakischen Volk, das großen wirtschaftlichen Problemen ausgesetzt ist, klar sagen, wer dafür verantwortlich ist.«

Bei solch ernsten Worten zog es die Botschafterin vor, das Thema zu wechseln: »Ich habe vier wunderbare Tage in Ägypten verbracht.«

Saddam antwortete: »Das ägyptische Volk ist gut, offen, und es ist ein sehr altes Volk. Die Erdöl besitzenden Staaten sollten dem ägyptischen Volk helfen, aber sie sind einfach zu engherzig. Es ist traurig, das zuzugeben, aber einige werden von den Arabern gehaßt wegen ihres Geizes.«

Die Botschafterin: »Herr Präsident, es wäre für uns wichtig zu wissen, wie Sie die Anstrengungen Ihrer arabischen Brüder einschätzen. Sind sie bis an die Grenze ihrer Möglichkeiten gegangen?«

Der Präsident: »In diesem Punkt stimmen wir mit Präsident Mubarak überein, der vorschlug, der kuwaitische Premierminister solle in Saudi-Arabien unseren Präsidenten des Obersten Revolutionsrats treffen, denn die Saudis haben auf Vermittlung von Präsident Mubarak die Verbindung mit uns wieder angeknüpft. Letzterer hat mich gerade angerufen, um mir mitzuteilen, daß die Kuwaiter den Vorschlag angenommen hätten.«

Die Botschafterin erleichtert: »Meinen herzlichen Glückwunsch.«

Der Präsident: »Ein protokollarisches Treffen wird in Saudi-Arabien stattfinden. Dann geht es in Bagdad weiter mit vertieften Diskussionen direkt zwischen Kuwait und dem Irak. Wir hoffen, daß wir zu einer Vereinbarung kommen. Wir hoffen, daß die langfristige Sicht und die wahren Interessen stärker sind als die Habgier der Kuwaiter.«

Die Botschafterin: »Darf ich Sie fragen, wann Ihrer Meinung nach Scheich Saad nach Bagdad kommen wird?«

Der Präsident: »Ich nehme an, er kommt Samstag oder Montag (28. oder 30. Juli, P.S.). Ich habe meinem Bruder Mubarak gesagt, daß die Übereinkunft am Samstag oder Sonntag in Bagdad erzielt werden müsse. Sie wissen, daß die Besuche meines Bruders Mubarak immer ein gutes Omen waren.«

Die Botschafterin: »Das sind gute Nachrichten, ich beglückwünsche Sie.«

Saddam legte jetzt die Karten offen auf den Tisch: »Mein Bruder, Präsident Mubarak, hat mir berichtet, daß sie (die Kuwaiter, P.S.) Angst haben. Sie haben gesagt, daß meine

Truppen nur noch 20 Kilometer nördlich der Linie der Arabischen Liga (der irakisch-kuwaitischen Grenze, P.S.) stünden. Ich habe ihm gesagt, daß, um welche Truppen es sich auch handelt, einfache Polizei, Grenztruppen oder die Armee, und welches auch immer ihre Aufgabe ist, er den Kuwaitern unser Wort geben könne, daß wir nichts gegen sie unternehmen werden, bevor wir mit ihnen geredet haben. Wenn wir dann bei dem Treffen feststellen, daß noch Hoffnung besteht, wird nichts passieren. Aber wenn wir nicht in der Lage sind, eine Verhandlungslösung zu finden, dann ist es nur normal, daß der Irak seine eigene Vernichtung nicht hinnehmen kann, selbst wenn die Weisheit mehr als jedes andere Denken gelten soll. Sie sehen: eine gute Neuigkeit.«

»Jetzt haben Sie Ihren Scoop«, rief Tarik Asis aus.

April Glaspie nahm aus dieser Unterredung nur diese optimistische Schlußfolgerung mit und vergaß alle Drohungen und Warnungen, mit denen Saddam Hussein seinen Vortrag gespickt hatte, seit sie sich im Büro des obersten Herrn des Iraks befand. Als sie sich verabschiedete, versicherte die amerikanische Botschafterin Saddam Hussein ein letztes Mal, daß seine Botschaft bei ihrem Adressaten ankommen würde: »Ich habe vor, mich kommenden Montag (30. Juli, P.S.) nach Washington zu begeben. Ich hoffe, Präsident Bush noch im Laufe der Woche zu treffen.«

Am 26. Juli waren mehr als 30000 Iraker an der Grenze zu Kuwait zusammengezogen.

Am 27. Juli übermittelte die CIA dem Weißen Haus Satellitenfotos über die immer massivere Konzentration von Menschen und Material an der kuwaitischen Grenze. Washington unterrichtete Kuwait, Ägypten und Saudi-Arabien. Aber in ihren Antworten an die Verantwortlichen in Amerika schlossen die arabischen Führer eine Invasion aus und sprachen von einer »irakischen Erpressung«, um zwei Inseln im Golf und ein Ölfeld zu bekommen. Das amerikanische Außenministerium und der Nationale Sicherheitsrat teilten diese Einschätzung.

Am 28. Juli sind die Berichte der CIA noch genauer und noch alarmierender. Saddam hat wichtige Nachschublinien zu seinen Truppen an der Grenze eingerichtet. Besonders wurde eine große Anzahl von Lastwagen festgestellt, die den Nachschub sicherstellten. William Webster, der CIA-Direktor, der in seinen Händen die Fotos hielt, die diese Tatsachen belegten, war überzeugt, daß eine solche Logistik nicht nötig wäre, wenn es sich nur um ein Einschüchterungsmanöver handeln sollte.

Fast stündlich gingen neue Berichte ein. Sie stammten zumeist von den Spionagesatelliten der National Security Agency (NSA).

Diese Agentur, die weit mehr Leute beschäftigt und ein viel größeres Budget hat als die CIA, ist das wichtigste und perfekteste Informationszentrum der Welt. Es liegt in Fort Meade, nicht weit von Washington entfernt, mitten in einem Wald und teilt sich, wie das menschliche Gehirn, in zwei Hälften. Die rechte Hemisphäre ist »Carillon« getauft worden, die linke trägt den Codenamen »Loadstone«. Seine riesigen Computer sind in der Lage, 150 bis 200 Millionen Worte pro Sekunde zu verarbeiten. Andere können 320 Millionen Worte pro Sekunde übermitteln, das entspricht 2500 Büchern mit je 300 Seiten. Durch seine in aller Welt verteilten Abhörzentren und seine Spionagesatelliten kann die NSA die geheimsten Gespräche abhören und auch noch die kleinste Truppenbewegung überall auf der Welt feststellen. Die Analytiker, Mathematiker und Entschlüssler der NSA, alle von den besten amerikanischen Universitäten, können sogar Details von Unterredungen mithören, die in geschlossenen Räumen stattfinden, indem sie elektronisch mittels eines unsichtbaren Strahlenbündels die Vibration einer Fensterscheibe messen.

Ebenfalls am 28. Juli traf Jassir Arafat Saddam Hussein in Bagdad. Der irakische Präsident bat ihn, nach Kuwait zu fahren. »Diskutieren Sie mit dem Emir, und sagen Sie ihm, er solle mir die verlangten 10 Milliarden Dollar für die Nutzung der Erdölfelds von Rumeila in der Grenzregion geben, dann setze ich meine Truppenstärken herab.«

Saddam sagte Arafat nicht, er habe keine Absicht, in Kuwait einzufallen.

Am 29. Juli kam der PLO-Chef in Kuwait-City an. Er mußte viele Stunden warten, bevor er vom Emir empfangen wurde. Arafat trug die irakischen Vorschläge vor, aber Emir Dschabir unterbrach ihn sofort: »Ich will über diese Sache nicht sprechen. In 48 Stunden fahre ich nach Dschidda zu einem Gipfel mit dem Irak. Lassen Sie uns lieber über die Einwanderung der sowjetischen Juden nach Israel sprechen.«

Der Ton des Emirs war brutal und verächtlich. Trotz der Demütigung konnte Arafat nichts sagen. Kuwait ist einer der wichtigsten Geldgeber für die palästinensische Organisation. Am Ende der Unterredung versuchte er nochmals auf die Anregung Saddams zurückzukommen. Aber der Emir schnitt ihm das Wort ab: »Ich habe Ihnen klar gesagt, daß ich nicht darüber sprechen will.«

Arafat traf anschließend den Kronprinzen, Scheich Saad el-Abdullah el-Sabbah. Die Unterredung der beiden Männer war entspannter. »Sie sollten die 10 Milliarden zahlen«, sagte der PLO-Chef, »die Iraker sind eine Gefahr. Sie wissen, ich bin aus Kuwait, ich habe hier mehrere Jahre gelebt. Versuchen Sie, das Problem zu lösen.«

Prinz Saad antwortete: »Ich fahre nach Dschidda.«

»Aber fahren Sie nicht mit leeren Händen. Schlagen Sie eine Lösung vor.«

Der Prinz machte eine müde Handbewegung: »Die endgültige Entscheidung liegt nicht in meiner Hand.«

Der PLO-Chef schien zutiefst beunruhigt zu sein über die Wendung, die die Ereignisse nahmen. »Können sie einer militärischen Konfrontation widerstehen?« fragte Arafat. Saad schüttelte verneinend den Kopf: »Nein, wir sind nicht so stark wie der Irak. Wir haben nicht die Absicht, gegen ihn zu kämpfen.«

Am 30. Juli war die CIA in der Lage, genau die Stärke der irakischen Truppen angeben zu können: 100000 Mann, darunter die Elitetruppen der Republikanischen Garde, 300 Panzer und 300 schwere Artilleriegeschütze. Doch in Washington herrschte noch immer Stille. Sie sollte erst am nächsten Tag gebrochen werden.

Am 31. Juli ging John Kelly ins Rayburn-Gebäude des Capitols, um vor dem Unterkomitee für den Nahen Osten des Repräsentantenhauses zu sprechen. Nach seinem Vortrag antwortete er, ohne seine Ruhe zu verlieren, auf die ihm besonders vom Abgeordneten Lee Hamilton gestellten Fragen.

»Ich habe in der Presse ein indirektes Zitat gelesen, in dem Verteidigungsminister Richard Cheney erklärt haben soll, daß die Vereinigten Staaten nach Kuwait gehen werden, um die Verteidigung Kuwaits zu sichern, wenn es angegriffen wird. Ist diese Erklärung richtig? Kann uns Mr. Kelly dazu etwas sagen?«

»Ich kenne die Stelle nicht, die Sie erwähnen, aber ich bin mit der Haltung der Regierung in dieser Sache vertraut. Wir haben keinen Beistandspakt mit den Golfstaaten. Das ist eindeutig. Wir unterstützen die Unabhängigkeit und Sicherheit der befreundeten Staaten in der Region. Seit der Regierung Truman haben wir Seestreitkräfte in der Region stationiert, weil die Stabilität dort in unserem Interesse ist. Wir appellieren für eine friedliche Lösung aller Differenzen, und wir sind der Meinung, daß die Souveränität aller Staaten am Golf respektiert werden muß.«

»Wenn der Irak die kuwaitische Grenze überschreitet«, wurde er gefragt, »welche Position werden wir dann einnehmen, was die amerikanischen Streitkräfte anbelangt?« Antwort: »Dieses Spiel der Hypothesen kann ich nicht mitmachen. Es mag genügen zu sagen, daß wir extrem betroffen wären, aber ich kann mich nicht auf das Glatteis des ›Wenn-dann‹ begeben.«

Frage: »Ist es unter solchen Umständen richtig zu sagen, wir hätten keinen Vertrag, kein Engagement, das uns zwingen würde, amerikanische Truppen einzusetzen?« Antwort: »Das ist richtig.«

Die Stellungnahme von John Kelly wurde vom Weltdienst der BBC gesendet und in Bagdad gehört. In den entscheidenden Stunden, als die Welt sich zwischen Krieg und Frieden bewegte, übermittelte Kelly den Irakern ein Signal, das gleichzusetzen war mit der Garantie der Nichteinmischung der Vereinigten Staaten.

Es gibt in der neueren Geschichte der amerikanischen Diplomatie nur ein einziges Beispiel eines so schweren Fehlverhaltens: 1950 die Erklärung des damaligen Außenministers Dean Acheson, der vor dem Kongreß bestätigte, daß »Südkorea nicht Teil des Verteidigungsbereichs der Vereinigten Staaten« sei. Kurz darauf überfiel Nordkorea den Süden.

An ebendiesem 30.. Juli flogen drei irakische Funktionäre von Bagdad nach Dschidda, wo sie die kuwaitische Delegation treffen und die Verhandlungen fortsetzen wollten. Die Veranstaltung war das letzte Band, das die Welt mit einer »Logik des Friedens« verband. Ein zum Reißen gespanntes Band. Nur drei Stunden vor Beginn des Treffens hatte der Emir von Kuwait mitteilen lassen, er würde die Reise nicht antreten und sich durch den Kronprinzen vertreten lassen.

Diese Neuigkeit wurde von Saddam Hussein als »tödliche Beleidigung« angesehen. Er entschied seinerseits, nicht nach Dschidda zu reisen und Issat Ibrahim, die Nummer Zwei der Baath-Partei, zu schicken.

# 5

# Die Invasion: Niemand konnte, niemand wollte sie verhindern

Die Konferenz von Dschidda war ein verwirrender und dramatischer Augenblick in dieser Geschichte. Sie sollte zum Krieg führen, weil niemand ihn vermeiden konnte oder wollte.

Die beiden in der Hauptstadt angekommenen Delegationen trafen sich am 31. Juli um 18 Uhr zu einem Gegenüber im Versammlungssaal des Konferenzzentrums, einem modernen Gebäude.

Auf kuwaitischer Seite nahmen teil Premierminister Saad, begleitet von seinem Außenminister und seinem Kollegen von der Justiz, jenem Mann, der bei der Kabinettssitzung 13 Tage zuvor am klarsten die Zeichen der Zeit erkannt hatte.

Die irakischen Unterhändler waren – außer dem Vizepräsidenten des irakischen Revolutionsrats, Issat Ibrahim, der gleichzeitig auch die Nummer Zwei der Baath-Partei ist – Vizepremier Saadum Hammadi und Ali Hassan el-Madschid, ein Vetter Saddams, der einige Wochen später zum Gouverneur von Kuwait ernannt werden sollte.

Die Kuwaiter und Iraker blieben zwar bis zum nächsten Tag, dem 1. August, in Dschidda, aber die wirklichen Verhandlungen dauerten insgesamt nur eineinhalb Stunden, genau von 18 Uhr bis 19 Uhr 30 des ersten Abends. Die Sitzung wurde dann aufgehoben, und alle Teilnehmer begaben sich zum Gebet in die Moschee.

Der saudische Kronprinz Abdullah, sowohl dem Rang als auch der Bedeutung nach die Nummer Zwei im Königreich, hatte die beiden Delegationen empfangen, verließ aber den Raum gleich zu Beginn der Verhandlungen. Als erste sprachen die Iraker. Issat Ibrahim verlas einen Text, der Punkt für Punkt alle Anschuldigungen gegen Kuwait enthielt, aber keine gezielten Drohungen. Issat Ibrahim las seinen Text langsam und gesetzt, ohne auch nur ein Wort auszulassen. Sein Vokabular erschien den Anwesenden fremdartig, und er rammte seine Sätze wie Pfähle ein. »Wir hatten ein seltsames Gefühl«, sagte einer der kuwaitischen Vertreter hinterher. »Es war die Sprache eines Puritaners, vergleichbar dem Sonntagsschwur in der Moschee.«

Die Kuwaiter waren verwirrt durch diesen Beginn, dann unternahm es der kuwaitische Kronprinz Saad, Argument für Argument zurückzuweisen. Der Ton war noch nicht extrem angespannt, aber in beiden Lagern begann man, sich auf ein Scheitern der Verhandlungen einzustellen.

Für die Nummer Zwei der irakischen Delegation, Saadum Hammadi, »war es ein enttäuschendes Treffen, obwohl wir große Hoffnungen darauf gesetzt hatten. Wir glaubten, daß es vielleicht die letzte Chance war, und erwarteten, daß die Kuwaiter mit einem Plan, einem Projekt oder einer Lösung kamen. Wir hatten sie immer wieder getroffen, hatten klar gesagt, was wir wollten. Aber sie hatten uns nichts Konkretes zu bieten, nur Argumente, um sich zu verteidigen und zu erklären, daß sie das nicht gemacht hätten, dessen wir sie beschuldigten.«

Die Diskussionen wurden, so der kuwaitische Kronprinz, »über das Erdöl geführt. Die Iraker sagten uns auch, daß die Kuwaiter begonnen hätten, eine Polizeitruppe innerhalb irakischen Territoriums aufzustellen. Sie erklärten, Kuwait habe seine Politik geändert und diese neue Politik brächte das Emirat in Gefahr. Ich habe auf ihre Fragen und Anmerkungen sehr direkt geantwortet.«

Nach einer bestimmten Zeit begaben sich die wichtigsten Teilnehmer in ein Nebenzimmer und diskutierten etwa zehn Minuten lang Details in Einzelgesprächen. Dann fragte Issat Ibrahim, der Chef der irakischen Delegation, den Prinzen Saad: »Was hielten Sie davon, wenn ich die Mitglieder meiner Delegation bitten würde hinzuzukommen, damit sie hören, was Sie mir gesagt haben?« Der Kuwaiter akzeptierte. Die Atmosphäre war noch ohne Feindseligkeit und stand in starkem Gegensatz zum Ernst der behandelten Fragen.

Die Verhandlung begann sich aber zu verhärten, als die finanziellen Fragen angeschnitten wurden. Obgleich Iraker wie auch Kuwaiter heute leugnen, darüber überhaupt gesprochen zu haben, war ihre Diskussion darüber lang und erbittert. Issat Ibrahim erwähnte die Bitte um 10 Milliarden Dollar und fügte hinzu, daß der Irak mit einer Anleihe zufrieden sei, wenn den Kuwaitern eine Schenkung nicht möglich erschiene. Nach langen Verhandlungen akzeptierte der Kronprinz das Prinzip einer Anleihe von 9 Milliarden Dollar. Die Verweigerung der einen zusätzlichen Milliarde wurde von den Irakern als vorsätzliche Erniedrigung verstanden. Issat Ibrahim antwortete: »Ich bin von Präsident Saddam Hussein nicht ermächtigt, über weniger als 10 Milliarden zu verhandeln.«

Nach der Vertagung der Sitzung um 19 Uhr 30 und dem Abendgebet in der Moschee kehrte die kuwaitische Delegation in ihr Hotel zurück und besprach sich, während sie auf das Abendessen wartete, zu dem König Fahd von Saudi-Arabien gebeten hatte. Der Kuwaiter Abdullah Bischara, Sekretär des Golf-Kooperationsrats, nahm an dieser Sitzung teil. »Wir schlugen dem Premierminister und Kronprinzen vor, er solle einen Vorschlag machen, nach dem sich die beiden Delegationen auf vier Punkte einigten: erstens ein Ende der feindlichen Propaganda. Die Medien besonders im Irak müßten mit ihren Angriffen aufhören. Sodann über die Demobilisierung aller an der Grenze zwischen den beiden Ländern stationierten Einheiten. Drittens, am wichtigsten in der Diplomatie, müßten Maßnahmen ergriffen werden, um das gegenseitige Vertrauen wiederherzustellen, beispielsweise durch Besuche und einen anderen Umgangston. Schließlich müßte Einigkeit erzielt werden über das nächste Treffen.«

Es war beschlossen worden, daß die Verhandlungen in Bagdad fortgeführt würden, und das hatte die Kuwaiter sicherlich in ihrem Gefühl bestärkt, daß in allernächster Zukunft die Drohung gegen sie nicht wahrgemacht würde. Der von der kuwaitischen Delegation angenommene Vierpunktevorschlag hatte etwas Surrealistisches, bedenkt man die Dringlichkeit der Situation sowie die Unruhe, die sich überall auf der Welt breitmachte.

Die Erdölmärkte hatten begonnen, auf die enorme Schlagkraft der an der Grenze zusammengezogenen irakischen Truppen zu reagieren. An jenem Tag, als sich die beiden Delegationen darauf vorbereiteten, sich zum königlichen Palast zu begeben, war der Preis für ein Barrel um 45 Cent gestiegen, die Sorte Brent – Erdöl aus der Nordsee – kletterte fast auf 20 Dollar pro Barrel.

Das Essen wurde um 20 Uhr 30 serviert. König Fahd befand sich in Begleitung des jordanischen Königs Hussein, der wenige Stunden zuvor eingetroffen war. Fahd hatte zu seiner Rechten den kuwaitischen Kronprinzen plaziert und zu seiner Linken den Iraker Issat Ibrahim. Noch kurz vor Beginn des Essens hatte sich der König nach dem Stand der Verhandlungen erkundigt und insbesondere nach der kuwaitischen Weigerung, über 9 Milliarden Dollar hinauszugehen.

Die Stimmung war gedrückt, und der saudische Souverän bemühte sich, die Atmosphäre aufzulockern, indem er über die Freuden bei der Zucht arabischer Vollblüter berichtete. Aber es wollten keine richtigen Gespräche aufkommen, und die pathetischen Anstrengungen des Königs glichen eher einem launigen langen Monolog. Die Iraker blieben still, und die Kuwaiter schienen niedergeschlagen und abwesend zugleich zu sein. Tatsächlich verbargen beide Lager kaum ihre Enttäuschung, selbst wenn ein kuwaitischer Verhandlungsteilnehmer versichert: »Die Iraker hätten eigentlich während dieses Essens glücklich sein müssen. Sie waren zu einem Treffen gekommen, das damit endete, daß nichts beschlossen wurde. Und das war doch ihr Ziel.«

Gegen Ende des Essens wandte sich König Fahd mit einem breiten Lächeln an seine Gäste und kündigte an, daß Saudi-

Arabien die fehlende eine Milliarde Dollar drauflegen würde »als Geschenk meines Landes an den Irak, an das keinerlei Verpflichtung geknüpft ist«.

Die Iraker dankten dem Souverän sehr herzlich, der sich kurz danach vom Tisch erhob und in seine Gemächer ging. Es war kurz nach 23 Uhr 30. Fahd glaubte, mit dieser Geste die Spannungen zwischen den beiden Delegationen beigelegt zu haben, und diesen Optimismus teilte auch König Hussein, der ebenfalls aufbrach, so daß Iraker und Kuwaiter nun unter sich waren.

Prinz Saad wandte sich an Issat Ibrahim: »Bevor wir die Details für die Anleihe über 9 Milliarden Dollar besprechen, müssen wir noch ein Problem angehen. Wir müssen den endgültigen Verlauf unserer Grenzen festlegen. Das können wir jetzt bei diesem Treffen tun, danach gehört euch das Geld.«

Issat Ibrahim beschuldigte die Kuwaiter wütend der Böswilligkeit und fragte Saad: »Warum ist die Frage des Grenzverlaufs nicht zu Anfang erörtert worden?«

Der Prinz hatte eine seltsame Antwort: »Wir hatten keine Order des Emirs, dieses Problem zu Anfang unserer Diskussionen zu erörtern.«

Der Meinungsaustausch wurde immer härter. Prinz Saad teilte mit, daß die Kuwaiter die Zusicherung der britischen Regierung hätten, daß der Irak nicht angreifen würde. Das war wahrscheinlich die entscheidende verhängnisvolle und provozierende Bemerkung.

Issat Ibrahim erwiderte ihm kurz darauf: »Wir wissen sehr genau, wie wir von Ihnen und den Saudis das Geld bekommen werden, das wir dringend brauchen.«

Der kuwaitische Prinz und der Stellvertreter Saddams standen sich direkt gegenüber, die Stimmen zornbebend. »Bedroht uns nicht«, sagte Saad, »Kuwait hat mächtige Freunde.« Er dachte sicherlich an die Vereinigten Staaten und Großbritannien. »Wir haben auch Alliierte«, war die Antwort, »Ihr werdet gezwungen sein, uns das Geld zu geben, das Ihr uns schuldet!«

Diese Drohworte waren die letzten, die zwischen den beiden Delegationen ausgetauscht wurden. Beide gingen praktisch grußlos auseinander und begaben sich in ihre Hotels. Es war fast 1 Uhr 30 morgens. König Fahd schlief bereits seit geraumer Zeit.

Am 1. August gegen 10 Uhr erhielt Saadum Hammadi in seinem Hotelzimmer einen Anruf des stellvertretenden kuwaitischen Außenministers. Der schlug vor, beide Delegationen sollten ein Protokoll unterzeichnen und veröffentlichen. Hammadi hörte sich den Wortlaut des kuwaitischen Textes aufmerksam an. Er enthielt eine Formulierung, die ihn hochfahren ließ. Die Repräsentanten des Emirats wollten, daß erwähnt würde, die »Diskussionen hätten Fortschritte gemacht«. Hammadi antwortete seinem Gesprächspartner, daß er darüber mit dem Chef seiner Delegation sprechen müsse.

Er begab sich in das Zimmer von Issat Ibrahim und trug ihm die kuwaitische Demarche vor. »Aber das stimmt doch nicht«, antwortete Issat Ibrahim, »nichts ist geregelt. Wir können das nicht unterschreiben.«

Hammadi rief den kuwaitischen Minister an, um ihn darüber zu informieren, daß jede Delegation ihr eigenes Kommuniqué herausgeben und der Presse sagen könne, was sie möchte.

Die kuwaitische Delegation verließ Dschidda um 16 Uhr, und sofort nach seiner Ankunft in Kuwait-City begab sich der Kronprinz zum Bajan-Palast, einem 1986 errichteten Konferenzzentrum, wo der Emir seine Büros eingerichtet hatte.

Während des Rückflugs schien er sehr besorgt zu sein und vertraute einem seiner Mitarbeiter an: »Ich habe das Vorgefühl einer Katastrophe.«

Die Iraker verließen Saudi-Arabien, ohne sich von ihrem Gastgeber zu verabschieden. Sie flogen am späten Vormittag von Dschidda ab und machten einen kurzen Zwischenstop in der heiligen Stadt Medina. Saadum Hammadi, der stellvertretende Premierminister, war praktizierender Schiit. Um 16 Uhr landete ihr Flugzeug in Bagdad. Der Delegationschef Issat Ibrahim begab sich sofort zu Saddam Hussein, der ihn mit Ungeduld erwartete. Er schilderte im Detail die gescheiterten Verhandlungen. Sofort danach rief Saddam die Mitglieder des Revolutionsrats zusammen. In weniger als einer Stunde war die Entscheidung gefallen: die Invasion Kuwaits. Die Offensive wurde für die Nacht angesetzt.

Am selben Tag stiegen die Erdölpreise um weitere 60 Cent. Aus Abdaly, dem einzigen offenen Grenzposten zwischen den beiden Ländern, etwa 80 Kilometer von Kuwait-City entfernt, wurden keine besonderen Vorkommnisse gemeldet. Der Lastwagenverkehr verlief normal.

In Israel brachte die Presse amüsiert die Geschichte eines Graphologen, den man gebeten hatte, die Schrift Saddam Husseins zu begutachten, ohne daß er wußte, um wen es sich handelte. »Der zu dieser Schrift gehörende Mensch muß sich sofort in psychiatrische Behandlung begeben«, lautete sein Gutachten. Die israelischen Regierungsmitglieder hielten die Zeit noch nicht für gekommen, zu mobilisieren oder sich überhaupt zu beunruhigen. An jenem Tag heiratete der Chef des militärischen Geheimdienstes, Generalmajor Amnon Schahak. Auf dem anschließenden Empfang fragten ihn Journalisten unter den geladenen Gästen, ob es das Risiko einer militärischen Invasion des Irak gäbe. Die Frage schien ihn zu amüsieren, und seine Antwort war negativ. Einige Stunden später trat er seine Hochzeitsreise an.

US-Außenminister James Baker kam um 19 Uhr Ortszeit in Irkutsk, dem Herzen Sibiriens, an, um mit seinem damaligen Kollegen Eduard Schewardnadse zu diskutieren. Die beiden Männer wußten noch nicht, daß sie in dieser Stadt ohne Charme, mit ihren von grauen Hochhäusern gesäumten Straßen, dem ersten wirklichen Test der neuen diplomatischen Beziehungen zwischen der Sowjetunion und den Vereinigten Staaten ausgesetzt sein würden.

»Eine neue Ära beginnt«, hatte George Bush bei vielen Gelegenheiten an die Adresse Michail Gorbatschows gesagt. Keiner von beiden konnte voraussehen, daß sie unter so dramatischen Bedingungen starten würde. Baker war über eine speziell verschlüsselte Verbindung permanent mit dem Weißen Haus in Kontakt und damit über die Situation am Golf informiert. Die Dinge nahmen, auch seiner Meinung nach, eine dramatische Wendung.

Er traf Schewardnadse zu einem Essen zu zweit. Der sowjetische Politiker mit dem weißen Haar und dem gewinnenden Lächeln hatte sich in den fünf Jahren, die er an der Spitze des Außenministeriums stand, als ein erstaunlicher Verhandlungspartner entpuppt, und das, obgleich nichts in seiner Vergangenheit darauf hindeutete, einmal einen solchen Posten einzunehmen. Als KGB-Offizier war er erst Innenminister, dann Parteichef der Sowjetrepublik Georgien, die er mit harter Hand regierte.

Die beiden Männer nahmen Platz in einer schwarzen Zil-Limousine, und der Geleittrupp brachte sie schnell durch die Straßen von Irkutsk. Amerikanische Fahnen flatterten im auffrischenden Wind.

Die Ereignisse überschlugen sich nun. Die amerikanische Regierung schien aus ihrer Lethargie erwacht zu sein und zeigte sich äußerst besorgt über die Entwicklung der Lage. Ein Treffen aller Verantwortlichen der wichtigsten Ministerien dauerte den ganzen Tag über im Außenministerium an.

Der Mißerfolg von Dschidda und die Truppenkonzentration an der Grenze hatten die Regierungsvertreter davon überzeugt, daß es nicht nur Saddam Husseins Ziel war, Druck auf Kuwait auszuüben. Die Teilnehmer erhielten darüber hinaus die Informationen der CIA, nach der eine Invasion Kuwaits wahrscheinlich sei.

Im Pentagon schloß sich am Nachmittag der Generalstabschef, General Colin Powell, der als erster Schwarzer eine solche Stelle einnahm, mit den wichtigsten militärischen Verantwortlichen in einem Zimmer neben dem Kommandozentrum ein. Dieses Allerheiligste des amerikanischen Verteidigungssystems, genannt »der Tank«, ist durch ein elektronisches System gegen Abhören völlig abgeschirmt.

Bis zum 30. Juli hatte das Pentagon nicht an die Möglichkeit eines Angriffs geglaubt. In den Augen seiner Spezialisten waren die vier notwendigen Bedingungen für ein irakisches Eingreifen nicht erfüllt: ein funktionierendes Kommunikationssystem, gute Artillerie, genügend Munition und notwendige Logistik, die für eine Offensive notwendig war. Am 1. August aber waren all diese Bedingungen erfüllt, nur glaubte niemand an eine Invasion, solange die Verhandlungen noch anhielten. Das ging so weit, daß einer der Teilnehmer, General Schwarzkopf, sogleich nach dem Treffen in sein Hauptquartier nach Florida zurückkehrte.

Während diese Unterredung lief, versammelte in Amman der jordanische Premierminister Mudar Badran die Mitglieder des Parlaments hinter geschlossenen Türen um sich. Badran hatte König Hussein bei seinen Vermittlungsbemühungen in die arabischen Hauptstädte begleitet und war zwei Tage zuvor noch in Bagdad und Kuwait gewesen. Badran sagte den um ihn versammelten Parlamentariern: »Es ist klar, daß der Irak keinen Kompromiß akzeptiert, was die Forderungen nach niedrigeren Ölpreisen anbelangt. Sie wollen nicht nur, daß ihnen die Schulden gestrichen werden, sie bleiben auch unbeugsam in der Frage der Erdölüberproduktion durch Kuwait und die Arabischen Emirate, die in ihren Augen ein schlimmerer Akt ist als der Krieg gegen den Iran.«

Mehr als drei Stunden lang versorgte Mudar Badran die Parlamentarier mit Einzelheiten über die irakische Haltung. »Es ist klar«, sagt einer von ihnen hinterher, »daß sie wußten, daß eine Invasion unmittelbar bevorstand, und sie wollten uns darauf vorbereiten.« Der Premierminister beendete die Sitzung um 22 Uhr.

Seltsamer Zufall: Am späten Nachmittag erfuhr der israelische Geheimdienst aus jordanischer Quelle von der unmittelbar bevorstehenden Invasion. Die Jordanier hatten eine seit vielen Jahren bestehende Abmachung eingehalten und in den folgenden Stunden der lokalen Anlaufstelle der CIA die notwendigen Informationen geliefert.

In Washington verließ Richard Haas, Direktor für den Nahen Osten innerhalb des Nationalen Sicherheitsrats, um 18 Uhr 30 (22.30 Uhr MEZ) eine Sitzung im Außenministerium und begab sich ins Weiße Haus. Er hatte eine Verabredung mit General Brent Scowcroft, dem Chef des Sicherheitsrats, dem er die Details der Besprechung und die Positionen der verschiedenen Teilnehmer mitteilte. Eine Tatsache stach hervor: Es gab keinen Konsens mehr in der Einschätzung, der Irak würde nur seine Muskeln spielen lassen, um die Kuwaiter zu Konzessionen auf dem Verhandlungsweg zu zwingen.

Eine halbe Stunde später verließen Scowcroft und Haas die Büros des Nationalen Sicherheitsrats, die sich im Keller des Weißen Hauses befinden, und begaben sich ins Büro von George Bush im ersten Stock des Gebäudes. Sie hatten mit ihm eine Unterredung von 45 Minuten über die Ergebnisse und Vermutungen der interministeriellen Runde. Als sie sprachen, läutete das Telefon, und Scowcroft nahm ab. Er hatte Robert Kimmitt am Apparat. Die Nummer Drei der amerikanischen Diplomatie war in diesen Stunden der amtierende amerikanische Außenminister, denn sowohl James Baker als auch Lawrence Eagleburger, sein Stellvertreter, waren abwesend.

Kimmitt sagte Scowcroft, daß er noch unbestätigte Informationen erhalten habe, nach denen die ersten Schüsse in Kuwait gefallen seien.

Kimmitt hatte kurz zuvor Baker in Irkutsk angerufen, wo es bereits der 2. August 7 Uhr morgens war. Weil er über eine nicht »sichere« Leitung sprach und folglich abgehört werden konnte, führte er einen Dialog wie bei einem Hochseilakt. Er versuchte, genaue Informationen zu geben, aber alles in vager Form. Baker begriff zumindest, daß alles darauf hindeutete, daß die Invasion unmittelbar bevorstand. Eine halbe Stunde darauf traf sich der amerikanische Außenminister mit dem sowjetischen. Er setzte Schewardnadse davon in Kenntnis, was er soeben aus Washington gehört hatte: »Unsere Dienste stellen eine fortschreitende Verstärkung der an der kuwaitischen Grenze zusammengezogenen irakischen Truppen fest und rechnen mit einer Invasion. Wir hoffen, daß Ihre Regierung versuchen wird, sie davon abzuhalten.«

Der amerikanische Außenminister ist ein persönlicher Freund von George Bush. Beide sind reine Abkömmlinge der Ostküste und verstehen es, die dramatischsten Tatsachen ohne jede Leidenschaft vorzutragen. Baker wandte sich an Schewardnadse, den er inzwischen sehr schätzte, in dem gleichen maßvollen Ton, den er auch bei seinen alten Kommilitonen von Princeton anschlägt. Der sowjetische Außenminister nahm die Worte des Amerikaners mit einer Mischung aus Skepsis und Verlegenheit auf. Er antwortete, daß die sowjetische Führung Saddam seit langem kennen würde (sie hatte ihm wichtige Hilfen zuteil werden lassen, besonders militärischer Art, und die Sowjetunion hatte 1972 einen Freundschafts- und Kooperationsvertrag mit dem Irak unterzeichnet). »Das ist ein Kunde von uns«, sagte Eduard Schewardnadse lächelnd, »ich sehe zuversichtlich in die Zukunft, weil ich nicht glaube, daß er eine Invasion vorbereitet hat.«

Kurz darauf stellten sich beide einer Pressekonferenz, und weder der eine noch der andere wußten, daß Kuwait bereits überfallen war.

Es war etwa 21 Uhr, als der amerikanische Präsident und seine beiden Mitarbeiter genaue Informationen in der Hand hatten. Sie kamen von den Geheimdiensten und bestätigten die ganze Tragweite der Invasion. Die Truppen Saddam Husseins beschränkten sich keineswegs nur darauf, die Grenzregion zu besetzen, sie fielen über das ganze Land her.

In Kuwait-City wurde Kronprinz Saad um 1 Uhr 30 morgens (22 Uhr 30 MEZ und 19 Uhr 30 in Washington) durch einen verängstigten Anruf seines sich im Armeehauptquartier befindlichen Verteidigungministers geweckt. Der teilte ihm mit, daß irakische Truppen die Grenze überschritten hätten. Der erste Gedanke des Prinzen war, daran festzuhalten, was er persönlich bislang immer gedacht hatte: daß Saddam Hussein nach den Erdölfeldern nahe der Grenze griff und vielleicht die beiden Inseln Bubijan und Warba im Auge hatte, auf die er seit Jahren aus war.

Er kontaktierte sofort weitere Mitglieder der Herrscherfamilie. Alle waren sehr überrascht, und die Neuigkeiten, die nach und nach im Hauptquartier einliefen, verstärkten die Überraschung noch. Hunderte von schweren Panzern sowjetischer Bauart vom Typ T-62 stießen auf die 60 Kilometer entfernte Hauptstadt vor, begleitet von Lastwagen mit Tausenden von Soldaten sowie anderen mit Benzin und Wasser.

Radio Bagdad veröffentlichte ein Kommuniqué und kündigte an, eine »Gruppe versucht, die kuwaitische Regierung zu stürzen«. Kurz darauf bestätigte eine Erklärung des Revolutionsrats, daß dieser Versuch erfolgreich gewesen sei und »junge Revolutionäre die Hilfe Iraks anforderten. Auf Bitten dieser neuen provisorischen Regierung in Kuwait hat der Irak beschlossen, den Appell zu befolgen.«

»Der Irak«, so das Kommuniqué weiter, »sei gebeten worden, jede mögliche fremde Einmischung in die Angelegenheiten Kuwaits und das Schicksal der Revolution zu verhindern.« Radio Irak prangerte auch die Familie Sabbah als »Verräter und Agenten des Zionismus« an.

Die zwei wichtigsten kuwaitischen Luftwaffenstützpunkte waren schnell neutralisiert. Der von Ahmed el-Dschabir in der Nähe des Zivilflughafens wurde von irakischen Fallschirmjägern eingenommen, ohne daß die Kuwaiter Widerstand geleistet hätten. Der von Ali Salim, nahe der saudischen Grenze, wurde sehr stark bombardiert, bevor Hubschrauber mit Mannschaften landeten.

Der Flug 149 der British Airways von London nach Kuala Lumpur in Malaysia setzte kurz nach dem Beginn der Invasion auf dem Flughafen von Kuwait 15 Kilometer von der Hauptstadt entfernt zu einem Zwischenstop auf. Die Boeing 747 hatte 370 Fluggäste an Bord und 18 Mann Besatzung. Um 2 Uhr früh kam die Maschine vor dem Flughafengebäude zum Halt. Wenige Minuten später bombardierten irakische Maschinen den Platz, während eine Kolonne gepanzerter Fahrzeuge auf diesen strategisch wichtigen Punkt zustieß. Die Falle schnappte über den Passagieren zu, die damit zu potentiellen Geiseln geworden waren.

Die 25 000 Soldaten der kuwaitischen Armee setzten der beeindruckenden irakischen Kriegsmaschine nur geringen Widerstand entgegen.

Um 4 Uhr früh wurde es für den Kronprinzen und die anderen Mitglieder der Familie Sabbah klar, daß es keinerlei Hoffnungen mehr gab, die Invasion zu stoppen. Sie waren in ständigem Kontakt mit dem Botschafter der Vereinigten Staaten. Als aus den Informationen hervorging, daß die ersten Truppen nur noch wenige Kilometer von der Hauptstadt entfernt waren, beschloß der Emir, mit seinen Getreuen den Palast Dasman zu verlassen. Mehrere der an der Macht befindlichen Familienmitglieder lebten auf diesem luxuriösen Besitz, der von hohen Mauern umgeben war. Die Truppen der königlichen Garde bezogen Stellung rund um den Palast, aber niemand hatte die geringste Hoffnung, daß sie sich halten und wirksam gegen die mit mächtiger Feuerkraft ausgestatteten Iraker verteidigen könnten. Die Bestürzung machte der Angst Platz, und Befehle sowie Gegenbefehle erschollen. Sollte man sofort aufbrechen oder noch ein wenig warten? Sollte man eine der Militärbasen bitten, ein Flugzeug bereitzustellen? Der Emir vertraute seiner Luftwaffe nicht mehr, die die Iraker, wie er meinte, vermutlich schon ausgeschaltet hätten.

In den Sälen des hell erleuchteten Palastes erlebten die Sabbahs – vielleicht nur vorübergehend – die letzten Augenblicke eines Regnums, das zweieinhalb Jahrhunderte gedauert hatte. Dank des schwarzen Goldes waren die Kuwaiter mit einem Bruttosozialprodukt von fast 20 Milliarden Dollar die reichsten Bürger der Erde geworden.

Das Erdöl hatte ihnen viele Jahre lang diesen Reichtum beschert, jetzt provozierte es ihren Untergang. Eifersüchtig, blind und intransigent hatten sie nicht begriffen, daß das Geld eine Beute darstellt, die jeden Räuber träumen läßt. Und Saddam Hussein war zum Äußersten getrieben worden.

Die Einschläge der ersten Granaten ließen die Sabbahs aufschrecken, das Feuer der automatischen Waffen kam näher. Von den Fenstern aus konnten die Familienmitglieder die Rauchfahnen sehen, die zum Himmel stiegen. Sie stammten von Depots oder Häusern, die voll getroffen worden waren. Die Sabbahs machten sich jetzt keine Illusionen mehr: Der Palast Dasman würde eines der ersten Ziele sein – vielleicht sogar das Hauptziel –, das Saddam seinen Truppen zugewiesen hatte. Die Einnahme Kuwaits ging für Saddam Hussein ganz sicher über die Eliminierung der Repräsentanten der angeprangerten Monarchie.

Mehrere Autos warteten vor der Eingangstreppe, und die Dienerschaft belud sie in einem Kommen und Gehen mit Koffern und anderen Gegenständen.

Um 4 Uhr 45 zwängten sich die Sabbahs in die Limousinen, die sofort davonbrausten, die Alleen hinauf und ein letztes Mal an den herrlichen Gärten entlang, die den Palast umgaben. Die Autokolonne fuhr durch verlassene Straßen, manchmal an einigen kuwaitischen Panzern vorbei, die zu einer Front rollten, die immer näher kam. Die Sabbahs hatten alle Einzelheiten geregelt und kurz vor der Abfahrt ein letztes Telefonat getätigt. Dann hielten die Wagen vor der amerikanischen Botschaft. Der Botschafter wartete vor dem Eingang und begrüßte den Emir und sein Gefolge. Wenige Meter entfernt stand ein Hubschrauber der amerikanischen Armee startbereit. Die Besatzung war im Cockpit, und die

Rotoren drehten sich bereits. Der Helikopter konnte nicht alle Flüchtlinge aufnehmen. Der Emir, sein Kronprinz und einige andere Personen bestiegen ihn, und es wurde entschieden, daß die anderen versuchen sollten, die saudische Grenze mit dem Wagen zu erreichen. Die Grenze war nur etwa 50 Kilometer entfernt, und die Straße dorthin noch sicher. Der Hubschrauber hob sich in die Höhe, während der erschöpfte und völlig am Boden zerstörte Emir sein Gesicht an die Scheiben preßte und die langen irakischen Marschkolonnen sah, die in die Vororte der Hauptstadt eindrangen.

Dank der Zeitverschiebung war Japan die erste große Industrie- und Finanzmacht, die Einzelheiten von der Invasion erfuhr. Während die Vereinigten Staaten sich gerade zur Ruhe begaben und Europa noch im Tiefschlaf lag, hatten die japanischen Agenturen die Ereignisse Stunde für Stunde verfolgt. Das rohstoffarme Land hing mit seinen Erdöleinfuhren zu 80 Prozent vom Golf ab. Das sich gerade abspielende Drama wurde als äußerst gefährlich angesehen. Die Erdölpreise auf den Spotmärkten, wo die gerade verfügbaren Ladungen sofort verkauft werden, gingen mächtig in die Höhe, und dieser Auftrieb breitete sich wie ein wahres Buschfeuer über alle Finanzplätze des Fernen Ostens aus. Diese Märkte waren am Rande der Panik und gaben am 2. August den Ton an für den überraschten Rest der Welt, ob es sich nun um New York, London, Zürich, Frankfurt oder Paris handelte.

König Hussein schlief in seinem Palast im Zentrum von Amman. Er wurde durch ein Telefon geweckt, das sich neben seinem Bett befand. Noch ganz schläfrig sah er auf seine Uhr: Der Wecker war auf 6 Uhr gestellt. Er hatte seit langem schon seinen Ministern und wichtigsten Mitarbeitern die strikte Order gegeben, ihn niemals zu stören oder zu wekken, es sei denn in sehr ernsten Fällen.

Er hatte am anderen Ende der Leitung eine Stimme, die er nicht sofort erkannte, dermaßen war sie vor Erregung entstellt. Diese Stimme schrie in den Hörer: »Haben Sie das gehört? Haben Sie das gehört?« Hussein identifizierte die Stimme als die von König Fahd. Der saudische Herrscher rief ihn aus Dschidda an. »Kuwait ist überfallen worden, und die irakischen Truppen sind nur noch wenige Kilometer von Kuwait-City entfernt. Sie müssen Saddam Hussein anrufen und ihn auffordern, seine Truppen bis zur Grenze zurückzuziehen, bis zur umstrittenen Grenzlinie.«

Der König von Jordanien versuchte Fahd zu beruhigen, der sich wahrscheinlich gerade mit dem ins Exil geflohenen Emir von Kuwait unterhalten hatte, und versprach ihm, sofort zu intervenieren.

Praktisch im selben Augenblick wurde der jordanische Außenminister Marwan el-Kassim, der erst am Vorabend aus Kairo zurückgekehrt war, seinerseits vom Generalsekretär der Arabischen Liga geweckt. Schadli Klibi rief aus Kairo an und teilte ihm den Angriff der Iraker mit. Ob er sofort den König benachrichtigen könne?

Marwan el-Kassim entschied, sich über die Order hinwegzusetzen, und rief den Palast an, besorgt über den Empfang, der ihm gleich bereitet würde. Er war überrascht, einen Hussein vorzufinden, der bereits informiert war.

Um 6 Uhr 30 rief der jordanische König in Bagdad an. Er hatte mehrere Telefonnummern, um Saddam direkt erreichen zu können. Er wählte alle an, vergebens. Der irakische Präsident war unauffindbar. So konnte König Hussein nur mit dem Außenminister Tarik Asis in Kontakt treten.

Von all den Anstrengungen des jordanischen Königs, ihn zu sprechen, nichts ahnend, hatte sich Saddam Hussein in einen imposanten Bunker zurückgezogen, den er in der Nähe seiner Hauptstadt hatte bauen und einrichten lassen. Umgeben von den Mitgliedern des Revolutionsrats und den Chefs seiner Armee, verfolgte er den Vormarsch seiner Truppen ins Innere Kuwaits. Um 6 Uhr 30 war die Invasion bereits ein Erfolg. Seine Streitkräfte hatten praktisch die Kontrolle über das ganze Land übernommen und waren dabei, die in der Stadt noch vorhandenen Widerstandsnester auszuheben. Nachdem er die Funkmeldungen von der Front gehört und sich die Berichte angesehen hatte, konnte Saddam Hussein seine Befriedigung nicht verbergen. Das Land, das er soeben erobert hatte, war ein gewaltiger Geldschrank. Es war seiner Meinung nach auch ein integraler Bestandteil des irakischen Territoriums. Aber er zweifelte vermutlich auch nicht daran, daß er mit der Beseitigung der in seinen Augen von den ehemaligen Kolonialmächten zu verantwortenden Ungerechtigkeit die ganze Welt herausforderte.

Im selben Augenblick war es 23 Uhr 30 in Washington, und es fehlte noch eine halbe Stunde bis zum schicksalhaften 2. August. Sofort nach ihrem Treffen mit George Bush gegen 21 Uhr hatten sich Brent Scowcroft und Richard Haas in den »Situation Room« begeben, einen im Keller des Weißen Hauses speziell hergerichteten Konferenzraum. Um ihn herum lagen mehrere weitere Räume, an deren Wänden große Karten der verschiedenen Weltregionen hingen. Die Erkenntnisse der Geheimdienste, die jeden Morgen dem Weißen Haus übermittelt werden, waren auf diesen Karten berücksichtigt. Der Situation Room enthielt außerdem außerordentlich raffinierte elektronische Einrichtungen, die es den in diesem Raum versammelten Personen erlaubte, sofort mit jedem wichtigen US-Posten der Welt verbunden zu werden. Eine verschlüsselte Videoverbindung wurde sogleich zwischen dem Weißen Haus, dem Pentagon, dem Außenministerium, der CIA und dem Sitz des Generalstabs hergestellt. Neben Scowcroft und Haas waren mit von der Partie: John Robson, der stellvertretende Finanzminister, Robert Kimmitt, der James Baker vertrat, CIA-Direktor William Webster und sein Vertreter Dick Kerr, der stellvertretende Generalstabschef, Admiral Dave Jeremiah, sowie Paul Wolfowitz vom Verteidigungsministerium.

Jeweils auf ihren Bildschirmen präsent, tauschten diese Männer die ihnen vorliegenden Informationen aus, die alle die Tragweite des Angriffs zeigten. Brent Scowcroft, gleichzeitig abwägend und präzis, koordinierte all diese Interventionen und drückte damit dieser Versammlung seinen Stempel auf.

Er ging regelmäßig aus dem Zimmer, um mit George Bush zu telefonieren, der in seinen Appartements geblieben war. Um 23 Uhr hatte er mit ihm ein letztes Gespräch, dann ging der Präsident ins Bett.

Mehrere Maßnahmen wurden getroffen, darunter die dringliche Einberufung einer Zusammenkunft beim Präsidenten anderntags um 8 Uhr. Außerdem war beschlossen worden, sofort die irakischen und insbesondere die kuwaitischen Guthaben einzufrieren, damit die neuen Machthaber sich ihrer nicht bedienen konnten. Um tatsächlich wirksam zu sein, erforderte eine solche Maßnahme eine weltweite Koordination.

Die kuwaitischen Verantwortlichen verwendeten tatsächlich seit Jahren bereits 10 Prozent ihrer Öleinnahmen für zwei Zwecke. 2 Prozent waren, eine Ironie der Geschichte, für Anleihen an den Irak während seines Kriegs mit dem Iran reserviert, während die übrigen 8 Prozent an einen »Fond für die künftigen Generationen« gingen, der vom »Kuwait Investment Office« (KIO), einer riesigen Holding mit Sitz in London, verwaltet wurde. Nach allen Schätzungen belief sich das Investitionsvolumen des KIO auf 100 bis 120 Milliarden Dollar. Die kuwaitischen Investitionen in den Vereinigten Staaten überstiegen 10 Prozent sämtlicher ausländischen Investitionen. Das Emirat hatte in Amerika zwischen 25 und 30 Milliarden Dollar in Form von Aktien, Schatzbriefen und Immobilien investiert. In Spanien ist das KIO der größte ausländische Investor überhaupt, und die Kuwaiter sitzen in den Aufsichtsräten der größten Firmen, von denen einige auch in sensiblen Bereichen tätig sind wie dem der Presse, der Verteidigung und der Treibstoffproduktion. In London ist das KIO ein wesentlicher Partner im wirtschaftlichen und finanziellen Leben Großbritanniens, das Beteiligungen hält, insbesondere im Bankenwesen und im Hotelgewerbe. Das KIO besaß sogar zu einem bestimmten

Zeitpunkt 22 Prozent der Aktien des Erdölgiganten »British Petroleum«, reduzierte aber seinen Anteil wegen der feindseligen Reaktionen der britischen Regierung auf 9,9 Prozent. In der Bundesrepublik Deutschland ist das KIO Aktionär mehrerer Renommierbetriebe der westdeutschen Wirtschaft wie Daimler-Benz oder Hoechst. Auch in Japan ist das Emirat der größte ausländische Investor sowohl in Form von Schatzbriefen als auch in Form von Aktien. Alle großen Industrienationen, Südafrika eingeschlossen, sind von dem KIO und seinen Finanzholdings durchdrungen.

In nur wenigen Stunden hatte Saddam Hussein das Kräftegleichgewicht auf der Welt verändert. Indem er sich zum Herrn der kuwaitischen Erdölfelder machte, kontrollierte er fortan ein Fünftel des gesamten auf der Welt geförderten Erdöls. Die Investitionen des Emirats hätten ihm darüber hinaus einen gigantischen Kriegsschatz verschafft und ein wichtiges Druckmittel auf die westlichen Volkswirtschaften.

Um dieser Gefahr zu begegnen, handelten die amerikanischen Verantwortlichen schnell. Wer von den Betroffenen in Washington und seinen Vororten wohnte, wurde mitten in der Nacht geweckt und zum Weißen Haus beordert. Sie alle waren Anwälte, die für das Justizministerium arbeiteten. Die Einladung war in lakonischen Worten ergangen, und niemand kannte, als er sich beim Sicherheitsdienst des Eingangs zum Präsidentenhaus meldete, die genauen Gründe für den Ruf. In wenigen Worten wurde ihnen das Ziel mitgeteilt: sofort ein juristisches Dokument zu verfassen, das, vom Präsidenten unterzeichnet, alle Maßnahmen regelt, um mit absoluter Sicherheit die irakischen und kuwaitischen Guthaben in den Vereinigten Staaten einzufrieren. Das war eine gegen Bagdad gerichtete Maßnahme, um die Interessen der sich nunmehr im Exil befindlichen kuwaitischen Regierung zu schützen.

Während die Anwälte arbeiteten, telefonierte der stellvertretende Finanzminister mit den Chefs der Zentralbanken in allen europäischen und asiatischen Hauptstädten. Die Notenbankpräsidenten erfuhren zumeist erstmals durch diesen frühmorgendlichen Anruf Robsons von der Invasion in Kuwait. Der amerikanische Vertreter hatte die Weisung, sie zu ersuchen, in kürzester Zeit die notwendigen Maßnahmen zum Einfrieren der Guthaben anzuordnen, damit Bagdad nicht über die von ihm in Kuwait-City eingesetzten neuen Machthaber die Initiative ergreifen konnte.

Um 4 Uhr 45 wurde George Bush geweckt: Die Dokumente waren fertig, und er unterschrieb sie. Das Einfrieren der Konten war wirksam. Mit einem Kommuniqué der Presseabteilung des Weißen Hauses wurde diese Entscheidung bekanntgegeben.

Kurz darauf fror Frankreich die irakischen und kuwaitischen Konten ein, auch Großbritannien fror sofort die kuwaitischen Guthaben (5,4 Milliarden Pfund in den Depots der englischen Banken) ein, wartete aber bis zum 4. August, um auch die irakischen Konten einzufrieren.

Die Sitzung im Situation Room, die ohne Unterbrechung die ganze Nacht über dauerte, hatte auch erlaubt, noch eine andere Initiative zu unternehmen. Nachdem sich die Bestürzung gelegt hatte, denn niemand hatte die Drohungen Saddam Husseins wirklich ernstgenommen, berieten die per Video anwesenden Verantwortlichen die Grundzüge einer Antwort.

Eine militärische Option war noch nicht in Betracht gezogen worden, aber die diplomatischen Möglichkeiten waren ziemlich klar. Mit dem nach Dschidda geflohenen Emir und seinen Mitarbeitern wurde Kontakt aufgenommen, sobald sie in Saudi-Arabien angekommen waren. Die amerikanischen Verantwortlichen verhandelten die ganze Nacht mit ihnen, um eine dringliche Sitzung des Sicherheitsrats der Vereinten Nationen einzuberufen.

In Manhattan, dem Sitz der Vereinten Nationen, spielte sich zu dieser frühen Stunde ein ungewöhnliches Ballett von auffahrenden Limousinen ab. Die Botschafter und ihre Delegationen kamen im Glashaus am Hudsonufer an. Um 4 Uhr 30 wurde über die Resolution 660, die erste, die sich mit der irakischen Krise befaßte, abgestimmt. Sie forderte Bagdad zum sofortigen und bedingungslosen Rückzug aus Kuwait und zur Wiederherstellung des Status quo ante auf. Nur der Jemen weigerte sich, für diese Resolution zu stimmen, während sich die UdSSR, China und selbst Kuba den Vereinigten Staaten, Frankreich und Großbritannien anschlossen. Der irakische UNO-Botschafter antwortete, sein Land habe auf den Hilferuf junger kuwaitischer Revolutionäre hin eingegriffen.

Die Resolution berief sich auf den Artikel 7 der Charta der Vereinten Nationen, der die Anwendung von Sanktionen gegen einen Aggressor vorsah und, wenn die zu nichts führten, »eine Blockade oder weitere Operationen zu Lande, zu Luft und zu Wasser seitens der Streitkräfte der Mitgliedstaaten der Vereinten Nationen«.

In Washington wußten Brent Scowcroft, Richard Haas und all die anderen, die an dem Marathon von 21 Uhr abends bis 5 Uhr morgens teilgenommen hatten, daß ihnen nur drei Stunden Zeit blieb, kurz nach Hause zu fahren, ein Bad zu nehmen und die Kleidung zu wechseln. Die von George Bush einberufene Sitzung im Weißen Haus mußte genau um 8 Uhr beginnen.

Um 10 Uhr 30 vormittags (21 Uhr am Abend zuvor in Washington) brachen der amerikanische und sowjetische Außenminister nach ihrer Pressekonferenz zum Flughafen von Irkutsk auf. Schewardnadse kehrte nach Moskau zurück, während Baker nach Ulan-Bator, der Hauptstadt der Mongolei weiterflog. Sein Mitarbeiter Dennis Ross kehrte zusammen mit Schewardnadse nach Moskau zurück.

Während des Fluges wurde Baker über eine Spezialleitung aus Washington angerufen und im Detail über die irakische Invasion informiert. Während seine Maschine Richtung Mongolei flog – diesen verschlafenen Pufferstaat von zwei Millionen Einwohnern zwischen der Sowjetunion und China, der völlig außerhalb der Geschäftigkeit zu liegen schien, die sich der Welt bemächtigt hatte –, ging Baker in den hinteren Teil des Flugzeugs, wo sich die Presse aufhielt, und teilte ihr die Neuigkeit mit.

Eine Stunde später landete Schewardnadse in Moskau. Er war immer noch nicht auf dem laufenden. Kaum hatte er die Maschine verlassen, stürzte sich ein Journalist der Agentur TASS auf ihn: »Was ist Ihre Meinung über die Invasion?«

Schewardnadse antwortete beiläufig: »Welche Invasion?«

»Na, die des Irak in Kuwait!«

Der sichtlich verwirrte sowjetische Minister weigerte sich, auf Fragen zu antworten: »Ich bin nicht informiert worden, ich muß erst mit meinen Mitarbeitern sprechen.«

Er drehte sich brüsk zu seinem Mitarbeiter Sergej Tarasenko um und sagte ihm sehr irritiert: »Sehen Sie sofort nach, was passiert ist.«

Ross begab sich sofort zur Botschaft der Vereinigten Staaten und nahm Kontakt zu Baker auf. Er schlug vor, doch ein sowjetisch-amerikanisches Kommuniqué herauszugeben, in dem die Invasion nicht nur verurteilt, sondern eine gemeinsame Aktion gegen den Irak verlangt wird. Baker war damit einverstanden und telefonierte mit George Bush, um sich dessen Okay zu holen. Der Präsident fand die Idee vorzüglich und gab grünes Licht. Baker rief Ross in Moskau an und sagte ihm: »Bereiten Sie den Text vor, aber stellen Sie sicher, daß es ein guter Text ist.«

Es wurde beschlossen, daß Baker seine Reise in die Mongolei abkürzt, um nach Moskau zu fliegen, wo er das gemeinsame Kommuniqué zusammen mit Eduard Schewardnadse verlesen solle. Ross sollte dieses Szenario mit den Sowjets aushandeln. Er sagte seinem Gesprächspartner Sergej Tarasenko, daß eine solche Initiative andere arabische Staaten davon abhalten könnte, sich dem Irak anzuschließen, und es damit Saddam Hussein unmöglich machen würde, wie früher die Rivalitäten der Supermächte auszuspielen. Tarasenko schien erst zu zögern, sagte aber nach einem Gespräch mit Schewardnadse: »Wir sind einverstanden.« »Sehr gut«, antwortete Bakers Mitarbeiter, »aber es muß ein sehr eindeutiger Text sein, denn, vergessen Sie nicht, der Außenminister kommt extra nach Moskau, um diesen Text zu verlesen.«

Abu Ijad, die Nummer Zwei der PLO, der insbesondere für die Sicherheit und den Geheimdienst zuständig ist, schlief in seiner Villa am Stadtrand von Tunis. Seine Frau, die normalerweise in Kuwait-City lebte, war gerade angekommen. Sie wurden durch einen Anruf aus der kuwaitischen Hauptstadt geweckt. Mitglieder ihrer Familien berichteten, daß Kämpfe nicht weit von ihrem Haus stattfänden. Abu Ijad zog sich an, um sofort Arafat zu treffen, der die Gewohnheit hat, noch spät in der Nacht in seinem Haus im Stadtviertel Samed zu arbeiten. Der PLO-Chef war bereits informiert. Auch er war von Verwandten aus Kuwait-City angerufen worden. Die beiden Männer beschlossen, sich am nächsten Tag in mehrere arabische Hauptstädte zu begeben.

# 6
# Die Invasion in Kuwait

In London war es Mitternacht, also 2 Uhr morgens am Golf, als der diensthabende Beamte des Foreign Office, des Außenministeriums, durch einen Anruf der britischen Botschaft in Kuwait vom Beginn der Invasion erfuhr. Nachdem er alle Details notiert hatte, ging er durch die menschenleeren Gänge des Ministeriums, um über eine Spezialleitung den 24-Stunden-Dienst in Downing Street Nummer 10 zu informieren. Diese dem Premierminister zugeordnete Stelle empfängt kontinuierlich alle neuen wichtigen Nachrichten. Sofort wurde Margaret Thatcher informiert. Sie war gerade in Aspen, Colorado, angekommen, im Westen der Vereinigten Staaten, wo am nächsten Tag eine Konferenz zu Verteidigungsfragen stattfinden sollte, an der auch George Bush teilnahm. In Aspen war es 19 Uhr abends und durch die Zeitverschiebung noch der 1. August.

Der japanische Premierminister Kaifu verbrachte gerade in Guma, einem Bergort hundert Kilometer nördlich von Tokio, fünf Tage Urlaub. Er wurde eine Stunde nach der Invasion von Verantwortlichen des Außenministeriums unterrichtet. Es war der 2. August, 7 Uhr vormittags. Der erste Kommentar von Kaifu: »Das ist bedauerlich.«

April Glaspie, die amerikanische Botschafterin in Bagdad, die noch einige Tage zuvor nach ihrem Gespräch mit Saddam guten Mutes war, erfuhr über das Fernsehen von der Invasion am 2. August in ihrem Hotelzimmer in London, wo sie sich mit ihrer Mutter aufhielt. Sie war völlig verblüfft. Ihr Hund, der in Bagdad zurückgeblieben war, wurde kurze Zeit darauf mit einer der ersten Maschinen ausgeflogen, die amerikanische Frauen evakuierte.

Bundeskanzler Helmut Kohl residierte in Sankt Gilgen in Österreich, in einer Villa an einem See, die er jedes Jahr für seine Sommerferien mietet. Um 9 Uhr rief ihn sein persönlicher Referent, Eduard Ackermann, aus Bonn an, um ihm mitzuteilen, was geschehen war. Kohl erhielt keinen Anruf von westlichen politischen Führern, bis ihm, drei Tage später, George Bush telefonisch die Entsendung von US-Truppen nach Saudi-Arabien ankündigte.

In Kuwait-City herrschte Panik. Viele Einwohner versuchten nach Saudi-Arabien zu flüchten, aber alle Straßen waren bereits abgeschnitten und wurden von irakischen Truppen kontrolliert. An den Kontrollposten wurden die Familien rücksichtslos aus den Autos geworfen, und die Autotelefone – in Kuwait weit verbreitet – wurden rausgerissen, damit sie nicht dazu dienen konnten, die Position der Truppen weiterzugeben.

Hubschrauber kreisten über der Stadt, in deren Avenuen 300 Panzer patrouillierten. Wagen brannten aus, und Schüsse von Mörsergranaten und automatischen Waffen waren vor allem im Geschäftsviertel und um den Palast des Emirs herum zu hören, der von 50 schweren Panzern eingekreist war. Während dieser Kämpfe, den härtesten während der ganzen Invasion, wurde Scheich Fahd, der vor Ort gebliebene jüngste Bruder des Emirs, getötet. Einige irakische Begleitschiffe wurden von kuwaitischen Schnellbooten zerstört, die mit Raketen ausgerüstet waren, aber insgesamt gab es nur wenig Widerstand gegen die irakische Armee. Am frühen Nachmittag hatten die Gefechte praktisch aufgehört. Mehr als 200 Kuwaiter waren getötet worden.

Saddam Hussein hatte seinen Traum binnen weniger Stunden wahrgemacht. Er kontrollierte nunmehr 20 Prozent der Welterdölreserven und besaß 200 Kilometer Küste, die ihm einen direkten Zugang zum Golf verschafften.

Fassungslos entdeckte der Rest der arabischen Welt, wie entschlossen Saddam Hussein gehandelt hatte. Kein Land, auch wenn es dem Irak noch so nahe stand, konnte sich mehr sicher fühlen. Das galt natürlich für Jordanien, aber auch für die feindlichen syrischen Brüder und insbesondere für Saudi-Arabien, das sich – reich und verwundbar – nun in vorderster Front wiederfand. Der irakische Präsident hatte die militärischen Mittel, um noch viel mehr erobern zu können. Aus einem Vorort von Kuwait-City schickte ein geheimer Sender die Botschaft: »Oh, Ihr Araber, das Blut Kuwaits wird vergossen und seine Ehre mit Füßen getreten! Kommt uns zu Hilfe!« Die Stimme, die diesen Appell verlas, brach in Tränen aus: »Die Kinder, die Frauen, die Greise von Kuwait richten diesen Aufruf an Euch!«

Die bestürzte arabische Welt blieb diesem Hilferuf gegenüber stumm. Zum Teil aus Angst, vor allem aber, weil überall eine große, schon an Chaos reichende Verwirrung herrschte. König Hussein von Jordanien unternahm bereits vom 2. August an große Anstrengungen, um eine Eskalation zu stoppen.

Gegen 9 Uhr 15 schaffte er es endlich, Saddam Hussein per Telefon zu erreichen. Der irakische Führer war weder angespannt noch unnachgiebig. Er erklärte, daß der Irak angesichts der gegen ihn angezettelten Konspiration keine anderen Mittel mehr gehabt hätte, als anzugreifen. König Hussein sagte, er sei »schockiert« über das Ausmaß der Operation, und schlug vor, noch am Nachmittag nach Bagdad zu kommen. Saddam Hussein akzeptierte sofort.

Diese Unterredung verstärkte die Überzeugung des jordanischen Königs, daß eine schnelle Verhandlungslösung im arabischen Rahmen möglich sei. Gegen 9 Uhr 40 rief er Husni Mubarak an, der sich in Alexandria aufhielt. Er unterrichtete ihn über die Vorstellungen des irakischen Staatschefs und schlug ihm seinen Plan vor: am Vormittag des 4. August einen arabischen Minigipfel in Kairo oder Riad abzuhalten. Bis zu diesem Moment, insistierte der König, müßten feindselige Äußerungen eines arabischen Landes gegenüber dem Irak vermieden werden. Mubarak pflichtete ihm bei: »Ich unterstütze Ihre Position.« Hussein entschloß sich zu einem Sprung nach Alexandria, bevor er in den Irak fuhr, um mit dem ägyptischen Präsidenten die Details dieses Vorschlags zu besprechen. Bevor er auflegte, empfahl er ihm, Saddam Hussein anzurufen. »Nein«, sagte Mubarak, »er hat mich enttäuscht.«

Um 10 Uhr nahmen mehrere Außenminister im großen Saal der Kongreßhalle zu Kairo Platz, die die Volksrepublik China erst kürzlich errichtet hatte. Sie nahmen an einem Treffen der Islamischen Konferenz teil, das bereits seit vielen Monaten geplant war.

Unter dem Druck der Kuwaiter und Syrer wurde das Treffen vertagt, und die Delegierten wurden gebeten, sich ins Hotel Semiramis zu begeben, wo um 12 Uhr 15 eine Sondersitzung der Arabischen Liga beginnen würde.

Als die Debatte in einer Atmosphäre aus Spannung und bestürzter Ratlosigkeit eröffnet wurde, hatte Saddam Hussein Kuwait seit mehr als zehn Stunden überrannt, und die irakische Armee kontrollierte das Land völlig.

Faruk Kaddumi, der Außenminister der PLO, leitete die Versammlung nach einem Rotationssystem, nach dem jede Sitzung des Rates der Arabischen Liga von einem anderen Außenminister präsidiert wird. Die kuwaitische Delegation verlangte, daß sofort der arabische Verteidigungspakt in Kraft treten müsse, der alle arabischen Staaten verpflichtet, ein angegriffenes Mitgliedsland zu schützen. Mit Ausnahme der Vereinigten Arabischen Emirate aber zog es die große Mehrheit der anwesenden Minister vor, sich auf vorsichtiges Abwarten zu beschränken.

Der syrische Außenminister Faruk el-Schara gab eine

überraschende Erklärung ab. Er bezeichnete die Beziehungen zu Kuwait als schlecht (auch im Falle Syriens wegen nicht überwiesener Gelder), während sich die zum Irak verbessert hätten. Trotzdem fügte er hinzu: »Syrien respektiert die Charta der Arabischen Liga, die es als illegitim ansieht, wenn ein arabisches Land ein anderes überfällt.«

Der irakische Botschafter in Ägypten nahm an der Sitzung teil, hatte aber keine Instruktionen von seiner Regierung bekommen, in Verhandlungen mit anderen arabischen Ländern einzutreten. Schließlich erklärte er nach einem langen Telefongespräch mit Bagdad, er könne hiermit ankündigen, daß sich eine wichtige irakische Delegation mit Saadum Hammadi an der Spitze auf den Weg nach Kairo mache. Um 14 Uhr wurde die Sitzung aufgehoben und entschieden, sie um 18 Uhr wiederaufzunehmen. Jeder erwartete mit Ungeduld die Botschaft, die Hammadi zweifellos mitbringen würde.

Im Weißen Haus um 8 Uhr morgens. Während in Kairo die Sitzung unterbrochen wurde, betrat George Bush den »Cabinet Room«, der neben dem »Oval Office« des Präsidenten liegt. Alle zusammengerufenen Teilnehmer hatten bereits an dem riesigen Tisch Platz genommen, der den größten Teil des Raumes ausfüllt. Anwesend waren Vizepräsident Dan Quayle, der Generalsekretär des Weißen Hauses, John Sununu, Finanzminister Nicholas Brady, Justizminister Richard Thornburgh, Verteidigungsminister Richard Cheney, CIA-Direktor William Webster, Generalstabschef Colin Powell, General Schwarzkopf, der dem CENTCOM (dem »Zentralen Kommando«) vorsteht und wenige Tage später die Leitung des nach Saudi-Arabien entsandten amerikanischen Expeditionskorps übernehmen sollte. General Brent Scowcroft, sein Vertreter Richard Haas und Robert Kimmitt vom Außenministerium waren ebenfalls anwesend. Alle Schlüsselfiguren der Bush-Administration waren zugegen, um der ernstesten Krise seit Beginn ihrer Amtszeit ins Auge zu sehen.

Die im Weißen Haus akkreditierten Journalisten durften für einige Augenblicke den Sitzungsraum betreten. Bush gab seine erste öffentliche Stellungnahme zur Krise ab: »Lassen Sie mich sagen, daß die Vereinigten Staaten entschieden die Invasion verurteilen und einen bedingungslosen Rückzug verlangen. In der Welt von heute gibt es keinen Platz mehr für eine brutale Aggression dieser Art.« Dann schlossen sich die Türen zu einer streng geheimen Sitzung, die fast eine Stunde lang dauerte.

Die Diskussion drehte sich zum größten Teil um zukünftige Repressalien wirtschaftlicher und politischer Natur gegen den Irak. Gleich zu Beginn der Sitzung hatte sich der Generalsekretär des Weißen Hauses, John Sununu, ein Mann von undurchsichtiger Haltung und mit einem angeblich autoritären Charakter, an den Pentagonchef Richard Cheney gewandt und vorgeschlagen, wobei niemand in diesem Moment wußte, ob er das ernst meine: »die B2 (die sogenannten Tarnkappenbomber, weil sie durch Radar nicht auszumachen sind, P.S.) zu schicken, um den Irak zu bombardieren«. Cheney antwortete nach einem kurzen Augenblick etwas verstört: »Ich verfüge nur über ein Flugzeug dieses Typs. Die anderen sind noch nicht genügend getestet, um zu sagen, ob sie kampftauglich sind.«

In der Tat befand sich die Bush-Administration vor einem militärstrategischen Problem. Eine Militärintervention am Golf war seit zehn Jahren als eine Möglichkeit vorgesehen. Nach dem Sturz des Schahs von Persien im Jahr 1979 hatte der damalige US-Präsident Jimmy Carter eine schnelle Eingreiftruppe ins Leben gerufen, deren Hauptaufgabe darin bestehen sollte, die Erdölfelder dieser Region zu schützen. Ein Geheimplan mit der Codenummer 90-1002 wurde damals ausgearbeitet. Nur hatte er den Nachteil, gleich zwei Dinge nicht zu berücksichtigen: den Verlust Kuwaits und eine Aggression des Iraks. Er sah nur ein Aufeinandertreffen mit der Sowjetunion in der Golfregion vor.

Das CENTCOM, das 1983 geschaffene Militärkommando, war damit beauftragt worden, diesen Geheimplan auszuarbeiten. Aber trotz der 2000 Milliarden Dollar, die in den letzten acht Jahren für die Modernisierung und Verstärkung der Streitkräfte der Vereinigten Staaten ausgegeben worden waren, befanden sich die verantwortlichen amerikanischen Militärs in einer Sackgasse: Ihre Truppen waren für einen Konflikt auf einem Schlachtfeld wie Europa ausgebildet worden, vielleicht noch für die koreanische Halbinsel, nicht aber für einen Krieg im Wüstensand. Darüber hinaus war das Pentagon in Verlegenheit geraten. Es brauchte mehrere Monate, um die Operation »Gerechte Sache« vorzubereiten, die mit der Entsendung von Truppen nach Panama endete, um dort General Noriega gefangenzunehmen. »In Wahrheit«, sagte einer der Teilnehmer nach der Sitzung, »fingen wir bei Null an.«

Das wurde noch klarer, als George Bush fragte, über welche Kräfte er sofort verfügen könne. Die Antwort war niederschmetternd: Nur 2500 Mann der in Fort Braggs in Nordcarolina stationierten 82. Luftlandedivision konnten sofort eingesetzt werden. Weitere größere Truppeneinsätze brauchten mindestens vier Wochen Vorbereitungszeit. Selbst nach dieser Zeit wäre das Kräfteverhältnis noch sehr unvorteilhaft für die Amerikaner, die einer Armee mit einer Million Mann und 5500 Panzern gegenüberstünden. Einer der anwesenden Militärs sagte es geradeheraus: »Wir haben keine befriedigende militärische Option. Wir haben keine Leute vor Ort.« Tatsächlich hatte Saudi-Arabien trotz wiederholten Drängens Washingtons immer wieder die Errichtung amerikanischer Militärbasen auf seinem Territorium verweigert.

Es war inzwischen 9 Uhr, und George Bush gab den Befehl, ihm bis zum übernächsten Tag, dem 4. August, in seiner Sommerresidenz von Camp David alle möglichen militärischen Optionen vorzulegen. Auch eine eventuelle Reise von Verteidigungsminister Richard Cheney nach Saudi-Arabien wurde kurz diskutiert, aber keine endgültige Entscheidung gefällt.

Um 9 Uhr 15 verließ Bush die Sitzung, um sich im Oval Office einigen Akten zu widmen. Dann begab er sich schnell zum Südrasen des Weißen Hauses. Dort wartete ein Hubschrauber, der ihn zur Militärbasis Andrews brachte, wo die Präsidenten-Boeing Air Force One zum Abflug bereitstand. Bush flog nach Aspen in Colorado, wo er eine Rede über Verteidigungsfragen halten mußte. Es handelte sich um eine Veranstaltung, die seit mehreren Monaten geplant war. Er hätte eigentlich angesichts der ernsten Situation diese Reise annullieren müssen, aber er bestand in letzter Minute darauf, denn dort konnte er mit Margaret Thatcher sprechen. Die britische Premierministerin sollte einen großen Einfluß auf den Präsidenten ausüben. Im Flugzeug, in seinem Sessel an einem Bullauge, änderte Bush im Beisein von Brent Scowcroft den Text seines Vortrags und nahm die Golfkrise zum Anlaß, auf die Notwendigkeit hinzuweisen, die geeigneten Mittel einer angemessenen Verteidigung bereitzuhalten. Nachdem die beiden alle Korrekturen angebracht hatten, verlangte Bush, mit dem ägyptischen Präsidenten Mubarak in Alexandria verbunden zu werden.

König Hussein war eine halbe Stunde zuvor in seinem selbstgesteuerten Flugzeug in der ägyptischen Hafenstadt gelandet. Es war 16 Uhr. Gleich zu Beginn seines Gesprächs mit dem ägyptischen Präsidenten bestätigte er nochmals seine tiefe Überzeugung, daß das Problem zu lösen sei. Er glaubte, Saddam Hussein dazu bringen zu können, Kuwait zu verlassen. Saddam würde allerdings zu einer Lösung nur bereit sein, wenn er nicht zuvor von der Arabischen Liga verurteilt würde. Der König wiederholte seinem ägyptischen Gesprächspartner gegenüber nachdrücklich: Keine Verurteilung des Irak vor dem für den 4. August vorgesehenen Gipfeltreffen. Mubarak war damit einverstanden.

Als die beiden Männer noch mitten in der Diskussion waren, läutete das Telefon. Es war die Stimme von George Bush, der sich in 10000 Meter Höhe über amerikanischem Territorium befand, und die Stimme war völlig klar zu hören. Er sprach etwa fünf Minuten lang mit Mubarak, dann übergab der ägyptische Präsident den Hörer an König Hussein. Die beiden Männer sprachen 25 Minuten miteinander. Der jordanische König sagte George Bush: »Wir können diese Krise kontrollieren und sie lösen. Wir werden uns darum kümmern, George, wir brauchen nur etwas Zeit.« Bush antwortete: »Die haben Sie. Ich verlasse mich auf Sie.«

Der Salon, in dem sich die beiden arabischen Staatsmänner befanden, hat eine große Terrasse mit herrlichem Blick auf das Mittelmeer. Alexandria ist eine Stadt, die zum Optimismus einlädt. König Hussein schien auf diesem kurzen Zwischenstop von dem Gefühl erfaßt zu sein, daß der Konflikt um Kuwait mit Sicherheit bald nur noch ein Fehltritt sei, den man schnell vergessen werde. Der sehr viel skeptischere Mubarak glaubte schließlich auch – oder gab es zumindest vor – an einen solchen Ausgang.

17 Uhr in Jerusalem. In der Knesset, dem israelischen Parlament, begann eine eilig einberufene Sondersitzung über den Irak. Kurz zuvor war der amerikanische Botschafter vom israelischen Verteidigungsminister Mosche Arens empfangen worden, der den Vereinigten Staaten jede mögliche Hilfe angeboten hatte, die sie für ihre Erkundungen brauchten.

In Wahrheit hatte der irakische Überfall eine Reihe von Mängeln auf seiten Israels aufgedeckt. Der Irak war durch den israelischen Geheimdienst nicht gut »abgedeckt«, denn der hatte große Probleme mit der Rekrutierung von Informanten im Land Saddam Husseins. Und außerdem stand ihm kein Spionagesatellit für diese Region zur Verfügung.

Seit 1981 hatten sich die Vereinigten Staaten geweigert, den Israelis Fotos ihrer Spionagesatelliten zur Verfügung zu stellen, wenn sie eine Entfernung von 50 Kilometern jenseits der Grenzen des jüdischen Staats überschritten. Diese Distanz wurde von Washington als »ausreichende Sicherheitszone, um eine direkte Gefährdung zu vermeiden«, angesehen. Diese Einschränkung der Informationen war direkt nach der israelischen Bombardierung der irakischen Nuklearanlage von Osirak verfügt worden.

Um 8 Uhr 30 vormittags hatte eine israelische Kabinettsrunde in gespannter Atmosphäre stattgefunden. Einige Minister, wie Ariel Scharon, hatten diese Informationslücke kräftig kritisiert, und der Vortrag des Brigadegenerals Danny Rothschild, des stellvertretenden Verantwortlichen für den militärischen Spionagedienst, sollte bittere Diskussionen auslösen. Die meisten Anwesenden hatten den Eindruck, daß die Geheimdienste vom Termin der Invasion und ihrer Größenordnung überrascht worden waren.

Während sich der amerikanische Flugzeugträger »Independance« und sechs Begleitschiffe auf den Weg zum Golf machten, wo sie durch einen Kreuzer, einen Zerstörer und fünf Fregatten verstärkt wurden, gab die berühmte Versicherungsgesellschaft Lloyd's in London bekannt, daß sie ab sofort für alle Schiffe in der Golfzone eine Kriegsprämie erheben werde. Ebenfalls in London erreichte der Preis für Nordseeöl die Marke von 24 Dollar pro Barrel.

Bevor er Amman verließ, hatte König Hussein vergeblich versucht, König Fahd zu sprechen. Deshalb gab er seinem Außenminister Marwan el-Kassim Anweisung, einen Termin beim saudischen König auszumachen und nach Dschidda zu fliegen. Nach vielen Versuchen und langem Warten erhielt der jordanische Minister die Antwort aus Saudi-Arabien: »Kommen Sie bitte nicht!«

Husni Mubarak hatte da mehr Glück. Es war 18 Uhr, und König Hussein hatte ihn schon verlassen, um nach Bagdad zu fliegen. Vorher hatte er Mubarak gebeten, mehrere arabische Führer, darunter König Fahd, anzurufen. Sie sollten sich zurückhalten und in den kommenden 48 Stunden neutral bleiben. Mubarak übermittelte diese Empfehlung an den saudischen König, der sie akzeptierte.

Im selben Augenblick trafen sich in der ägyptischen Hauptstadt die Minister der Mitgliedsländer der Arabischen Liga im Hotel Semiramis. Alle erwarteten die versprochene

Ankunft der irakischen Delegation, doch vergebens. Die Vertreter der Golfstaaten waren aufgebracht über die Weigerung der Arabischen Liga, die Invasion zu verurteilen. Zu ihnen gesellten sich die Syrer, die geschworenen Feinde des Irak. Dreieinhalb Stunden lang warteten die Delegierten in immer gespannterer Atmosphäre auf die Ankunft der Iraker. Als Saadum Hammadi schließlich den Mittelgang hin zur Rednertribüne entlangschritt, war es 21 Uhr 30.

Der irakische Vizepremier faltete ein Papier auseinander, von dem man dachte, es handele sich um einen Friedensplan. Die Enttäuschung sollte total sein. Er begann seine Rede, indem er feststellte: »Über die Situation in Kuwait kann nicht verhandelt werden.« Hammadi hatte nichts vorzuschlagen. Ein halbe Stunde lang trug er die alte Litanei der irakischen Argumente vor: Einige arabische Staaten und die Vereinigten Staaten von Amerika hätten gegen den Irak eine wirtschaftliche Verschwörung angezettelt, indem sie den Erdölpreis auf einem niedrigen Niveau hielten und Bagdad dadurch daran hinderten, die durch den irakisch-iranischen Krieg schwer mitgenommene Wirtschaft zu stabilisieren. Die Rede Hammadis enthielt auch nicht den Hauch einer Konzession. Er redete wiederum mit Verve davon, daß es der Irak gewesen sei, der den Iran daran gehindert habe, sich in der Region auszubreiten. Und während all der Kriegsjahre, sagte er, »hat der Irak den Golfstaaten als Schild gedient. Trotz dieses Schutzes haben sich diese Staaten anschließend geweigert, uns jene finanziellen Hilfen zu geben, die wir so dringend brauchten.«

Als sich Hammadi zu seinem Sitz zurückbegab, war der Saal erstarrt. Bagdad schien die Tür zu einem Kompromiß zuzuschlagen, und plötzlich nahm die Krise um Kuwait weit düsterere Farben an als ohnehin schon. Auf einen vielleicht übertriebenen Optimismus folgte völlige Niedergeschlagenheit.

Als die Debatte schließlich auf den nächsten Tag 9 Uhr vertagt wurde, hatten die anwesenden Delegierten nicht mehr die geringsten Illusionen über einen guten Ausgang. Die einzige Hoffnung auf eine arabische Lösung beruhte auf dem Treffen, das zur gleichen Zeit zwischen dem jordanischen König und Saddam Hussein stattfand.

In Bagdad hatte das Gespräch der beiden schon begonnen. Sie saßen Seite an Seite. Saddam Hussein war sehr viel entspannter als der jordanische Souverän. Er dankte dem König zuerst einmal für all seine Anstrengungen und begann dann, die Gründe darzulegen, weshalb er die Invasion durchgeführt habe: »Ich hatte vorgewarnt, daß, wenn die Verhandlungen scheiterten, ich zu anderen Mitteln greifen würde, um die Probleme zu lösen, was dann in Dschidda geschah.« Der König entwickelte jetzt seinen Plan, indem er darauf bestand, daß diese Krise »strikt in einem arabischen Rahmen« gelöst werden müsse. »Ich fürchte«, fügte er hinzu, »die amerikanische Unnachgiebigkeit und ihre Ignoranz hinsichtlich der arabischen Welt. Wenn fremde Elemente, die von dieser Region nichts begreifen, in die Krise hineingezogen werden, dann werden sich die Dinge sehr schnell verhärten.«

Es war 23 Uhr, und die beiden Führer waren noch zu keinem Ergebnis gekommen. Der König war sehr müde und wünschte, sich zur Ruhe zu begeben. Er schlug vor, das Gespräch am nächsten Morgen fortzuführen. Saddam Hussein, höflich und aufmerksam, akzeptierte das und wünschte dem König eine gute Nacht.

Kurz bevor sein Flugzeug in Aspen landete, sprach Bush mit James Baker, der gerade dabei war, die Mongolei zu verlassen und in die Sowjetunion zu Schewardnadse zu fliegen: »Die gemeinsame Erklärung, Jim, muß ein hohes Maß an Zusammenarbeit beinhalten, andernfalls sollten Sie gar nicht nach Moskau fliegen.«

Sofort nach seiner Ankunft empfing der amerikanische Präsident ein erstes Mal Margaret Thatcher. Ihre übliche Handtasche am Arm, drückte sie ihm fest die Hand und sagte: »Sie müssen wissen, George, daß er nicht haltmacht.«

Diese Befürchtung teilte Bush immer mehr. Nach dem Gespräch mit der Britin rief er Ali Abdallah Salih, den Präsidenten des Jemen an, einen der wenigen Verbündeten des Irak. Wenige Meter entfernt fand die Konferenz über Verteidigungsfragen statt, der die nahen Berge Colorados den Anstrich eines Universitäts-Kolloquiums gaben.

Nachdem Bush seine Rede gehalten hatte, rief er König Fahd in Saudi-Arabien an und bestätigte dem Souverän die absolute Entschlossenheit der Vereinigten Staaten, sein Königreich zu schützen. Fahd bedankte sich ausführlich, aber diese Fürsorge schien ihn mehr zu bedrängen als zu freuen. Fahd, ein schüchterner Mann mit einer zerbrechlichen Gesundheit, machte eher einen ratlosen Eindruck. Saudi-Arabien stand jetzt, so fürchtete er, in der Schußlinie. Das Königreich war seit seiner Gründung vor 63 Jahren eine Insel der Stabilität, aber die Invasion Kuwaits war ein Ereignis, das Fahd als »dramatisch« einstufte. Der Emir und seine Familie waren nunmehr seine Gäste. Wie seltsam sich die Geschichte wiederholt: 88 Jahre zuvor, im Jahr 1902, wurde Ibn Saud, der Gründer des Königreichs, aus seinem Land gejagt und fand Unterschlupf bei den Sabbahs in Kuwait.

Vor seiner Rückkehr nach Washington zogen sich George Bush und Margaret Thatcher in die Residenz Catto zurück, ein luxuriöses Chalet, das dem Botschafter der Vereinigten Staaten in Großbritannien gehört. Thatcher empfahl dem Präsidenten die größtmögliche Entschlossenheit und die Mobilisierung der internationalen Szene über die UNO. Über militärische Optionen wurde nicht gesprochen, aber, wie ein Zeuge berichtete, »sie sprach von Saddam Hussein etwa in der Art wie ihr Vorgänger Anthony Eden während der Suezkrise von Gamal Abd el-Nasser, indem er ihn mit Hitler verglich«.

Als das Flugzeug des Präsidenten gegen 16 Uhr zur Rückreise in Aspen abhob, hatte das Pentagon schon eine Reihe von Maßnahmen ergriffen. Mannschaften der Riesenfrachter C-141 wurden dringend zum Dienst gerufen, alle Urlaubsgenehmigungen suspendiert und alle Militärs aufgefordert, innerhalb der nächsten drei Stunden zu den Standorten zurückzukehren. Völlig überrascht verließen diese Männer Verwandte und Freunde, ohne die Gründe ihrer Einberufung zu kennen. Am frühen Abend waren sie bereits an Bord ihrer Maschinen und flogen über den Atlantik. 28 Mannschaften der C-141 landeten auf der amerikanischen Airbase von Frankfurt, 26 andere flogen nach Torrejon in Spanien. Sie waren die ersten Bausteine einer riesigen Luftbrücke, die wenige Tage später hinüber nach Saudi-Arabien errichtet wurde.

Ein großer Tanzabend in einer Offiziersmesse wurde durch die Ankunft eines Offiziers brüsk unterbrochen. Er kündigte ohne weitere Begründung an, daß alle anwesenden Männer einrücken müßten. Niemand sah sie danach wieder. Sie gehörten zu Spezialeinheiten, die für Sondermissionen ausgebildet waren wie Kommandoaktionen oder Reaktionen auf Geiselnahmen. Noch in der Nacht wurden sie in den Nahen Osten gebracht.

Am 3. August um 8 Uhr früh wurde den Teilnehmern der Konferenz der Arabischen Liga in Kairo mitgeteilt, daß die ursprünglich für 9 Uhr anberaumte Sitzung auf 18 Uhr verschoben worden sei. Denn nichts konnte diskutiert oder beschlossen werden, bevor das Treffen zwischen König Hussein und Saddam Hussein nicht beendet war. Die arabische Welt blickte gebannt auf Bagdad.

Ein Radioaufruf aus dem besetzten Kuwait enthielt eine verzweifelte Botschaft: »Wo bleiben die Vereinbarungen zwischen den arabischen Staaten, die Übereinkünfte zwischen den Golfstaaten, die Vereinbarungen zwischen den islamischen Nationen? Oh, Brüder der Sprache und des Bluts, die arabische Sache und der Islam sind durch uns größer geworden. Jetzt ruft Euch Kuwait zu Hilfe.«

Die Kuwaiter, die in Kairo vom Überfall erfuhren, gingen

weinend auf die Straße. Einem von ihnen erklärte ein ägyptischer Offizier: »Diese Situation ist eine Schande für die arabische Welt. Wir sitzen hier auf unseren Stühlen und schauen zu, als ob nichts geschehen sei.«

Die Araber blätterten ungläubig in ihren Zeitungen. Keine verurteilte die Besetzung Kuwaits. Die Chefredakteure hatten strikteste Order von ihren Regierungen bekommen. Das einzige Land, in dem die Presse offen für Saddam Hussein Stellung bezog, war Jordanien.

Um 9 Uhr 30 wurde der ausgeruhte König im Präsidentenpalast von Saddam Hussein empfangen. Die Diskussion wird mehrere Stunden dauern, aber mit einem Ergebnis enden. Der König hatte mehrere präzise Fragen an seinen Gesprächspartner gestellt. »Werden Sie zu dem für morgen vorgesehenen Minigipfel gehen?« Saddam Hussein bestätigte: »Ich werde dort sein.« »Werden sie Kuwait wieder verlassen?« »Ja, wenn die Meinungsverschiedenheiten mit dem Emirat ausgeräumt sind.«

Später fügte er im Laufe des Gesprächs hinzu: »Ich möchte nicht, daß die Mitglieder der Familie Sabbah an diesem Gipfel teilnehmen. Ich möchte die Vereinbarung mit König Fahd treffen. Meine Beziehungen zu ihm waren immer die besten.«

Der irakische Präsident machte auf seinen Gast den Eindruck eines Führers, der voll guten Willens und bereit zu Kompromissen war. Es gab nur einen kritischen Augenblick, als der König die Drohungen der Arabischen Liga erwähnte. »Wir dürfen uns nicht die Augen auskratzen«, antwortete Saddam, »wenn die Dinge sich in diese Richtung entwikkeln, dann kann ich sagen, daß Kuwait ein Teil des Irak ist, und ich werde es annektieren.«

Dann beugte er sich zum König hinüber und sagte mit leiser Stimme, als ob er ihm ein Geheimnis anvertrauen würde: »Und außerdem ...« Er hielt einen Augenblick inne, um seinem Argument mehr Gewicht zu geben, »außerdem habe ich mit Saudi-Arabien einen Nichtangriffspakt unterzeichnet.«

Als sich die beiden Männer mit herzlichen Bruderküssen verabschiedeten, setzte König Hussein ein optimistisches Lächeln auf, überzeugt, daß er nunmehr die Krise im Griff hatte. Wenige Stunden später veröffentlichte Saddam Hussein ein Kommuniqué, in dem er ankündigte, daß er mit dem Rückzug seiner Truppen am Sonntag, dem 5. August, beginnen werde, daß von einer Rückkehr der königlichen Familie aber nicht die Rede sein könne.

Während Hussein Bagdad verließ, um nach Amman heimzukehren, landete Jassir Arafat, von Tunis kommend, in Tripolis. Anschließend wollte er nach Ägypten, in den Irak und nach Saudi-Arabien fahren, um seinerseits einen Vermittlungsversuch zu unternehmen. Der palästinensische Bevölkerungsanteil in Kuwait ist sehr groß, Palästinenser nehmen verantwortliche Posten ein, und die Summen, die sie an die PLO überweisen, stellen einen wichtigen Teil des Budgets der Organisation dar.

In Tripolis fand er einen erregten Gaddafi vor, der über die Invasion sehr betroffen war. Immer wieder sagte er Arafat: »Abu (Abu Ammar ist der Deckname des PLO-Chefs, P.S.), wir müssen um jeden Preis eine friedliche Lösung finden. Ich habe einen Zwei-Punkte-Plan vorbereitet.«

Er holte ein Blatt Papier von seinem Tisch, auf dem er mit der Hand etwas notiert hatte. Arafat, bekleidet mit seiner Uniform, die ewige Keffija auf dem Kopf, hörte ihm mit einem wohlwollenden Lächeln zu. Die Beziehungen zwischen Gaddafi und den Palästinensern sind seit langem sehr verschlungen und nehmen manchmal unvorhersehbare Wendungen.

»Der Irak«, fuhr Oberst Gaddafi fort, »muß sich erstmal bis zur umstrittenen Grenzzone zurückziehen. Dann wird ein Mitglied der königlichen kuwaitischen Familie, aber nicht der Emir, nach Kuwait zurückkehren, und dann kann das Volk entscheiden, von wem es regiert werden will.« Der zweite Teil des Vorschlags war unrealistisch, aber Arafat gab keinen Kommentar dazu.

In Wahrheit verlor die arabische Welt an diesem 3. August mehr und mehr die Herrschaft über diese Krise.

Im Weißen Haus eröffnete Bush am späten Nachmittag die Sitzung des Nationalen Sicherheitsrats. Er hatte um sich versammelt Richard Cheney, den Verteidigungsminister, Brent Scowcroft, den Chef des Nationalen Sicherheitsrats, dessen Stellvertreter Haas sowie den Generalstabschef, Colin Powell.

General Powell bestätigte dem Präsidenten, daß alle militärischen Optionen zur Zeit untersucht und ihm am nächsten Tag, wie vorgesehen, unterbreitet würden. Powell, 53, ist ein Veteran des Vietnamkrieges und hat schon bei fünf anderen Krisen mitgewirkt, darunter der Panamaoperation und der Landung von Einheiten der Marinesoldaten in Liberia, um die amerikanischen Staatsbürger zu evakuieren. »Es gibt keinen legitimen Gebrauch der Militärmacht«, sagte er, wie immer, »ohne politisches Ziel.« Bush war mit dieser Beurteilung völlig einverstanden.

Die amerikanischen Regierungsvertreter rund um den Tisch verfügten über mehrere Bausteine, die sie in das Golfpuzzle einsetzen könnten: die Unterstützung der UNO und der Nato. Es fehlten ihnen die militärischen Möglichkeiten und die Anbindung an die arabische Welt.

Von George Bush nach den Risiken befragt, die die ersten amerikanischen Truppen eingingen, wenn sie ins Feld geschickt würden, antwortete Powell, ohne zu zögern: »Diese Risiken sind enorm. Unsere Streitkräfte wären einem irakischen Angriff in äußerstem Maße ausgesetzt. Sollten Sie den Einsatz unserer Truppen verfügen, Herr Präsident, dann müßte der so massiv und so entscheidend sein wie irgend möglich. Suchen Sie das Ziel aus, entscheiden Sie sich für ein Angriffsobjekt, und versuchen Sie, es zu vernichten.«

Bush schüttelte den Kopf, gab aber keinen Kommentar dazu ab.

Die Sitzung endete nach zwei Stunden, und während sich seine Gäste die Beine vertraten, rief der Präsident noch einmal König Fahd an. Er versuchte ihn davon zu überzeugen, daß Saddam Hussein nach seinen Informationen jetzt gegen Saudi-Arabien vorstoßen werde.

König Fahd wich aus, sagte, daß er noch an die Mission von König Hussein glaube, den irakischen Präsidenten zum Rückzug aus Kuwait zu bewegen und eine Verhandlungslösung zu finden. Er erwähnte den Minigipfel am nächsten Tag, Sonntag, den 4. August.

»Sollte sich die Situation aber verschlechtern, Majestät, akzeptieren Sie dann eine amerikanische Militärhilfe?«

Der Souverän schwieg am anderen Ende der Leitung. Er schwieg so lange, daß der amerikanische Präsident glaubte, es gäbe ein Problem mit der Leitung, und seine Frage wiederholte. »Wenn sich die Lage verschlechtert«, antwortete König Fahd schließlich mit resignierter Stimme, »ja, dann würden wir sie akzeptieren.«

Es gab in dieser Krise einen Faktor, der George Bush außer sich geraten ließ. Er hatte sich geirrt, weil man ihn irregeführt hatte. Bush glaubt seit langem an die Kraft und die Wichtigkeit von persönlichen Verbindungen, die er mit den politischen Führern unterhält. Einer seiner engen Mitarbeiter bestätigt, daß er »eine wahre Personendiplomatie« betreibe, mit Vorliebe dadurch, daß er den Telefonhörer nimmt und einen der Staatschefs anruft, um auf informelle Art mit ihm zu reden. »George«, sagt ein Intimus von ihm, »möchte gern als der ›liebe George‹ angesehen werden, von dem jeder auf der Welt mit Sympathie spricht, weil er so herzlich ist.« In der Kuwait-Affäre aber, obwohl die Berichte aller Dienste immer alarmierender wurden, hatte der amerikanische Präsident bis zum Schluß geglaubt, daß der Irak nicht in Kuwait einfallen werde. Und zwar nur deshalb, weil zwei arabische Staatschefs, in die er volles Vertrauen setzte – Hussein von Jordanien und Husni Mubarak –, ihm das immer wieder bestätigt hatten. Bush glaubte, daß die beiden eine verläßlichere Informationsquelle seien als die vielen, mit Satellitenfotos versehenen Geheimdienstberichte, die fortwährend auf seinen Schreibtisch flatterten.

Im Grunde hat die Bush-Administration den gleichen Fehler begangen wie die israelischen Führer am Vorabend des Jom-Kippur-Kriegs von 1973. In beiden Fällen verfügten die Geheimdienste über alle notwendigen Informationen, die auf einen Angriff schließen ließen. Aber die Informationen wurden durch eine Brille verzerrt, die von einer scheinbaren Logik gefärbt war: Irak, wie damals Ägypten, wird nicht angreifen.

In Washington sollte noch ein anderer Mann eine wichtige Rolle bei der Verhärtung der amerikanischen Position spielen: John Kelly. Um 8 Uhr morgens saß er erschöpft in seinem Büro. Der für den Nahen Osten zuständige Unterstaatssekretär versuchte seit 20 Minuten vergeblich, mit dem ägyptischen Botschafter in Washington Kontakt zu bekommen. Niemand konnte ihm sagen, wo er steckte. Nach einer halben Stunde bekam er schließlich heraus, daß sich der Botschafter und sein Geschäftsträger in der ägyptischen Hauptstadt aufhielten. Er schickte deshalb eine Botschaft direkt an das Außenministerium in Kairo. Was er übermittelte, war von einer solchen Heftigkeit, daß schwer vorstellbar ist, er habe es ohne grünes Licht von seinen Chefs formuliert: »Der Westen hat seine Pflicht erfüllt, aber die arabischen Staaten unternehmen nichts. Die Vereinigten Staaten haben viele Waffen an diese arabischen Staaten verkauft, besonders an Ägypten. Wenn sie nicht reagieren und in der Kuwaitaffäre klare Position beziehen, dann müssen sie wissen, daß sie in Zukunft nicht mehr auf Amerika rechnen können.«

Das amerikanische Außenministerium dementiert, an diesem Tag eine Botschaft nach Kairo geschickt oder überhaupt mit Kairo gesprochen zu haben. Aber ein hoher ägyptischer Gewährsmann, eine völlig glaubwürdige Persönlichkeit, ist sich seiner Sache ganz sicher: Er hat diese Botschaft gesehen.

Bei den ägyptischen Verantwortlichen war die Bestürzung vollkommen, doch König Hussein wußte nichts von dieser Intervention, als er in Amman landete. Es war 14 Uhr in der jordanischen Hauptstadt. In seinem Palast angekommen, telefonierte er sogleich mit seinem Außenminister Kassim, der auf die Sitzung der Arabischen Liga wartete: »Sagen Sie Ihren Kollegen, daß es eine Zustimmung von Saddam Hussein dazu gibt, am morgigen Gipfel teilzunehmen und sich aus Kuwait zurückzuziehen.«

Sodann rief er Husni Mubarak an, der sich immer noch in Alexandria aufhielt.

Von diesem Gespräch haben wir zwei Versionen. Der König bestätigte, daß er versucht habe, erst vergeblich, Husni Mubarak und König Fahd anzurufen. Als er dann schließlich Mubarak am Apparat hatte, habe er sofort das Gefühl gehabt, daß der ägyptische Präsident seine Meinung geändert hätte. Er hätte ihm dennoch ganz klar die Position von Saddam Hussein mitgeteilt, für den der Minigipfel des nächsten Tages zu einem Rückzug aus Kuwait führen könnte.

Mubarak hingegen gab eine leicht abweichende Version: »Ich fragte König Hussein: ›Hat er versprochen, sich einseitig aus Kuwait zurückzuziehen?‹« Nach dem ägyptischen Präsidenten habe König Hussein geantwortet: »Nein, aber es wird dazu kommen, wenn auf dem Minigipfel eine Lösung gefunden wird, besonders wenn er über die Saudis Konzessionen von den Kuwaitern zugestanden bekommt.« »Aber hat er sich klar verpflichtet, sich zurückzuziehen?« »Nein!«

Mubarak bestätigte, er sei durch diesen Gedankenaustausch völlig davon überzeugt gewesen, daß es, wenn Saddam Hussein keine Garantie gegeben hat, sich bei einem Erfolg des Minigipfels aus Kuwait zurückzuziehen, gar nicht notwendig gewesen wäre, diesen Gipfel stattfinden zu lassen.

Von uns kontaktierte hohe irakische Persönlichkeiten haben uns bestätigt, daß der irakische Präsident im Verlauf des Gesprächs mit König Hussein akzeptiert habe, zum arabischen Minigipfel am 4. August zu fahren, mit König Fahd zu verhandeln und sich im Fall eines erfolgreichen Abschlusses aus Kuwait zurückzuziehen.

In Moskau geriet Dennis Ross immer mehr in Harnisch. Seit dem frühen Vormittag rang der Vertreter von James Baker, der sich in der amerikanischen Botschaft eingerichtet hatte, mit seinen sowjetischen Gesprächspartnern, um den Text des von Baker und Schewardnadse gemeinsam zu verlesenden Kommuniqués zu ändern. Der Entwurf, den ihm Tarasenko, der Mitarbeiter des Ministers, gebracht hatte, war unbrauchbar. Er war zu vage in der Form und auch zu konziliant im Ton. Ross sagte zu Tasarenko: »Das müssen Sie neu schreiben lassen. Der Text muß härter sein.«

Tasarenko verschwand und kam drei Stunden später mit einer neuen Version, die genauso unbefriedigend war. »Wissen Sie, was passiert?« sagte ihm Ross, nachdem er den Text überflogen hatte: »Wenn wir diesen Text nehmen, dann schicken wir Saddam Hussein nicht die richtige Botschaft. Er kann daraus nicht entnehmen, daß wir einmütig und entschlossen sind.«

»Ich sehe das auch so«, antwortete ihm Tarasenko, »aber es gibt da Widerstände. Die Arabienexperten unseres Ministeriums weigern sich, einen so alten Partner wie den Irak einfach aufzugeben.«

Tarasenko verschwand ein zweites Mal und kam, nach mehreren Stunden, triumphierend zurück. Jetzt mußte es schnell gehen, denn das Flugzeug mit Baker würde bald landen. Die beiden Männer stiegen in ihre Limousine, die sofort zum Flughafen von Wnukowo fuhr. Ross las den Text und fand ihn endlich zufriedenstellend. Aber er stellte fest, daß eine Passage, in der ein gemeinsames Waffenembargo gegen den Irak verlangt wurde, gestrichen worden war. Er zeigte mit dem Finger auf die Stelle, aber Tarasenko antwortete: »Ach, das ist nichts. Ihr Minister wird mit dem Genossen Schewardnadse darüber sprechen.«

Sie kamen kurz vor der Landung der Boeing mit dem Sternenbanner an. Baker drückte die Hand von Schewardnadse, der ihn an der Gangway erwartete. Der sowjetische Außenminister sagte ihm mit einem verlegenen Lächeln: »Ich hatte unrecht, Jim, als ich Ihnen bestätigte, daß es keine Invasion gegeben habe.« Sofort begaben sich die beiden von Ross und Tarasenko flankierten Männer zu einem streng bewachten Salon des Flughafens. Baker ergriff sofort das Wort: »Es muß Saddam Hussein und dem Rest der Welt klar sein, daß wir gemeinsam handeln werden.« Eduard Schewardnadse, normalerweise eher weitschweifig, stimmte dem ohne große Geste zu. Nachdem er die Argumente von Baker gehört hatte, antwortete der sowjetische Minister: »Wir bestehen darauf. Die Sowjetunion wird aber nicht akzeptieren, daß Sie eine Kanonenbootpolitik betreiben.«

Baker versuchte ihn zu beruhigen. »Es wird keine einseitigen Aktionen seitens der Vereinigten Staaten geben, es sei denn, amerikanische Bürger geraten in Gefahr.«

Schewardnadse schüttelte halb überzeugt den Kopf und fügte hinzu: »Vor allem keine amerikanischen Militäroperationen.«

Dschidda, am frühen Abend. Die Nummer Zwei der Iraker, Issat Ibrahim, kam in Saudi-Arabien an, um sich mit König Fahd zu unterhalten. Zur gleichen Zeit enthüllten die Spionagesatelliten, daß die irakischen Elitetruppen der Republikanischen Garden soeben die Grenze zwischen Kuwait und Saudi-Arabien erreicht hatten.

In Amman war König Hussein völlig niedergeschlagen. Er fühlte sich gedemütigt und zutiefst entmutigt. Knapp eine Stunde nach seinem Telefonat mit Mubarak erhielt er eine Depesche. Der ägyptische Außenminister hatte soeben ein heftiges Kommuniqué veröffentlicht, in dem der Irak und Saddam Hussein wegen der Invasion in Kuwait verurteilt wurden.

In den Augen Husseins handelte es sich hierbei um einen Teil einer großen Konspiration, angezettelt von bestimmten arabischen Ländern, die damit seine Anstrengungen und die Abhaltung des Minigipfels torpedieren wollten.

Dieser Mann, gewohnt zu reagieren und zu kämpfen, blieb viele Stunden lang allein in seinem Palast und ließ nicht einmal die Gegenwart seines Bruders, des Prinzen Hassan, zu. »Die Araber mußten beweisen«, sagte er in niedergeschlagenem Ton, »daß sie diesen Konflikt selbst lösen können. Wir durften damit nicht scheitern. Jetzt ist alles möglich, auch das Schlimmste.«

In dem fast menschenleeren Palast klingelte kein Telefon. Kein Staatsmann rief Amman an. Nachdem er Stunden allein verbracht hatte, wo er an allem zweifelte, sich selbst eingeschlossen, erwog der Monarch sogar seine Abdankung.

Er konnte den Lärm aus der Stadt hören, wo Demonstrationen für Saddam Hussein stattfanden, in denen auch sein Name mit Beifall aufgenommen wurde. Die Demonstranten, zumeist Palästinenser, schrien ihren Haß auf die Golfstaaten heraus: »Kuwait ist kein Land, kein Volk, keine Hauptstadt, nicht einmal eine richtige Stadt. Das ist eine Erdöloase. Diese arroganten Golfstaaten weigern sich, die kuwaitische Nationalität den Arabern zu gewähren, die bei ihnen arbeiten und ihnen jahrelang loyal gedient haben. Saddam Hussein soll auch Saudi-Arabien überfallen.«

Für den jordanischen Souverän waren die Demonstrationen ein »bitterer Sieg«. Als es Nacht wurde, spürte er die Zerrissenheit, die die arabische Welt heimsuchen würde.

Zur selben Zeit beendete in Kairo die Arabische Liga die von König Hussein auferlegte Pause, um ihre Vermittlungsbemühungen wiederaufzunehmen. Die Außenminister nahmen eine Resolution an, in der der Irak verurteilt wurde, und verlangten den bedingungslosen Rückzug seiner Truppen hinter die Grenze. 7 der 21 Mitglieder lehnten es ab, für diese Resolution zu stimmen. Es waren – neben dem Irak – Jordanien, Libyen, der Jemen, der Sudan, Dschibuti und die PLO. Kurz vor der Abstimmung hatte der libysche Außenminister den Saal verlassen.

Die Delegierten wußten sehr wohl, daß die Amerikaner den ganzen Tag über nach dem Muster der Intervention John Kellys starke Pressionen auf Mubarak ausgeübt hatten. Ägypten profitierte – neben Israel – am meisten von der amerikanischen Finanzhilfe: mehr als 2 Milliarden Dollar jährlich.

Obgleich die Resolution auch verlangte, einen arabischen Gipfel einzuberufen, »um die Aggression zu diskutieren und nach Wegen zu suchen, um zu einer dauerhaften Lösung zu kommen«, war jede Hoffnung auf eine arabische Lösung dahin. Nach Ansicht des jordanischen Souveräns war Saddam Hussein bereit, auf einem Minigipfel über einen Rückzug zu sprechen, allerdings nur unter der Bedingung, daß die Arabische Liga ihn nicht verurteilt. Dieser Minigipfel, der ursprünglich am nächsten Tag stattfinden sollte, wurde nun annulliert.

# 7
# Die Tage nach der Invasion

Die Geheimdienstberichte klärten am Morgen des 4. August darüber auf, daß die irakischen Truppen in die »neutrale Zone« zwischen Kuwait und Saudi-Arabien eingedrungen und einen Kilometer vor der saudischen Grenze in Position gegangen waren. In Fort Meade, dem Sitz der National Security Agency, zeigten die Fotos der Spionagesatelliten, die nunmehr jeden Quadratkilometer der Krisenzone aufnahmen, daß dort 100000 Mann der Eliteeinheiten bereitstanden. Sie gehörten zum 3. Armeekorps und zur Republikanischen Garde, die gleichzeitig für den persönlichen Schutz von Saddam Hussein verantwortlich ist. Dieses Korps besteht aus 8 Divisionen mit 30 bis 33 Brigaden.

Kopien einer Geheimstudie wurden den Verantwortlichen der verschiedenen Abteilungen zugestellt. In ihr wurden die Gefahren abgeschätzt, die durch diesen Aufmarsch drohten.

»Für eine irakische Invasion Saudi-Arabiens sind sehr viel größere und tiefgreifendere militärische Operationen notwendig, als die Landstreitkräfte Bagdads bislang durchgeführt haben. Die Hauptangriffsziele einer solchen Invasion wären die von der kuwaitischen Grenze etwa 300 Kilometer entfernt liegenden Häfen und Flugplätze in der Nähe Dharans (einem der wichtigsten Erdölzentren) sowie anschließend Riad, die Hauptstadt Saudi-Arabiens. In dieser Region befinden sich alle lebenswichtigen wirtschaftlichen Zentren. Ihre Eroberung würde Saudi-Arabien vom Golf abschneiden und die Ankunft amerikanischer Verstärkungen stark behindern.«

In der Studie wurden dann die verschiedenen Varianten

eines Angriffs der Republikanischen Garde auf Saudi-Arabien durchgespielt. Das Ergebnis führte zu einer überraschenden historischen Parallele:

»Der hervorragende Ruf der Truppen dieser Republikanischen Garde könnte zum wunden Punkt werden. Denn ihre Vernichtung oder auch nur eine schwere Niederlage dieser Eliteeinheiten würde dem Rest der irakischen Armee einen großen Schock bereiten und könnte zu ihrer Auflösung führen. Es ist durchaus vorstellbar, daß die irakischen Truppen dann auf ähnliche Art reagieren würden wie Frankreichs große Armee bei Waterloo, als sie vom Rückzug der alten Garde Napoleons erfuhr. Der Schrei ›Die Garde zieht sich zurück‹ stürzte die französische Armee in Panik und führte zu ihrem sofortigen Zusammenbruch.«

Im ländlichen Rahmen von Camp David, der Sommerresidenz des amerikanischen Präsidenten mitten in den Catoctin-Bergen, fand die zweite Konferenz statt, zu der George Bush innerhalb von 24 Stunden gebeten hatte. Sie begann wie die erste um 8 Uhr morgens. Zu Brent Scowcroft, Richard Haas und General Colin Powell, die schon am Vorabend angekommen waren, gesellten sich jetzt der Generalsekretär des Weißen Hauses, John Sununu, Finanzminister Nicholas Brady, CIA-Direktor William Webster und Außenminister James Baker, der am Vorabend aus Moskau zurückgekehrt war. Sie trafen sich in einem aus Rundhölzern gebauten Chalet um einen Eichentisch herum und hatten ihre Anzüge und Krawatten gegen legere Kleidung gewechselt, als wollten sie demonstrieren, daß sie weitab von aller Hektik nur ein Wochenende verbringen wollten.

In Wahrheit befanden sie sich im Zentrum einer Krise, die immer weitere Kreise zog.

Einige zur Unterredung hinzugezogene Militärexperten begannen mit ihrem Briefing. Der Untersuchungsgegenstand: »Die Situation, so wie sie sich vor Ort darstellt, und was wir unternehmen können.«

Es wurden kurz Geheimaktionen in Erwägung gezogen,

um das irakische Regime zu destabilisieren und Saddam Hussein auszuschalten, aber ein konkreter Plan stand nicht zur Debatte. Nachdem sie referiert hatten, verließen die Militärs den Raum, und George Bush fragte jeden der Teilnehmer nach seiner Meinung. Alles drehte sich um militärische Maßnahmen. Es war klar, daß ein Aufmarsch der Amerikaner am Golf nicht ohne die Unterstützung arabischer Staaten, besonders von Saudi-Arabien, vonstatten gehen konnte. Aber Riad war nicht bereit, grünes Licht zu geben. Das hatte zwei Gründe: Die Saudis hofften noch auf eine arabische Lösung, und sie konnten sich überhaupt nicht mit der Idee amerikanischer Truppen auf ihrem Boden anfreunden.

Die letzten Nachrichten von der irakischen Truppenmassierung an der Grenze zu Saudi-Arabien waren ein Grund zur Besorgnis, besonders aber ein Argument für die Verhandlungen mit König Fahd. George Bush sprach das offen aus. Seit Beginn der Krise war er oft irritiert, er war gleichzeitig enttäuscht von der Langsamkeit der internationalen Reaktion und wütend über die gewaltsamen Unterdrükkungsmaßnahmen der Iraker in Kuwait.

Schließlich ergriff Colin Powell, in seinen Sessel gesunken, mit starrem Gesicht, gefalteten Händen, die Fingerspitzen an der Nase, das Wort: militärische Option.

Seit dem 2. August schlief General Norman Schwarzkopf, wegen seiner imposanten Gestalt »der Bär« genannt, nur noch wenige Stunden pro Nacht. Gleichzeitig erhöhte er den Konsum seiner Zigarren beträchtlich. Er verließ sein Hauptquartier in Mac Dill, einem Luftwaffenstützpunkt in Florida, eigentlich gar nicht mehr. Der ehemalige Footballspieler Schwarzkopf, in Westpoint als »Lebenskünstler« bekannt, war Chef des CENTCOM, des Zentralen Kommandos. Die Strategen des Pentagon hatten die Welt in Interventionszonen aufgeteilt. Die des CENTCOM erstreckte sich über 26 Millionen Quadratkilometer und reichte von Kenia bis Pakistan. 70 Prozent aller Erdölreserven befanden sich in dieser Region, für die der gleichermaßen schroffe und joviale Vier-Sterne-General zuständig war.

Seit Beginn der Krise stand er in ständiger Verbindung zum Generalstab und zu dessen Chef Colin Powell. Die ihm zugewiesene Aufgabe war klar: den von der Carter-Administration entworfenen berühmten Geheimplan 90-1002 für eine Militärintervention am Golf um eine umfassende Verteidigung Saudi-Arabiens zu erweitern.

»Der Bär« und seine Offiziere standen sehr unterschiedlichen Problemen gegenüber. Einmal gab es keine Stützpunkte auf saudischem Gebiet. Dann machten Wüstentemperaturen von regelmäßig mehr als 50 Grad Kampfhandlungen noch schwieriger. Noch andere Dinge machten den Amerikanern Sorge: Was sollten sie tun, wenn die Iraker chemische Waffen einsetzten? Oder wie konnte verhindert werden, daß die ersten und noch sehr verwundbaren Landetruppen nicht abgeschlachtet würden, bevor Panzer und andere schwere Waffen zu ihrem Schutz herangeführt werden konnten?

Eine Intervention am Golf war vermutlich die größte Herausforderung, vor die die verantwortlichen amerikanischen Militärs seit dem Vietnamkrieg gestellt wurden. In der letzten Juliwoche war ein Manöver mit dem Namen »Kriegsflagge 90« durchgeführt worden, um die Fähigkeit der Armeekommandeure zu testen, miteinander weltweit zu kommunizieren. Im Brennpunkt dieser Operation stand der Nahe Osten, trotz der steigenden Spannungen wurden aber der Irak, Kuwait und Saudi-Arabien nicht namentlich erwähnt. Um den Empfindlichkeiten Rechnung zu tragen, hatte General Colin Powell in äußerster diplomatischer Vorsicht sogar verlangt, daß die Karten zerschnitten und verändert würden, damit sie nicht mehr die geringste Ähnlichkeit mit den Ländern der Region aufwiesen.

Auf dem Stützpunkt Mac Dill und im Pentagon rechneten die Riesencomputer Tag und Nacht und verarbeiteten immer mehr Details. Ein gewaltiges Netzwerk mit dem sibyllinischen Codenamen TPFD (»Time Phase Force Deployment«) wurde erarbeitet. Es enthielt detailliert alle in den

Nahen Osten zu schickenden Truppen und Ausrüstungen, Transportmittel sowie perfekte Kommunikationssysteme, um diese Operation zu koordinieren, aber auch die zur Luftverteidigung notwendige Ausrüstung sowie Trinkwasser und an die Wüstenbedingungen angepaßte Unterkünfte.

Schwarzkopf und Powell waren vom Vietnamkrieg geprägt. Obgleich in der Frage der Gewaltanwendung sehr zurückhaltend, waren beide doch davon überzeugt, daß eine militärische Operation nur dann sinnvoll wäre, wenn sie mit gewaltigem Aufwand auf höchster Stufe ausgeführt und von einem klar erkennbaren politischen Willen getragen würde.

Wenn man das Büro des Generalstabschefs betritt, sieht man auf einem weißen Karton 13 Leitsprüche. Einer heißt: »Seien Sie vorsichtig mit dem, was Sie verlangen. Sie könnten es bekommen.«

An diesem Vormittag in Camp David hatte Powell von Schwarzkopf schon alle notwendigen Informationen erhalten, bevor er im Kreis von George Bush und den Mitgliedern seiner Regierung das Wort ergriff.

»Mr. Präsident«, sagte er, »wenn sie eine Militäraktion durchführen wollen, dann schicken Sie den jeweiligen Bedingungen angepaßte Streitkräfte ganz masssiv ins Feld. Es ist klar, daß Saddam Hussein keinen Krieg mit den Vereinigten Staaten sucht. Er ist zwar brutal, aber nicht verrückt. Er weiß, daß er einen großangelegten Krieg mit Amerika verliert. Im Fall einer militärischen Intervention müssen die erforderlichen Streitkräfte sofort nach Saudi-Arabien gebracht werden, um unsere Entschlossenheit zu dokumentieren, das Königreich zu verteidigen. Der Umfang dieser Streitkräfte muß auch groß genug sein, damit Saddam Hussein weiß, daß ein Angriff auf Saudi-Arabien einem Angriff auf die Amerikaner gleichkommt. Der Plan 90-1002 muß eine Luft- und Seekontrolle zur Folge haben und genügend Bodentruppen heranführen zur glaubhaften Abschreckung, aber auch für einen Kampf. Kein Staat kann aus einem langandauernden Konflikt Vorteile ziehen.«

Das war die Sprache, die der Präsident hören wollte. Nachdem er kurz die Meinung der anderen eingeholt hatte, entschied Bush: im Prinzip grünes Licht für die Anwendung des Plans 90-1002 und die Entsendung des größten Expeditionskorps seit dem Vietnamkrieg. Von diesem Augenblick an, sagte ein Zeuge, war der Präsident »ein richtiger Falke geworden«, der Colin Powell nur noch die Ausarbeitung der Einzelheiten überließ. Die ersten Truppen flogen erst Anfang der folgenden Woche los. Das Vorhaben sollte bis dahin völlig geheim bleiben.

Es war noch ein letztes Hindernis zu nehmen, ein erhebliches allerdings: das Einverständnis Saudi-Arabiens zu erlangen. Bush bat seinen Verteidigungsminister Cheney, am nächsten Tag nach Dschidda zu fliegen. Brent Scowcroft schlug vor, daß Cheney von der Nummer Zwei des Nationalen Sicherheitsrats, Robert Gates, begleitet würde, der zuvor stellvertretender CIA-Direktor war. Auch sollte General Schwarzkopf mitfliegen.

Um 10 Uhr 30 war die Sitzung zu Ende, und es wurde beschlossen, eine (vor der endgültigen Entscheidung) letzte Zusammenkunft für den kommenden Sonntag nachmittags ins Weiße Haus einzuberufen.

Zur selben Zeit traf Jassir Arafat den ägyptischen Präsidenten Mubarak, der einen angespannten Eindruck machte und immer wieder rief: »Der Irak muß sich zurückziehen.« Er erwähnte sein vorabendliches Gespräch mit König Hussein, nachdem dieser aus Bagdad zurückgekehrt war. Mubarak machte auf Arafat den Eindruck, als wollte er unbedingt seine Position verteidigen:

»Ich habe ihn gefragt, ob er mit Saddam Hussein über dessen Rückzug aus Kuwait gesprochen habe. Er hat mir geantwortet: ›Nein‹. Sie hätten nur über den Minigipfel in Dschidda gesprochen, der heute mit König Fahd, König Hussein, mir und Saddam Hussein stattfinden sollte, und dafür habe Saddam sein Einverständnis gegeben. Ich habe ihm geantwortet, daß ich nicht daran teilnehmen würde, wenn es keine Zusicherung von Saddam Hussein gäbe, sich ›zurückzuziehen‹.«

Die Aussage Mubaraks steht im Gegensatz zu der von König Hussein, der bestätigte, daß der irakische Präsident ihm versichert habe, sich zurückzuziehen, wenn auf diesem Gipfel ein Einvernehmen erzielt werden würde.

Während des ganzen Gesprächs mit Arafat schien Mubarak bedrückt zu sein, wahrscheinlich, weil alle in der arabischen Welt mitbekommen hatten, daß er starkem amerikanischen Druck ausgesetzt war. Schließlich vertraute er Arafat an: »Eine militärische Aktion gegen den Irak wird zwischen dem 12. und 18. August stattfinden.«

Der überraschte PLO-Chef fragte ihn nicht nach der Quelle dieser Information. Am Ende der Unterhaltung sagte Arafat: »Sie sollten nach Saudi-Arabien fahren und in den Irak.«

Mubarak, die Augen geschlossen, antwortete sofort: »Fahren Sie zuerst hin.«

Er überlegte einen Moment, dann fügte er hinzu: »Ja, fahren Sie hin und stellen Sie fest, ob Saddam bereit ist, sich zurückzuziehen. Dann fahre ich auch.«

Um 20 Uhr plauderte König Fahd mit Vertrauten im Garten seiner Residenz in Dschidda, als einer seiner Mitarbeiter den Rasen überquerte und sich ihm ehrerbietig näherte: »Majestät, der Präsident der Vereinigten Staaten ist am Telefon.«

Bush rief aus Camp David an, wo es 13 Uhr war. Die ersten Worte, die er Fahd sagte, waren wortwörtlich die gleichen, die Margaret Thatcher ihm zwei Tage zuvor in Aspen gesagt hatte: »Majestät, Sie müssen wissen, daß er nicht halt machen wird.«

Bush übermittelte dem König die letzten Informationen seiner Dienste über die Truppenkonzentration an der saudischen Grenze. Fahd schien beunruhigt und ratlos zu sein – und diesmal weit empfänglicher für die Vorschläge des amerikanischen Präsidenten. »Bis zu diesem Augenblick«, bestätigte ein Mitglied des Weißen Hauses, »waren die Araber vor Angst paralysiert.« Diese Angst wurde nun zu einem zusätzlichen Argument in Bushs Strategie gegenüber dem saudischen Königreich. Die Unterhaltung der beiden Staatsmänner dauerte ziemlich lange. Die saudische Armee mit ihren 65000 Soldaten konnte sich mit der irakischen Feuerkraft nicht messen. Die an der Grenze zusammengezogenen Truppen, erläuterte Bush, seien immerhin Eliteeinheiten, bereit zum Angriff (was sich später als unrichtig herausstellte). Es sei deshalb absolut notwendig, daß sich das Königreich auf seine Verteidigung vorbereitet, und Washington könnte für die notwendige militärische Unterstützung sorgen. Der Präsident schlug König Fahd vor, seinen Verteidigungsminister zu schicken, der »ein ganzes Bündel an Geheimdienstberichten mitbringt, die die Gefahr einer irakischen Invasion beweisen. Er hat auch genaue Pläne für einen möglichen amerikanischen Aufmarsch auf dem Territorium Ihres Reichs.«

Fahd akzeptierte den Besuch von Pentagonchef Richard Cheney, bat aber Bush noch um 24 Stunden Bedenkzeit, bevor er sein Einverständnis zu einer amerikanischen Präsenz geben könne.

Nach diesem Gespräch war George Bush zuversichtlicher. Er verbrachte einen großen Teil des restlichen Tages in Camp David damit, mit seinen Mitarbeitern oder ausländischen Staatschefs zu telefonieren, vor allem mit dem türkischen Präsidenten Turgut Özal in Ankara.

Durch über 3000 Kilometer Pipeline vom irakischen Kirkuk zum südlich der türkischen Mittelmeerstadt Adana gelegenen Terminal Yumurtalik flossen täglich durch das Land des Nato-Partners Türkei 1,6 Millionen Barrel Erdöl, die Hälfte der irakischen Exporte. Den türkischen Verantwortlichen kam diese Krise höchst ungelegen, denn der Transit irakischen Öls brachte ihnen jährlich 300 Millionen Dollar, und Bagdad versorgte darüber hinaus die türkische Wirtschaft mit zwei Drittel ihres Energiebedarfs. Obgleich die türkische Presse die Invasion einstimmig verurteilte, zeigten sich die Verantwortlichen in privaten Gesprächen sehr zurückhaltend. Jeder Schritt in eines der beiden Lager konnte die Türkei teuer zu stehen kommen. Bush erklärte Özal, daß »eine internationale Kooperation gegen den Irak zu einem großen Teil in einer Unterbrechung seiner Erdölexporte« beruhe. Er fügte hinzu, daß er die gleiche Demarche den Saudis gegenüber gemacht habe, die ihrerseits akzeptiert hätten.

Das war eine voreilige Behauptung, denn Bush wollte zunächst einmal alle militärischen Fragen lösen, ehe er sich an die politischen machte. Saudi-Arabien war aber jenes Land, durch das die andere Hälfte der irakischen Erdölexporte floß.

Özal, ein korpulenter Mann mit rundem Gesicht und dikken Brillengläsern, taktierte geschickt. Er war der Meinung, noch etwas Zeit gewinnen zu müssen, um zu sehen, wie sich die Dinge entwickelten. Zwar sicherte er Bush seine Unterstützung zu, übernahm aber keine Verpflichtung und verriet ihm auch nicht, daß er anderntags einen Emissär von Saddam Hussein empfangen würde. Nachdem er aufgelegt hatte, rief Özal den Todfeind der Iraker an, den iranischen Staatspräsidenten Haschemi Rafsandschani. Am selben Tag wurde aus offiziellen Quellen in Teheran berichtet, daß Saddam seinerseits bereits zwei Wochen zuvor Kontakt mit Rafsandschani aufgenommen hätte, um sich dessen Neutralität im Fall einer Invasion Kuwaits zu versichern.

In Amman sprach König Hussein einen Satz aus, der ihn noch mehr von der Mehrheit der Staaten der arabischen Welt und seinen amerikanischen Alliierten isolieren sollte. Nachdem er die Haltung der Länder der Region und ihre Verurteilung des Irak kritisiert hatte, fügte er hinzu: »Saddam Hussein ist ein Patriot.«

Am Sonntag, den 5. August, traf Jassir Arafat in Bagdad Saddam Hussein. Der irakische Staatschef zeigte sich »schockiert« von der Annullierung des Minigipfels und fragte Arafat sogar: »Wer hat ihn Deiner Meinung nach sabotiert?« In diesen Tagen herrschte bei Saddam Hussein eine seltsame Mischung aus Verbitterung und Entschlossenheit. Er sprach lange von Kuwait, rechtfertigte seine Entscheidung und sprach von seiner Enttäuschung über die arabischen Reaktionen. Aber Arafat stellte auch fest, daß seine Moral keineswegs angeschlagen war. Saddam war ruhig, manchmal heiter und machte sogar Witze.

»Eine politische Lösung ist absolut notwendig«, sagte ihm Arafat. »Ich bin völlig damit einverstanden«, war Saddams Antwort. Er hielt inne, um schließlich fortzufahren: »Geh zu den Saudis und sag ihnen, daß wir bereit sind, mit ihnen zu diskutieren.«

Am selben Tag fand in Jerusalem eine geheime Sitzung des israelischen Verteidigungskomitees auf Ministerebene statt. Premierminister Schamir war schlechter Laune. Die »besonderen Beziehungen« zwischen dem jüdischen Staat und Washington standen auf einem Tiefpunkt.

Schamir hatte einem seiner Mitarbeiter in verächtlichem Ton gesagt: »Bush hat mit all seinen Alliierten und praktisch allen Führern der Region telefoniert, mit Ausnahme Libyens, des Irak, des Iran, der PLO ... und Israels.« Für die Verantwortlichen in Jerusalem war die Haltung der amerikanischen Administration ein Grund zur Beunruhigung. In ihren Augen war die amerikanische Position klar: Israel herauszuhalten und von ihm zu verlangen, die Dinge nicht hochzuspielen, damit die sich aufbauende arabische Anti-Irak-Koalition nicht zerbricht. Alle Vorschläge Jerusalems an Washington, besonders im geheimdienstlichen Bereich zusammenzuarbeiten, waren ohne Antwort geblieben.

Die Geheimsitzung wurde in gereiztem Klima eröffnet. Verteidigungsminister Mosche Arens war der Meinung, »wir müssen uns das Recht zum Eingreifen vorbehalten, wenn die geostrategische Lage im Nahen Osten erschüttert oder Jordanien überfallen wird«.

Auch Generalstabschef Dan Schomron, der einst die erfolgreiche Geiselbefreiung in Entebbe geleitet hatte, war zugegen. Ebenso die wichtigsten Verantwortlichen der Geheimdienste. Niemand hielt eine Invasion Saudi-Arabiens für möglich. »Die breite internationale Reaktion«, meinte einer der Teilnehmer, »macht einen solchen Angriff unwahrscheinlich.« Hingegen war die Hypothese einer möglichen Massierung irakischer Truppen an der jordanischen Grenze plausibel und besorgniserregend. Irakische Raketen waren an der jordanischen Grenze in Stellung gebracht worden, die Jerusalem oder Tel Aviv in vier Minuten treffen konnten.

»Wir müssen«, sagte Schamir, »die Möglichkeiten erweitern, Informationen aus dem Irak zu bekommen. Informationen auf sehr hoher Ebene, die uns erlauben, sofort etwas zu erfahren und nicht erst am nächsten Tag.«

Damit waren die Geheimdienstchefs in die Schußlinie geraten. Seit dem 2. August wurde in der Presse immer heftiger über die Rolle und vor allem die Mängel des Geheimdienstes in dieser Krise diskutiert. Während der Sitzung wurde deshalb die Taktik Saddam Husseins mit aller Sorgfalt untersucht, und dabei stellte man seltsame Parallelen fest.

1980, am Vorabend der irakischen Offensive gegen die Halbinsel Fao, mit der der Krieg gegen den Iran seinen Anfang nahm, hatte Saddam seine Truppen an einem entlegenen Frontabschnitt inspiziert, um damit den Eindruck zu erwecken, der Angriff würde an einer anderen Ecke stattfinden. Zehn Jahre danach hatte er die in Bagdad akkreditierten ausländischen Militärattachés eingeladen, sich an die kuwaitische Grenze zu begeben, um die dort stationierten zwei Divisionen zu besichtigen. So hatten die Iraker außerordentlich geschickt ihre Absichten vernebelt. Wer konnte schon annehmen, daß ein Land, das ausländische Beobachter zu seinen Truppen einlädt, eine Invasion vorbereitet? Sofort nach der Rückkehr der Militärattachés hatte Bagdad dem Gros seiner Truppen den Befehl zum Vorrücken auf das Emirat gegeben, während die westlichen und arabischen Botschaften ihren Hauptstädten beschwichtigende und optimistische Telegramme schickten.

Eines schien sonnenklar zu sein: Israel brauchte dringend einen Militärsatelliten, der feindliche Truppenbewegungen frühzeitig erkennt. Die Amerikaner mußten sofort um Hilfe für ein solches Projekt gebeten werden.

Nach dieser Sitzung konferierte der Außenminister nochmals allein mit Schamir und Mosche Arens. David Levy flog am nächsten Tag nach Washington, und deshalb mußte jetzt die israelische Position in allen Fragen, die dort diskutiert werden sollten, bis ins Detail festgelegt werden. Die Reise kam genau im richtigen Augenblick. Sie würde erlauben, die amerikanischen Absichten in der Golfkrise zu erkunden. Einige Stunden später verstanden Schamir und Levy die Welt nicht mehr: James Baker hatte ihnen gerade mitgeteilt, daß er die Reise des israelischen Außenministers um einen Monat verschoben habe.

Am späten Nachmittag setzte der Hubschrauber, der George Bush aus Camp David abgeholt hatte, auf dem Rasen des Weißen Hauses auf. In Gedanken versunken verließ der Präsident die Maschine, als ihm Richard Haas, der Nahostexperte im Nationalen Sicherheitsrat, eine auf ein Papier gekritzelte Nachricht gab: »Der türkische Präsident ist am Telefon.« Als anwesende Journalisten Bush befragten, zögerte er etwas, ging dann zu ihnen und sagte leicht nervös: »Die Besetzung Kuwaits wird nicht lange dauern.«

Trotz der Wichtigkeit des am Telefon wartenden Partners Özal beantwortete Bush 20 Minuten lang Fragen der Journalisten. Einmal geriet er sogar in Wut und erklärte: »Wir haben die Unterstützung der arabischen Welt.«

Ein Journalist: »Wie können Sie das behaupten, wo man in allen Zeitungen auf der ersten Seite ein Foto Saddam Husseins mit dem jordanischen König sieht?«

Bush, gereizt: »Ich kann selbst Zeitung lesen. Stellen Sie Ihre Frage.« Sodann begab er sich ins Oval Office, um mit Özal zu sprechen.

Im Weißen Haus waren inzwischen aus aller Welt Telegramme und Botschaften eingegangen. Einige dieser Texte waren kurz und bündig: »Marschieren Sie ein!« oder »Schmeißen Sie sie raus.« Nachdem er die Texte gelesen hatte, befand ein Mitarbeiter: »Amerika ist ein ungeduldiges Land.«

Verteidigungsminister Richard Cheney war gerade nach

Saudi-Arabien und Ägypten abgeflogen. Das Treffen mit Fahd wurde als entscheidend angesehen. »Unsere Argumente gegenüber den Saudis sind klar«, sagte ein Mitarbeiter des Weißen Hauses und simulierte die Ansprache an den König: »Sie müssen wissen, daß dieser Typ Sie vor fünf Tagen belogen hat, was seine wahren Absichten anbelangt. Jetzt gibt es keinen Grund mehr, ihm zu glauben. Sie kennen doch das Sprichwort ›Einmal verbrannt, Schande über ihn; zweimal verbrannt, Schande über uns‹.«

Eine andere vertrauliche Bemerkung eines Verantwortlichen machte die amerikanischen Ziele klar: »Die Besetzung Kuwaits als solche ist keine Bedrohung der amerikanischen Interessen. Die eigentliche Bedrohung besteht darin, daß der Irak nunmehr über 20 Prozent der Welt-Erdölreserven verfügt und damit die OPEC kontrolliert, den Nahen Osten dominiert, Israel bedroht sowie nach der Atombombe greift.«

Bis zum frühen Abend hatte George Bush einen Rekord aufgestellt. In vier Tagen hatte er 23 Telefongespräche mit zwölf ausländischen Staatschefs geführt, manchmal ein Anruf alle zwei Stunden. Bevor er sich in seine Wohnräume zurückzog, sprach er mit Colin Powell. Der Generalstabschef bekam vom amerikanischen Präsidenten die Genehmigung, alle Streitkräfte zusammenzuziehen, die eventuell nach Saudi-Arabien zu entsenden seien. Kurz darauf empfing Bush nochmals James Baker und Brent Scowcroft, um mit ihnen die letzte Klippe zu besprechen: die Reaktion der Sowjetunion.

Bush hatte vorgesehen, grünes Licht für die Entsendung der Truppen endgültig am Montag abend nach dem Treffen zwischen Richard Cheney und König Fahd zu geben. Die ersten Einheiten würden dann Dienstag früh starten, aber der Präsident würde den Mittwoch abwarten, bevor er es öffentlich verkündete.

Die drei Männer waren sich schnell einig, daß es eine Katastrophe wäre, Moskau vor vollendete Tatsachen zu stellen.

Sollte Gorbatschow öffentlich die Entsendung der Truppen kritisieren, dann wären die ganzen Mühen, Sanktionen durch die UNO durchzusetzen, möglicherweise umsonst. Die Abstimmung im Sicherheitsrat sollte am nächsten Nachmittag stattfinden. Scowcroft empfahl, diese »kurze, aber ausreichende« Frist dafür zu nutzen, Moskau zu informieren und über das amerikanische Vorgehen zu beruhigen. »Wir können diese Ausnahmesituation nutzen«, sagte er, »um die sowjetisch-amerikanischen Beziehungen zu festigen.« Es wurde beschlossen, daß Baker die Zeitverschiebung nutzen und Schewardnadse spätabends anrufen sollte.

Scowcroft, Powell und Baker, diese drei beim Krisenmanagement im Vordergrund stehenden Männer, bildeten ein regelrechtes Kriegskabinett. Ihre Charaktere aber sind sehr unterschiedlich.

Colin Powell, ein »Traum für jeden Werbefachmann«, wie einer seiner Vertrauten sagte, ist gleichzeitig auch die Inkarnation des »amerikanischen Traums«. Als Sohn jamaikanischer Einwanderer ist er in den hintersten Vierteln Harlems und der südlichen Bronx aufgewachsen. Seine Schulzeit hatte er mittelmäßig durchlaufen. In der Grundschule wurde er in die »langsame« Klasse gesteckt, in der diejenigen Schüler saßen, die nicht so recht mitkamen. Nach seinem Eintritt in die Armee machte er im Vietnamkrieg auf sich aufmerksam, wo er elf Auszeichnungen erwarb. Durch seine harte Haltung gegenüber der sowjetischen »Bedrohung« fiel er der Umgebung des damaligen Präsidenten Reagan auf. Der farbige Einwanderer kam so ins Weiße Haus und überstand geschickt den Übergang von Reagan zu Bush. Zum Fünf-Sterne-General und zum Chef der Vereinigten Stäbe ernannt, frohlockte er: »Ich habe die Karrieresprossen der Armee genommen, ohne Bridge, Golf oder Tennis zu spielen.«

James Baker, der dritte Sproß dieses Namens, wie er selbst gerne erläutert, ist das ganze Gegenteil. Wie sein bester Freund, George Bush, hat er ein Erbteil angetreten.

Während Bush sein Studium an der Yale-Universität absolvierte, studierte Baker in Princeton. Mit dem Geld seiner Familie, das aus einer bedeutenden Anwaltskanzlei in Houston stammt, konnte er sich mit Erfolg den Geschäften und der Politik widmen. Erst Generalsekretär des Weißen Hauses unter Ronald Reagan, dann Finanzminister, suchte er engen Kontakt zum künftigen Präsidenten. Sie dinierten zusammen, verbrachten gemeinsam ihre Wochenenden und gingen zu zweit angeln. Im Ton ist Baker so abwägend wie Bush, doch können seine Antworten oft sehr scharf sein, während er andererseits manchmal sogar erstaunlich emotional werden kann.

Brent Scowcroft ist eine Mischung aus beiden Charakteren. Dieser 65jährige ehemalige Luftwaffengeneral, der gerne nachts arbeitet und als »intellektueller Militär« gilt, ist ein scharfer Kopf. Er ist Bush gegenüber absolut loyal. Doch mehr als einmal hat er Konflikte erlebt, die unter den verschiedenen Präsidenten zwischen den Chefs des Nationalen Sicherheitsrats – seiner heutige Funktion – und den jeweiligen Außenministern ausgetragen wurden. Deshalb weiß er, daß letztere daraus meist als Sieger hervorgingen. Vermutlich deshalb hält er sich Baker gegenüber stets zurück. Aber Scowcroft ist eine Schlüsselfigur im Weißen Haus, eine wahre graue Eminenz, eine Qualität, die er vermutlich von seinem Förderer und früheren Chef Henry Kissinger geerbt hat. Seit dem Beginn der Krise hatte er den Präsidenten praktisch nicht verlassen. Er bereitete Bushs Reden und Erklärungen vor und analysierte genau die eingehenden Geheimdienstberichte, um Risiken und Kosten jeder Option abzuwägen.

6. August 1990: Eduard Schewardnadse verbrachte einige Ferientage in seiner Datscha auf der Krim. Entspannt, mit einem Freizeithemd bekleidet, war er allein im Raum, als das Telefon läutete. Einer seiner Mitarbeiter rief ihn aus Moskau an: »Der amerikanische Außenminister möchte Sie gern sprechen.«

Zehn Minuten später war Baker an der Strippe und fragte in heiterem Ton: »Schew, wie geht's in den Ferien? Haben Sie schönes Wetter?«

Nach Austausch einiger Freundlichkeiten änderte sich der Ton des Amerikaners: »Wir müssen Truppen an den Golf schicken, auf Bitten Saudi-Arabiens«, wie er sofort hinzufügte.

Er erwähnte die letzten Berichte der Geheimdienste über die Fortsetzung des irakischen Truppenaufmarschs in Kuwait und an der saudischen Grenze, wo jetzt bereits etwa 100000 Mann konzentriert seien. Schewardnadse hörte ihm zu, ohne selbst ein Wort zu sagen. Baker wurde genauer:

»Wir versichern Ihnen, daß wir die Situation nicht ausnutzen wollen, um unseren Einfluß in der Region zu verstärken.«

»Weshalb rufen Sie mich an, Jim?« fragte Schewardnadse mit eisiger Stimme, »um uns zu konsultieren oder zu informieren?«

»Wir wollen Sie informieren«, antwortete Baker irritiert, »denn ich glaube nicht, daß wir da etwas zusammen machen können. Oder wollen Sie darüber nachdenken? Ich bin nicht autorisiert, es Ihnen vorzuschlagen, aber können Sie sich vorstellen, mit uns zu kooperieren, etwa durch die Entsendung von See- oder Landstreitkräften?«

Schewardnadse antwortete nicht, und Baker wiederholte seine Frage. Tatsächlich hatte Baker am Abend zuvor diese Hypothese bei seinen Gesprächen mit den Saudis erwogen, die gegen eine sowjetische Präsenz nichts einzuwenden hatten.

»Schew, was könnten wir machen, um in dieser Frage zusammenzuarbeiten?« Die Antwort des sowjetischen Außenministers: »Warum können wir nicht im Rahmen des Militärkomitees der Vereinten Nationen zusammenarbeiten?«

Seit Jahren bereits versuchten die Sowjets vergeblich, dieses in Vergessenheit geratene Organ innerhalb der internationalen Staatengemeinschaft zu reaktivieren.

Sofort nach dieser Diskussion sprach Baker darüber mit Bush. Die Idee eines militärischen Engagements der Sowjets in der Golfkrise faszinierte ihn. Auch Bush zeigte Interesse und rief sogleich Powell an. Der Generalstabschef hatte keinerlei Einwände gegen eine solche Initiative.

Baker rief ganz begeistert Schewardnadse an: »Präsident Bush hat keinerlei Einwände gegen die Präsenz sowjetischer See- oder Landstreitkräfte.« »Gut«, sagte Schewardnadse, dessen Haltung ziemlich reserviert zu sein schien: »Wenn Präsident Bush wirklich interessiert ist, dann werde ich darüber mit Präsident Gorbatschow sprechen.«

In Wahrheit handelte es sich um einen in der Nachkriegs-Diplomatie revolutionären Vorschlag, der letztlich niemanden zufriedenstellen würde.

»Das ist ein wichtiger Durchbruch«, sagte Baker seinen Vertrauten: »Erst gab es dieses gemeinsame Kommuniqué in Moskau, in dem die Sowjetunion mit einem seiner ältesten Alliierten gebrochen hat. Und heute schlagen wir den Sowjets vor, militärisch und politisch in den Golf eingebunden zu werden.«

Als aber die Details dieses Vorschlags über den engen Kreis der Baker-Mitarbeiter hinaus bekannt wurden, brach im Außenministerium ein wahrer Sturm der Entrüstung aus. Seit Jahrzehnten war es das Ziel der amerikanischen Diplomatie, die Sowjets um jeden Preis aus dem Nahen Osten herauszuhalten. Das Vorgehen Bakers ließ dieses Dogma einstürzen. Besorgte oder wütende Memoranden von den verschiedenen Direktionen des Ministeriums kamen auf den Tisch des Außenministers. Die Bürokraten des Amtes fanden schließlich einen unerwarteten Alliierten in den Sowjets selbst. Gorbatschow hatte den amerikanischen Vorschlag nicht mit Wohlwollen aufgenommen. Das Ausmaß an Schwierigkeiten, denen er sich intern stellen müßte, und die schmerzliche Erinnerung an den Überfall auf Afghanistan ließen die Kreml-Führung vorsichtig und abwartend reagieren.

»Dieses Angebot sollte unseren guten Willen unter Beweis stellen«, sagte Baker wenige Tage später zu Schewardnadse. »Danke«, entgegnete der lapidar, »wir wissen es zu würdigen.«

Am späteren Vormittag desselben Tags kam Arafat nach Kairo zurück, wo er sich mit der Nummer Zwei der PLO, (dem später ermordeten) Abu Ijad traf. Beide wurden von Mubarak empfangen. Arafat berichtete ihm von seinem Gespräch mit Saddam am Abend zuvor: »Er ist wirklich bereit zu verhandeln.« Arafat fügte hinzu, daß er mehr und mehr eine militärische Konfrontation fürchte. Nach Abu Ijad sei eine israelische Intervention möglich. Mubarak schien dem Irak gegenüber immer feindlicher gesinnt und absolut gegen einen Kompromiß zu sein. Seine harte Position, die er von nun an beibehielt, war in den Augen des PLO-Chefs das Ergebnis der heftigen politischen Offensive, die die Vereinigten Staaten gestartet hatten. Die beiden Palästinenser beschlossen, nach Saudi-Arabien zu fliegen, dem letzten Land, das etwas zu einer Verhandlungslösung beitragen könnte.

In Dschidda hatte Richard Cheney gerade die Abmachung mit König Fahd ausgearbeitet. In Wahrheit war ja der frühere Vertreter des US-Staates Wyoming und derzeitige Pentagonchef in dieser Angelegenheit weniger Verhandler als Bote. Er war nur die zweite Wahl von George Bush für den Posten des Verteidigungsministers gewesen, und seine Nominierung verdankte er dem Vorschlag und der Unterstützung durch Brent Scowcroft. Cheney hatte Probleme mit dem Herzen, und als Scowcroft mit ihm erstmals über eine eventuelle Nominierung sprechen wollte, fragte der Ex-General als erstes: »Dick, wie steht es um Deine Gesundheit?«

Die telefonische Unterredung zwischen Bush und dem saudischen Souverän hatte das Terrain weitgehend vorbereitet. General Schwarzkopf und Robert Gates, die Nummer Zwei des Nationalen Sicherheitsrats, hatten am Gespräch teilgenommen. Auf saudischer Seite waren Prinz Sultan, der Bruder von Fahd und Verteidigungsminister, der eiligst von einem Erholungsurlaub aus Marokko zurückgekehrt war, sowie Abdullah Bin Abd el-Asis dabei, der Kronprinz, stellvertretender Premierminister und Kommandeur der Beduinengarde in einer Person ist. Abdullah hatte sich schon immer den Vereinigten Staaten gegenüber reservierter verhalten als der König. Er war der Mann, der überzeugt werden mußte. Er hatte aufmerksam die Berichte der amerikanischen Geheimdienste studiert, ebenso die Satellitenfotos, die alle Details des irakischen Aufmarschs in Kuwait und an der saudischen Grenze zeigten. Er diskutierte ausführlich mit Schwarzkopf und Cheney die eventuellen Stationierungsorte der amerikanischen Truppen.

»Das«, sagte Cheney, »ist alles, was wir Ihnen anbieten und womit wir Sie versorgen können.« »Gut«, sagte Fahd schließlich, »ich nehme alles.«

Die saudischen Herrscher hatten eine Bedingung gestellt, bevor sie ihre endgültige Zustimmung erteilten: »Es steht doch außer Frage, daß die amerikanischen Militärbasen auf Dauer auf unserem Territorium installiert werden könnten.«

Die amerikanische Delegation war auf diesen Einwand eingestellt und schlug ein Geheimprotokoll vor: Rückzug von saudischem Territorium, sobald die Ereignisse es erlauben, aber permanente Stützpunkte für die Truppen der Vereinigten Staaten und der multinationalen Streitkräfte im Emirat von Bahrein, einige Dutzend Kilometer von der saudischen Grenze entfernt, sowie im befreiten Kuwait.

Die Amerikaner bauten auch auf eine Schwäche, die die saudischen Führer genau kannten. Da gab es einmal das Problem in der Person des Königs selbst, der immer weniger zu Entscheidungen fähig war. »Je mehr Probleme auftreten«, vertraute uns einer seiner Mitarbeiter an, »desto mehr zieht sich der Souverän in seinen Palast zurück.« Dort bleibt er allein und vermeidet es, mit Beratern oder Angehörigen darüber zu sprechen.

Den Saudis war überdies ihre militärische Schwäche klar. Zwar hatten sie in den vergangenen Jahren für 150 Milliarden Dollar hochmoderne Waffen gekauft, mußten jetzt aber einsehen, daß sie der Offensive eines hochgerüsteten Landes wie dem Irak nichts entgegenzustellen hätten. Dschidda hatte bis heute seine unglaublichen Erdöleinnahmen – fast 50 Milliarden Dollar jährlich – dafür verwendet, regionale

Allianzen zu bilden und potentielle Feinde zu neutralisieren. Die Golfkrise zeigte die Grenzen dieser Strategie auf.

Während in Dschidda die Verhandlungen zwischen Amerikanern und Saudis eröffnet wurden, empfing in Bagdad Saddam Hussein den amerikanischen Geschäftsträger Joseph Wilson. Der etwa vierzigjährige Diplomat wurde vom entspannt wirkenden Präsidenten sogleich gefragt: »Na, welche politischen und diplomatischen Neuigkeiten gibt es denn?«

Wilson zeigte auf den ebenfalls anwesenden Informationsminister: »Dank (der amerikanischen, nur auf Nachrichten spezialisierten und rund um die Uhr sendenden Fernsehkette, P.S.) CNN hat Ihr Minister mehr Informationen als ich.«

Saddam Hussein: »Ich habe Sie zu mir gebeten, um mit Ihnen gemeinsam die seit meiner Unterredung mit Ihrer Botschafterin eingetretenen Neuigkeiten zu analysieren. Die nach dieser Unterredung geführten Verhandlungen mit der früheren Regierung von Kuwait endeten mit einem Mißerfolg. Was passieren mußte, ist passiert.«

Wilson: »Ihr Minister hat mich schon vorab darüber informiert.«

Saddam Hussein holte nun weit aus:

»Ich kenne die amerikanische Haltung ganz genau. Wir wissen sehr gut, daß die Vereinigten Staaten immer Position beziehen, wenn etwas in Europa, Asien oder Lateinamerika passiert. Es wundert uns überhaupt nicht, daß die Amerikaner eine solche Aktion verurteilen, besonders, wo sie nicht daran teilgenommen haben. Dennoch sollten sich die Vereinigten Staaten davor hüten, schlechten Ratschlägen zu folgen. Andernfalls werden sie sich in eine schwierige Situation bringen.

Ich bin sicher, daß Sie die Briefe kennen, die wir dem Iran während des Kriegs geschrieben hatten und die die damalige und künftige Situation beschrieben. Weil diese Briefe sehr offen waren, glaubten die Iraner, in ihnen ein taktisches Manöver unsererseits zu sehen. Aber wir sagten ihnen nur, was wir dachten, denn wir wollten den Frieden, weil uns der Krieg mißfiel. Sie kennen die Folge. Hätten sich die Iraner an das gehalten, was wir ihnen gesagt hatten, wäre der Krieg vermieden worden.

Ich möchte mit Ihnen über die Beziehungen zwischen dem Irak und den Vereinigten Staaten unter den gegenwärtigen Umständen sprechen und darüber, was mit Sicherheit passieren wird, wenn die Vereinigten Staaten einen Fehler machen. Ganz zu Anfang möchte ich mit Ihnen drei Punkte besprechen, die mit der gegenwärtigen Lage zu tun haben.

Kuwait war ein Staat ohne richtige Grenzen. Selbst vor 1961 war es kein richtiger Staat. Was passierte 1961? Als Abd el-Karim Kassem zum Gouverneur für Kuwait unter der Autorität der Provinz von Basra ernannt wurde, wußten die Iraker, wie auch Abd el-Karim selbst, daß Kuwait ein Teil des Irak war. Kuwait war bis dahin ein Staat ohne Grenzen, und man kann den Einmarsch der irakischen Truppen nicht im Rahmen der Beziehungen der arabischen Staaten untereinander sehen.

Sie wissen, daß wir seit 1975 mit Saudi-Arabien ausgezeichnete Beziehungen haben, die sich vor dem 2. August immer mehr verbesserten. Bis zu diesem 2. August gab es zwischen uns auf allen Ebenen Vertrauen und wirkliche Zusammenarbeit. Welchen Charakter die amerikanische Politik auch haben mochte, es scheint uns, daß diese guten Beziehungen zu Saudi-Arabien den Interessen der Vereinigten Staaten nicht zuwiderliefen. Wenn dem so ist, dann haben die guten Beziehungen zwischen dem Irak und Saudi-Arabien nicht nur den Interessen der Vereinigten Staaten keinen Abbruch getan, sondern waren auch ein stabilisierendes Element in der Region. Folglich könnte jede Einmischung in die Beziehungen zwischen dem Irak und Saudi-Arabien die Region nur destabilisieren und den amerikanischen Interessen schaden.

Wir wissen nicht, was Sie damit sagen wollen, wenn Sie erklären, daß Sie Angst vor den Absichten des Irak gegenüber

Saudi-Arabien haben und daß nach Kuwait nun die Reihe an Saudi-Arabien sei. Es gibt auch noch andere Dinge, die wir nicht verstehen. Indem Sie die Ereignisse vorantreiben und Saudi-Arabien drängen, eine Aktion gegen den Irak zu unternehmen, was eine unvermeidliche Antwort unsererseits auslösen würde – wollen Sie uns damit möglicherweise provozieren?

Wie Sie wissen, waren wir die ersten, die Saudi-Arabien einen Nichtsangriffspakt angeboten haben, was eine Nichteinmischung in die inneren Angelegenheiten eines jeden Staates und die Nichtanwendung militärischer Gewalt bedeutet. Diese Übereinkunft haben wir unterzeichnet. Wir haben die gleiche Vereinbarung auch Kuwait angeboten, das sich aber weigerte, sie zu unterzeichnen, zweifellos auf den Rat einer fremden Macht hin, vermutlich Großbritanniens.

Sie wissen auch, daß gewisse westliche Kreise mit diesen Vereinbarungen, über die sie sich lustig machten, unzufrieden waren und sie beispielsweise mit den Verträgen zwischen England und Frankreich (dem sogenannten Sykes-Picot-Vertrag, der den Nahen Osten nach dem Zusammenbruch des Osmanischen Reichs im Ersten Weltkrieg zwischen beiden Ländern aufteilte, P.S.) verglichen. Gott sei Dank hat Kuwait nicht unterzeichnet.

Ich war um so glücklicher, daß wir keinen Vertrag mit diesem Land hatten, als wir uns entschlossen, die revolutionäre Gruppe in Kuwait zu unterstützen. Andernfalls hätten wir das nämlich nicht tun können.

Saudi-Arabien hat uns während des Kriegs mit dem Iran unterstützt. Dank seiner Initiative konnten wir eine Pipeline nutzen, und dieses Land hat uns eine finanzielle Unterstützung gewährt, und zwar keineswegs in Form von Anleihen. Wir waren Brüder, aber Sie haben diese Beziehungen verdorben, indem Sie die Saudis gegen uns aufgebracht haben.

Wenn Sie sich wirklich Sorgen wegen Saudi-Arabien machen, dann zu Unrecht. Aber wenn Sie die Hoffnung hegen sollten, Saudi-Arabien in Unruhe versetzen zu können, dann ist das etwas anderes. In diesem Sinne werden wir auch mit den saudischen Brüdern sprechen, und wir sind bereit, ihnen alle Garantien zu geben, um ihre Besorgnis zu zerstreuen. Allerdings wäre es für uns aber eine Pflicht, dieses Land im Fall einer ausländischen Bedrohung zu beschützen. Was unsere Beziehungen mit der arabischen Welt anbelangt, so können wir uns mit ihnen an einem Abend vertragen und uns am nächsten Tag streiten. Bis heute hatten wir dadurch keinerlei Probleme.

Es gibt noch einen dritten Punkt, den ich mit Ihnen besprechen will. Es gibt Gerüchte, daß sich Saddam Hussein gewissen arabischen Ländern gegenüber verpflichtet habe, niemals Gewalt gegen Kuwait anzuwenden. Sodann haben die Verantwortlichen dieser Länder die Amerikaner wissen lassen, was sie glaubten verstanden zu haben. Ich möchte hier klar sagen, daß die Amerikaner auf solche Reden nicht hören sollten. Ich habe dergleichen niemals einem Araber versprochen. Vielmehr war folgendes passiert: Einige arabische Führer hatten mich darauf angesprochen, daß ich Truppen an der kuwaitischen Grenze zusammenzöge, und mir erklärt, daß die Kuwaiter Angst hätten und sich beunruhigten. Ich habe ihnen geantwortet, daß ich verspreche, keine militärische Aktion vor dem Treffen von Dschidda zu unternehmen. Und daran habe ich mich auch gehalten.

Es gab keine militärische Aktion vor dem Treffen. Wir haben abgewartet, bis unser Vizepräsident aus Dschidda zurückkehrte, ehe wir die Entscheidung gefällt haben.

Einige haben sich über die Schnelligkeit gewundert, mit der die Operation abgelaufen ist. Für sie ist das ein Beweis dafür, daß wir schon vor dem Treffen vorhatten zu handeln. Die patriotische Bewegung von Kuwait hat uns diese Möglichkeit verschafft, aber das war nicht der wichtigste Grund. Wir haben uns wirklich angestrengt, unsere Rechte auf dem Weg von Verhandlungen durchzusetzen. Für uns als Araber war es natürlich, daß wir versuchten, mit der kuwaitischen Opposition in Verbindung zu treten, genauso wie die Kuwaiter versucht hätten, mit der irakischen Opposition in Kontakt zu treten, wenn wir sie nicht angegriffen hätten.

Als unsere wichtigsten Interessen bedroht und alle anderen Mittel ausgeschöpft waren, sahen wir uns gezwungen,

Gewalt anzuwenden. Die Frage, die sich jetzt dem amerikanischen Präsidenten und den amerikanischen Führern stellt, ist folgende: Inwieweit sind die amerikanischen Interessen in Kuwait oder anderswo betroffen?

Seit ich an der Macht bin, kaufen Sie irakisches Erdöl, obgleich unsere Beziehungen unterbrochen waren. Und seit wir 1984 wieder Beziehungen aufgenommen hatten, ist die Menge Ihrer Importe beständig gewachsen. Und das bis zu dem Augenblick, wo Sie sich entschlossen haben, das irakische Erdöl zu boykottieren. Sie kauften uns ungefähr ein Drittel unserer Produktion ab. Das war keine technische Entscheidung, sondern eine politische. Ihre Interessen bestehen im Handel und in einer ausreichenden Versorgung mit Erdöl. Wovor also haben Sie Angst? Warum diskutieren Sie militärische Optionen, die doch zweifellos mit einem Mißerfolg enden werden?

Sie sind eine große Macht, und wir wissen, daß Sie uns schaden können, wie ich es Ihrer Botschafterin auch schon gesagt habe. Aber wenn das passiert, dann verlieren Sie die gesamte Region. Und Sie werden es nicht schaffen, uns auf die Knie zu zwingen, selbst wenn Sie von allen Ihren Waffen Gebrauch machen. Sie können unsere Forschungszentren, unsere Wirtschaft und unser Erdöl zerstören. Aber je mehr Sie zerstören, desto schwieriger wird es für Sie.

Anschließend werden wir nicht zögern, Ihre Interessen in der Region anzugreifen, wie wir zuvor Kuwait angegriffen haben, als das Land ein Komplott gegen uns schmiedete. Bringen Sie uns nicht erneut in diese Situation. Wenn unsere Existenz bedroht wird, bedrohen wir die anderen. Sicher sind Sie eine große Macht und in der Lage, Schlimmes anzustellen und zu zerstören. Aber niemand außer Gott wird mit den Menschen Schluß machen.

Warum wollen Sie unsere Feinde werden? Sie haben genug Fehler gemacht, indem Sie Ihre Alliierten in der Region schwächten, die heute in den Augen ihrer Völker jede Achtung verloren haben. Unserer Meinung nach würden Sie Ihre Interessen in dieser Weltregion besser verteidigen, wenn Sie sich auf ein stark nationalistisches und realistisches

Regime stützen würden, statt auf die Saudis. Sie werfen dem Irak seine Aggressivität vor, aber als sich der Irak während des Kriegs mit dem Iran aggressiv zeigte, warum haben Sie da Ihre Beziehungen mit ihm aufrechterhalten? Sie erwähnten das Kommuniqué vom 2. April. Wir hatten weder vor noch während oder nach dem Krieg gegen den Iran ein Kommuniqué dieser Art veröffentlicht.

Warum habe ich dieses Kommuniqué veröffentlicht? Weil bestimmte westliche und amerikanische Kreise Israel dazu bringen wollten, uns anzugreifen. Dieses Kommuniqué hatte zum Ziel, jeder Form von Aggression den Elan zu nehmen. Wir sind davon überzeugt, daß es zum Frieden beigetragen hat. Wenn wir Stillschweigen bewahrt hätten, hätte uns Israel angegriffen, was uns gezwungen hätte zurückzuschlagen. Während des Kriegs, daran werden Sie sich erinnern, sind wir permanent von den Iranern bombardiert worden. Aber als wir dann über Raketen verfügten, haben wir begonnen, mit ihrem Einsatz zu drohen, bevor wir sie wirklich einsetzten. Wenn der Iran auf unsere Warnungen gehört hätte, hätten wir von ihnen keinen Gebrauch machen müssen. Gott sei Dank hat Israel bislang auf uns gehört. Hat das dem Frieden genutzt? Bagdad kann Raketen eher widerstehen als Israel.

Um zum Schluß zu kommen. Wenn der amerikanische Präsident seine Politik in der Region weiterführen und seine Interessen wahren will, wie wir es gerade gesagt haben, dann bewirken seine militärische Option und die steigende Spannung in der Region gerade das Gegenteil. Oder könnte es etwa sein, daß diese Haltung etwas anderes verbirgt? Wir unsererseits wünschen Stabilität und Frieden, und wir lassen uns nicht ersticken. Wir lassen keine Hungersnöte und keinen Hunger mehr zu. Unser Volk hat 1000 Jahre lang Hunger gehabt, und diese Vergangenheit soll nie wiederkommen. Wir streben in Ehren eine würdige Zukunft an, die es erlaubt, gute Beziehungen mit den Vereinigten Staaten herzustellen und zu erweitern – wenn Sie das überhaupt wünschen. Dies ist meine neue Botschaft an Präsident Bush.

Wilson konnte schließlich antworten:

»Danke, Herr Präsident. Selbstverständlich werde ich Ihre Erklärungen, die ich auch noch schriftlich übertragen werde, meiner Regierung übermitteln und Ihre Botschaft sofort per Telefon durchgeben. Wie Sie selbst sagen, ist dies eine gefährliche Phase, nicht nur für die amerikanisch-irakischen Beziehungen, sondern auch für das Gleichgewicht in der Welt.

Saddam Hussein: »Wieso soll sie für die Welt gefährlich sein?«

Wilson: »Ich glaube sagen zu können, daß es ein Element der Unsicherheit und eine gewisse Unruhe auf den Weltmärkten gibt.«

Saddam Hussein: »Das ist Ihre Schuld. Wir haben 25 Dollar pro Barrel akzeptiert, und wenn Sie sich nicht an dem Boykott beteiligt hätten, wäre der Preis pro Barrel so um die 21 Dollar. Wenn man 5 Millionen Barrel auf einen Schlag boykottiert, dann ist die Instabilität unvermeidlich. Die großen Verteilerfirmen werden davon profitieren, aber sicherlich nicht das amerikanische Volk.«

Wilson: »Ich glaube, daß wir da an einen empfindlichen Punkt kommen. Ich wollte Ihnen vor allem sagen, daß es mir in diesen schwierigen Tagen wichtig erscheint, daß wir im Dialog miteinander bleiben, um keine Irrtümer zu begehen. Nur auf diese Art können wir die Spannungen vermindern und Gelassenheit bewahren. Deshalb freue ich mich über die Möglichkeit, Ihren Brief zu übermitteln. Trotzdem möchte ich zwei Anmerkungen machen zu Punkten, die Sie selbst soeben erwähnt haben.

Ich lasse Ihnen die Antwort von Präsident Bush zukommen, Ihnen und Ihren Ministern.

Im ersten Teil Ihrer Botschaft erwähnten Sie, daß Kuwait Bestandteil des Irak ist.«

Saddam Hussein: »Das ist unsere wirkliche Geschichte. Wir sagen das, damit jeder weiß, daß Kuwait sich über diese Wahrheit im klaren sein muß und nicht versucht, sich da herauszuwinden. Diese Wahrheit ist das Wesentlichste in den Beziehungen zwischen dem Irak und Kuwait. Das ist für die anderen Länder wie Ägypten oder Saudi-Arabien anders.«

Wilson: »Es ist für mich sehr wichtig, die wahre Natur dieser Beziehungen zu verstehen.«

Saddam Hussein: »Die Beziehungen zwischen den Ländern sind durch die Beziehungen zwischen den Völkern bestimmt und nicht durch mich, die Amerikaner, die Sowjets oder andere. Sie müssen auf Brüderlichkeit und auf gegenseitigem Respekt beruhen.«

Wilson: »Waren die bei Ihren Beziehungen zu Kuwait nicht vorhanden?«

Saddam Hussein: »Besonders im letzten Monat nicht. Ich mußte (dem kuwaitischen Emir, P.S.) Dschabir hinterherlaufen, damit wir unsere Grenzen festlegen, und er hat mir geantwortet: ›Darum sollen sich andere kümmern.‹ Wir haben Beweise dafür. Das schien uns anfangs völlig unbegreiflich, aber dann haben wir entdeckt, daß er gegen uns ein Komplott geschmiedet hatte.«

Wilson: »Danke. Der zweite Punkt ist, daß Sie von brüderlichen Beziehungen zu Saudi-Arabien sprachen, indem Sie den Nichtangriffspakt erwähnten. Ich möchte Ihnen die Besorgnis meiner Regierung über die derzeitigen Absichten des Irak übermitteln. Sicherlich, Sie haben mir eine allgemeine Antwort auf diese Frage gegeben, aber erlauben Sie bitte ...«

Saddam Hussein: »Was würde denn ihre Besorgnis vermindern?«

Wilson: »Ich weiß nicht, ich werde mich bei meinem Präsidenten erkundigen. Ich weiß, daß Sie jemand sind, der offen und geradeheraus ist. Aber Sie müssen verstehen, daß im gegenwärtigen Zustand, wo es keine militärische Aktion seitens der Vereinigten Staaten oder Saudi-Arabiens gegeben hat, Sie mir die Zusicherung gaben, daß Sie nicht die Absicht hätten, eine militärische Aktion gegen Saudi-Arabien zu unternehmen.«

Saddam Hussein: »Sie können meine Worte den Saudis übermitteln und ebenso dem Rest der Welt. Wir greifen jene nicht an, die uns nicht angreifen, wir schaden denen nicht, die uns nicht schaden. Diejenigen, die unsere Freundschaft suchen, finden uns in dem Wunsch, ihnen die Hand zu reichen. Was Saudi-Arabien anbelangt, so ist mir diese Frage überhaupt nicht in den Sinn gekommen. Wir haben solide Beziehungen, und Sie müssen mir sagen, wenn Sie etwas wissen, was wir nicht wissen. Es ist normal, daß König Fahd dem früheren Herrscher Kuwaits, Scheich Dschabir, Gastrecht gewährt. Das stört uns überhaupt nicht. Das würde uns nur dann stören, wenn Saudi-Arabien ihm erlauben würde, von seinem Territorium aus gegen uns vorzugehen. In diesem Zusammenhang übermitteln Sie bitte Präsident Bush meine besten Wünsche und sagen Sie ihm, daß Dschabir und seine Familie wie auch jene, die ihn begleiteten, künftig ein Teil der Geschichte sind. Die Linie der Sabbah gehört der Vergangenheit an.

Es ist normal, daß sich jeder um seine eigenen Angelegenheiten kümmert. Deshalb möchten wir auch genau wissen, welches die legitimen Interessen der Amerikaner sind, damit wir sie zufriedenstellen können. Ich sage Ihnen das nicht aus taktischen Gründen oder weil Sie uns boykottieren – mir lag sogar daran, Sie erst nach dem Boykott zu sprechen –, und ich versuche auch gar nicht, den Boykott zu annullieren. Ich suche nicht einmal die Zustimmung der Vereinigten Staaten, aber ich möchte gern verstehen, welches die legitimen Interessen Ihres Landes sind, um ihm zu raten, sich nicht zu weit vorzuwagen, ohne sich die Möglichkeit eines Rückzugs offenzuhalten.«

Wilson: »Ich werde meine Regierung davon in Kenntnis setzen. Ich bin hierher gekommen mit drei Vorstellungen im Kopf, die Besorgnissen meiner Regierung entsprechen. Erstens über die Natur der Invasion, und Sie kennen ganz genau die Position meiner Regierung dazu. Zweitens, was Ihre künftigen Absichten Saudi-Arabien gegenüber anbelangt, worauf Sie geantwortet haben. Schließlich die Sicherheit der amerikanischen Staatsbürger und insbesondere die Genehmigung für die amerikanischen Bürger, Ihr Land zu verlassen. Wie Sie wissen, sind die Amerikaner sehr empfindlich, was die Reisefreiheit angeht. Das gilt auch für die Amerikaner in Kuwait, trotz des Rückzugs der Truppen (wahrscheinlich meinte Wilson den Pseudorückzug, den

Saddam Hussein kurz nach der Invasion angekündigt hatte, P.S.).«

Saddam Hussein: »Wieso können Sie behaupten, es habe keinen Rückzug gegeben, und dann wieder etwas anderes sagen?«

Wilson: »Ich habe gesehen, daß drei Konvois Basra verlassen haben und darüber meine Regierung informiert.«

Saddam Hussein: »Unsere Armee hat drei Tage gebraucht, um Kuwait zu besetzen, dann kann sie sich nicht binnen eines Tages zurückziehen. Der Rückzug unserer Truppen muß auf einem internationalen Vertrag beruhen, und wir werden Kuwait nicht verlassen, damit es in die Hände einer anderen Macht fällt. Wenn die Drohungen gegen Kuwait stärker werden, dann schicken wir weitere Truppen. Die Art dieser Verstärkung hängt von der Art der Bedrohungen ab. Wenn diese Bedrohungen aufhören, werden sich unsere Truppen zurückziehen. Wir wollen nicht, daß Kuwait ein zweiter Libanon wird. Ich glaube nicht, daß irgendwer ein Interesse daran hat, daß sich die irakische Armee in aller Hast zurückzieht und Kuwait den Kriegstreibern überläßt (vermutlich meint Saddam Hussein hier die alte Regierung, P.S.). Die provisorische Regierung hat, wie wir es ihr empfohlen haben, Milizen gebildet, denen wir geraten haben, selbständig zu bleiben und an die Volksarmee zu appellieren.

Was die Amerikaner in Kuwait und im Irak betrifft, so ist es allen verboten, Irakern und Fremden, im Irak und in Kuwait, ihren Wohnort zu verlassen. Sie wissen durch Ihre eigenen Quellen, daß unsere Armee sich den Fremden gegenüber korrekt verhält. Das Kommuniqué der kuwaitischen Regierung hat den Fremden erlaubt, sich in den Irak zu begeben, wo sie in Sicherheit sind.«

Wilson: »Darf ich Sie ohne Umschweife fragen, wann Sie den amerikanischen Bürgern, Besuchern wie Ansässigen, erlauben werden, Ihr Land zu verlassen?«

Saddam Hussein: »Sie fragen mich, wann allen Ausländern erlaubt wird zu gehen?«

Wilson: »Ich maße mir nicht an, im Namen der anderen zu sprechen.«

Saddam Hussein: »Ich möchte unterstreichen, daß die Restriktionen nicht nur für die Amerikaner gelten. Wir werden Sie rechtzeitig informieren.«

Wilson: »Erlauben Sie mir, Sie zu bitten, diese Frage mit aller Dringlichkeit zu behandeln, denn es ist eine Frage, die starke Emotionen in unserer Regierung und in unserer Bevölkerung hervorruft.«

Saddam Hussein: »Das verstehen wir, genauso wie wir uns um die humane Seite kümmern werden.«

Wilson: »Schließlich möchte ich zwei Dinge hinzufügen. Sie haben das korrekte Verhalten der irakischen Truppen erwähnt, wie mir Ihr Minister und Ihr Vizeminister versicherten. Ich glaube, daß wir das auch verlangen können. Erlauben Sie mir, Ihre Aufmerksamkeit auf einen Punkt zu lenken, einen wichtigen Punkt. Gestern abend haben irakische Soldaten die Tür des amerikanischen Botschaftsrats in Kuwait aufgebrochen. Das steht im Widerspruch zu der Politik, die Sie mir gegenüber dargelegt haben, und ich füge hinzu, daß es sich dabei um eine Verletzung der diplomatischen Immunität handelt. Ich hätte das nicht erwähnt, wenn Sie nicht selbst davon gesprochen hätten.«

Saddam Hussein: »Ich hatte gestern eine Besprechung mit einigen meiner Offiziere, und sie haben mir von Elementen gesprochen, asiatischen, saudischen und anderen, die die Sicherheit der Warenlager gefährdeten. Trotzdem bleibt es so, daß, wenn die irakische Armee solche Akte begangen hat, wir es sagen und Ihnen versichern werden, daß es sich um einen Irrtum handelte und wir Maßnahmen ergreifen, um die Verantwortlichen zu bestrafen. Solches Verhalten steht im Widerspruch zu unserer Politik.«

Wilson: »Letzter Punkt. In diesen schwierigen Tagen, besonders für die amerikanischen Bürger ...«

Saddam Hussein: «Haben Sie die Absicht, uns anzugreifen, und wollen Sie deshalb, daß wir Ihre Bürger hinauslassen?«

Wilson: »Nein, aber es ist meine Pflicht, ihnen die Möglichkeit zu verschaffen, das Land zu verlassen, wenn sie es wünschen. Ich persönlich habe die Absicht zu bleiben, ich möchte hier leben. Ich möchte auch sagen, daß ich es während der Krise sehr zu schätzen gewußt habe, daß in Ihrem Außenministerium die Türen für mich und meine Kollegen immer offen waren, von 8 Uhr morgens bis 4 Uhr nachmittags. Ich schätze es auch sehr, daß Sie gewünscht haben, mich zu treffen, um mir Ihre Zusicherungen bezüglich der amerikanischen Bürger in Kuwait zu geben.«

Saddam Hussein: »Seien Sie unbesorgt.«

Wilson: »Ich möchte Ihnen versichern, in Anbetracht meiner Erfahrungen in internationalen Beziehungen, daß der Dialog der Rettungsanker für Diplomaten und Politiker ist.«

Saddam Hussein: »Es ist normal, daß Sie mich der guten Absichten Ihrer Kollegen versichern. Aber ich möchte sicher sein, daß Sie meine Botschaft dem Präsidenten der Vereinigten Staaten übermitteln.«

Wilson: »Als ich zum letzten Mal einem Präsidenten in Afrika begegnete, habe ich ihn gebeten, sich auf das Protokoll des Treffens zu beziehen. Wenn Sie auf unser Gespräch zurückkommen, werden Sie feststellen, daß ich Ihnen sehr gedankt habe.«

Um 22 Uhr rief Richard Cheney aus Dschidda über eine Spezialleitung aus seinem Hotel das Weiße Haus an. Es war 15 Uhr in Washington. Der Minister teilte George Bush mit, daß die Saudis grünes Licht gegeben hätten unter einer Bedingung: Die Vereinigten Staaten müßten die öffentliche Ankündigung bis zu dem Moment verschieben, in dem die ersten Truppen ankämen. Cheney telefonierte sodann mit Colin Powell. Um 16 Uhr gab der Präsident den endgültigen Befehl zum Aufmarsch der amerikanischen Streitkräfte. In seinem Gespräch mit Powell nannte er seine drei Ziele: Irak von jeder Invasion abzuschrecken, Saudi-Arabien zu verteidigen und die (Verteidigungs-)Möglichkeiten der arabischen Halbinsel zu verstärken. Die höheren Offiziere bekamen Order, sich für Missionen bereitzuhalten, aber über eine eventuelle Offensive, die den Irak zwingen sollte, Kuwait zu räumen, wurde nichts vereinbart.

Eine Stunde später startete eine Staffel von F-15-Jägern in Richtung Saudi-Arabien. Die Operation »Wüstenschild« hatte begonnen. Im Dezember 1989 hatte George Bush 19 Stunden gebraucht, um die Besetzung Panamas zu beschließen; er brauchte 115 Stunden, bevor er militärisch auf die Invasion des Erdölemirats antwortete.

Margaret Thatcher machte auf ihrem Rückflug von Colorado einen Stop in Washington. Sie wurde von George Bush empfangen, der kurz zuvor Nato-Generalsekretär Manfred Wörner getroffen hatte. Zwischenzeitig erreichte das Resultat der Abstimmung im Sicherheitsrat der Vereinten Nationen das Weiße Haus.

Mit 13 Stimmen bei zwei Enthaltungen, denen von Kuba und Jemen, wurde die Resolution 661 angenommen. Darin wurde ein wirtschaftlicher, finanzieller und militärischer Boykott des Irak beschlossen. Kurz darauf nahmen der Flugzeugträger »Saratoga« und das Schlachtschiff »Wisconsin« Kurs auf den Golf. Die Vereinigten Staaten verstärkten ihre Marinepräsenz im Hinblick auf die militärische Blockade, mit der die Resolution der Vereinten Nationen unterstützt werden sollte.

Bush befragte Margaret Thatcher lange nach der Art und Weise, wie sie den Falkland-Krieg geführt habe, und nach den Schwierigkeiten, auf die sie dabei gestoßen war.

Am selben Tag empfingen die Dienste des Weißen Hauses erst ein kurzes Telegramm, dann das vollständige Protokoll der Unterredung zwischen Saddam Hussein und dem amerikanischen Geschäftsträger in Bagdad, Joseph Wilson. Nach der Entschlüsselung traf der Inhalt nur noch auf mäßiges Interesse. Zwar bestätigte Saddam Hussein, daß er nicht die Absicht habe, Saudi-Arabien anzugreifen, aber seine Erklärungen stießen auf große Skepsis. »Es ist schwierig«, sagte ein Bush-Berater, »seinen Worten zu trauen, wo er doch vor seinem Einfall in Kuwait ähnliche Versprechungen abgegeben hatte.«

# 8

# Letzte Chancen der arabischen Brüder

Als sie am Vormittag des 7. August auf dem Flughafen von Dschidda landen, wissen Jassir Arafat und Abu Ijad so wenig wie der Rest der Welt weder von dem Abkommen, das zwischen der saudischen Führung und Washington geschlossen worden ist, noch vom unmittelbaren Bevorstehen der Operation »Wüstenschild«.

Über den Militärbasen an der Ostküste der Vereinigten Staaten, wo die Einheiten stationiert sind, die als erste aufbrechen sollen, zieht die Morgendämmerung herauf. Noch ist keinerlei besondere Aktivität erkennbar.

Schon bei ihrer Ankunft im Palast von König Fahd wundern sich die beiden Palästinenserführer über die dort herrschende Hektik. Gewohnt sind sie eine ruhige, gedämpfte, ja, manchmal verschlafene Atmosphäre. Aber das hier ist ein wahrer Ameisenhaufen. Am Eingang fährt ein ganzer Reigen von Fahrzeugen vor, denen die führenden Persönlichkeiten des Regimes entsteigen, um sich in die Empfangsgemächer des Königs zu begeben, während nicht minder geschäftige Mitarbeiter mit ihren Akten schnellen Schritts die Gänge durchqueren.

Arafat und Abu Ijad müssen eine ganze Weile warten, bis ein Mitarbeiter des Königs auf sie zutritt, um ihnen mitzuteilen, daß der saudische Herrscher sie erst am nächsten Tag empfangen könne.

»Warum diese ganze Aufregung?« fragt Arafat und deutet mit der Hand auf das ungewöhnliche Treiben ringsum.

Der Mitarbeiter zögert etwas und sagt dann:

»Der amerikanische Verteidigungsminister ist gestern an der Spitze einer Delegation hier eingetroffen. Er setzt heute seine Gespräche mit dem König fort.«

Diese Nachricht beunruhigt Arafat. Abu Ijad, der die Sicherheits- und Nachrichtendienste der PLO in der Hand hat, ist von einem solchen Besuch nicht unterrichtet worden.

Die beiden Männer beraten sich nun über ihre Zeiteinteilung.

Bevor sie sich entschlossen hatten, nach Saudi-Arabien zu kommen und König Fahd zu treffen, hatten sie vor, sich nach Wien zu begeben, um an der Beerdigung des österreichischen Altbundeskanzlers Bruno Kreisky teilzunehmen. Obgleich jüdischer Herkunft, hatte Kreisky immer die Positionen der Palästinenser verteidigt. Doch jetzt ist es zu spät, um die Reise noch anzutreten. Es gibt keinen Flug mehr, um noch rechtzeitig von Dschidda nach Österreich zu gelangen. Enttäuscht besprechen sie das Problem mit dem Mitarbeiter des Königs, der ihnen die Verschiebung ihres Treffens mitgeteilt hatte. Der Mann hört ihnen aufmerksam zu und verschwindet dann für etwa zwanzig Minuten. Zurückgekehrt, setzt er ein zufriedenes Lächeln auf:

»Es ist alles arrangiert. Der König hat Ihnen ein startklares Flugzeug zur Verfügung gestellt. Das wird Sie nach Wien und am Abend zurück nach Dschidda bringen.«

Zur selben Zeit ist in Jerusalem das Begräbnis zweier ermordeter junger Israelis Anlaß zu Explosionen antiarabischer Gewalttätigkeit.

Im Hauptquartier des militärischen Geheimdienstes erfüllen zwei Tatsachen die Experten mit Besorgnis. Mit dem Einmarsch in Kuwait haben die Iraker hochentwickeltes Militärmaterial, großenteils amerikanischen Ursprungs, in die Hände bekommen, das der kuwaitischen Armee gehörte. Mit diesen Waffen sind teilweise auch die israelischen Streitkräfte ausgerüstet. Darüber hinaus weiß man »aus sicherer Quelle«, daß der irakische Geheimdienst bei seiner Vorbereitung der Invasion zahlreiche Informationen von den Diensten der PLO erhalten hat, die sich auf eine bedeutende »Diaspora« von Palästinensern stützen konnte, die im Emirat verantwortungsvolle Posten innehatten.

In Amerika starten mehrere Staffeln von F-15- und F-16-Jägern in Richtung Saudi-Arabien, und 4000 Mann der 82. Luftlandedivision besteigen ihre Flugzeuge.

Allmählich werden auch die ersten Auswirkungen des politischen Drucks aus Washington spürbar. Die Saudis schließen die Pipeline, durch die das irakische Öl zu den Häfen am Roten Meer fließt, während die Türkei es verbietet, dieses Öl an die türkische Mittelmeerküste zu transportieren und dort zu verschiffen.

Es gibt zwei Möglichkeiten, meint ein europäischer Politiker, das Problem anzugehen: »Konfrontation oder Erstikkung«. George Bush hat sich entschieden, beide Register zu ziehen. Um wirksam zu werden, bedarf das eine wie das andere großangelegter internationaler Koordination und Kooperation.

Im Kreis der engsten Mitarbeiter des amerikanischen Präsidenten ist unter Ausschluß der Öffentlichkeit eine lebhafte Debatte entflammt: Welches ist der günstigste Moment, diese gewaltige Truppenverlegung an den Golf bekanntzugeben? Eine Mehrheit tendiert zur Bekanntmachung im Fernsehen am Dienstagabend, »bevor die Presse die Operation öffentlich macht«. Bush, der nicht gerne Fernsehansprachen hält, bleibt vage und geheimnisvoll. Die Bekanntgabe soll »im politisch und militärisch besten Augenblick erfolgen«.

In einer Fernsehansprache bekräftigt Saddam Hussein seinerseits, daß die Besetzung Kuwaits »Schluß gemacht hat mit einer kolonialen Spaltung« der arabischen Welt in eine arme Mehrheit und eine reiche Minderheit.

Arafat und Abu Ijad sind in der Nacht aus Wien zurückgekehrt und werden am Morgen um 8 Uhr von König Fahd empfangen. Kronprinz Abdullah nimmt an der Unterredung teil. Auf saudischem Boden treffen die ersten amerikanischen Truppen ein.

Arafat ist seit Jahren ein Meister in der Kunst des Überlebens. Er hat offiziell die von Jordaniens König Hussein entmutigt aufgegebene Vermittlerrolle übernommen, um mit einem Verhandlungserfolg das Ansehen der PLO bei den arabischen Staatschefs, aber auch im Westen aufzubessern. Er hat es abgelehnt, den Einmarsch in Kuwait zu verurteilen, doch diese Geste, die er für eine Trumpfkarte hält, weil sie ihm erlaubt, in engem Kontakt mit Saddam Hussein zu bleiben, schwächt zugleich seine diplomatische Initiativkraft.

Der Syrer Hafez el-Assad verachtet ihn, der Ägypter Mubarak mißtraut ihm, und die Golfstaaten geißeln seine Position. Einzig Saudi-Arabien, das auch sein wichtigster Geldgeber ist, hat eine gemäßigte Haltung gegenüber der PLO bewahrt.

Vor ihrer Ankunft in Riad haben Arafat und Abu Ijad die finanziellen Konsequenzen der Krise für ihre Organisation abgeschätzt. Dabei sprachen einige ihrer engsten Berater sogar das böse Wort »Bankrott« aus. Wenn die 400000 am Golf arbeitenden Palästinenser ihre Arbeit verlieren und wenn die Monarchien der Region ihre Subventionen einstellen, dann fände sich die Palästinenserorganisation buchstäblich mittellos vor. Arafat hat verlangt, daß man ihm einen Plan vorlegt, der Kürzungen um 35 Prozent im jährlichen Budget von 1 Milliarde Dollar vorsieht. Er ist in Dschidda, um zu verhandeln, aber auch, um zu betteln.

Der sonst so zurückhaltende saudische Herrscher überrascht seine Gäste durch die Heftigkeit seiner Attacken auf die vordem in Kuwait regierende Familie der Sabbahs, die inzwischen auf saudischem Boden Zuflucht gefunden haben.

»Es gibt zahlreiche Punkte, die ich an ihnen zu kritisieren habe«, sagt Fahd aufbrausend. »Sie haben ihre Schulden nicht bezahlt. Sie haben diese Krise zu einem guten Teil selbst ausgelöst.«

Mit den palästinensischen Führern diskutiert der saudische Monarch einen Plan des Rückzugs aus Kuwait, den man Saddam Hussein vorlegen könnte. Dieser Plan sähe vor, daß Bagdad seine Truppen in die umstrittene Grenzregion zurückzieht, in der sich die Ölfelder befinden, und eine Präsenz auf den beiden Inseln aufrechterhält, die dem Irak Zugang zum Golf verschaffen.

»Wären Sie bereit, Majestät, mit dem irakischen Präsidenten zusammenzutreffen?«

Fahd blickt fragend zu Kronprinz Abdullah und antwortet:

»Ja, wenn er sich diesen Bedingungen fügt.«

Der König erklärt sich auch bereit, dem Irak Geld zukommen zu lassen, und er spricht während der gesamten Unterredung »sehr korrekt« von Saddam Hussein.

Als die Finanzierung der PLO angesprochen wird, bekommt das Gespräch einen angespannten und für die Palästinenser unliebsamen Tonfall. Abdullah, dessen Meinungen viel entschiedener sind als die Fahds, wendet sich an die beiden Männer: »Ihr Palästinenser habt nicht anerkannt, was Kuwait euch geschenkt hat. Ihr habt das Vertrauen und die Hilfe, die man euch hat zukommen lassen, nicht angemessen gewürdigt.«

Der Wortwechsel wird immer heftiger, bis König Fahd Einhalt gebietet.

Um 4 Uhr morgens begibt sich George Bush von seiner Wohnung in den Situation Room. Gemeinsam mit Brent Scowcroft überwacht er den Abtransport der beteiligten Truppenverbände. Um 6 Uhr kehrt er zurück ins Oval Office, unterwegs begegnet er einer beim Weißen Haus akkreditierten Journalistin, der er zuruft: »Hören Sie weiter Radio!« Um 9 Uhr empfängt er in seinem Büro die Presse und gibt die Operation bekannt. Mittags hält er eine Pressekonferenz, bei der er erklärt: »Es ist eine Linie in den Sand gezogen worden.« Am Abend wendet er sich an die Nation, via Fernsehen.

Bei diesem ihm nicht sehr angenehmen Geschäft betont

der Präsident der Vereinigten Staaten verkrampft und feierlich: »Im Leben einer Nation sind wir dazu aufgerufen herauszufinden, wer wir sind und woran wir glauben. Heute bitte ich Sie als Präsident um Ihre Unterstützung für eine Entscheidung, die ich getroffen habe, um für das, was korrekt ist, einzustehen und das, was schlecht ist, zu verurteilen.« Bush führt dann aus, die Mission der amerikanischen Truppen sei ganz und gar defensiv. Vier Ziele definiert er für die Operation: den unverzüglichen und bedingungslosen Abzug aus Kuwait; die Wiedereinsetzung der legitimen Regierung des Emirats; die Sicherheit der Golfregion, namentlich die der Ölversorgung und die amerikanischer Menschenleben.

In Bagdad verkündet unmittelbar nach der Fernsehansprache des amerikanischen Präsidenten ein vom Revolutionsrat herausgegebenes Kommuniqué die »Annektierung Kuwaits«. Die Maßnahme wird als »Vereinigung auf ewig« präsentiert.

In der saudischen Wüste beziehen die ersten Truppen Stellung vor den Toren der Stadt Dhahran, dem Sitz der Aramco, jenes Konsortiums, das die reichen Ölvorkommen ausbeutet. Einzelheiten, die aus dem Pentagon verlauten, deuten darauf hin, daß noch vor Ende des Monats 50000 Mann in Stellung gebracht sein werden.

Die arabische Welt ringt in einem letzten Versuch darum, die Krise zu lösen. Seit dem Vorabend steht Husni Mubarak in Kontakt mit allen Herrschern der Region, um für den 10. August in Kairo ein Gipfeltreffen zu organisieren.

Währenddessen macht man sich in Bagdad daran, Stück für Stück die Verbindungen zum Rest der Welt zu kappen. Am 9. August, vierundzwanzig Stunden nach Bekanntgabe der Annexion, beschließt der Irak, seine Grenzen zu schließen und sämtliche im Lande befindlichen Ausländer festzuhalten, »aus Sicherheitsgründen«.

Drei Millionen Menschen werden damit zu Geiseln Bagdads, das außerdem verfügt hat, daß die ausländischen Botschaften in Kuwait vor dem 24. August geschlossen werden müßten. Parallel dazu genießt die internationale Presse eine Vorzugsbehandlung. Journalisten können freizügig ein- und ausreisen, die amerikanischen Fernsehgesellschaften werden besonders begünstigt.

Auf die Blockade und die militärischen Reaktionen gegen sie antworten irakische Regierungsvertreter: »Wir können auch ohne Pepsi, MacIntosh und Whiskey leben.« Dabei lassen sie unerwähnt, daß der Irak ein bedeutendes Defizit an Getreide aufweist und insbesondere drei Viertel seines Weizenbedarfs und einen erheblichen Anteil seines Verbrauchs an Reis, Zucker und Fleisch importieren muß. Allerdings hatte das Regime in Voraussicht der Krise Vorräte angelegt.

In diesem nach seinem Willen geformten Land macht sich Saddam plötzlich merkwürdig rar. Sein Porträt ist überall zu sehen, auf den Straßen, an den Denkmälern, an allen öffentlichen Gebäuden. Sämtliche Wahrheiten hat er umgeformt, die ganze Wirklichkeit seinen Forderungen unterworfen. Das Bagdader Gegenstück zum Arc de Triomphe heißt »Die Hände des Sieges«: ein fast fünfzig Meter hohes Monument, auf dem zwei gigantische, bronzene Unterarme zwei gekreuzte Schwerter halten. Das Bildnis repräsentiert das Wappen, das Saddam Hussein für sich erdacht hat, aber es symbolisiert auch den Sieg Bagdads über den Iran. Einen Sieg, der nicht stattgefunden hat. Doch das irakische Volk hat niemals protestiert. Die politische Polizei überwacht jeden Augenblick, und, so ein Diplomat, »nur Bruchstücke der Wirklichkeit von außen« dringen ins Landesinnere. Tatsächlich entspricht auch Saddam diesem Bild: keinerlei Kenntnis von der Außenwelt und ein gewisses Vergnügen an der Isolation.

In diesen Tagen weiß niemand, wo sich der irakische Führer aufhält. Um den Präsidentenpalast herum werden neue Luftabwehrraketen installiert, aber in diesem Gebäude hält er sich nur selten auf. Meist ist er in seinem Bunker, und alle sechs Stunden wechselt er seinen Aufenthaltsort, um einem Attentat oder eventuellen Bombardements zu entgehen. Saddam Hussein, von jeher darauf eingestellt, sein Überleben zu sichern, spielt, mit vollem Wissen, die riskanteste Partie seiner Laufbahn.

Er hat alle Brücken hinter sich abgerissen, und in der Zeit der vollständigen internationalen Verurteilung drängt auch kein ausländischer Besucher nach Bagdad – mit Ausnahme von Arafat und Abu Ijad, die ihre aufrichtige »Pilgerfahrt« zum Frieden fortsetzen.

Saddam Hussein gibt seine Schweigsamkeit und seine Verborgenheit auf, um die beiden zu treffen. Er scheint weder überrascht noch betroffen von der gigantischen Mobilmachung, die man gegen ihn in Szene gesetzt hat. Die Unterredung der drei Männer dauert fast drei Stunden. Derweil haben sich die Dinge schwerwiegender entwickelt: Saddam hat die Annexion Kuwaits verkündet, und amerikanische Truppen treffen in Saudi-Arabien ein.

Arafat und Abu Ijad versuchen den Iraker zu überzeugen, anderntags am Gipfeltreffen in Kairo teilzunehmen. Saddam Hussein lehnt das ab, solange der Emir von Kuwait dort anwesend ist. Die Palästinenser bemühen sich, ihn umzustimmen. Ohne Erfolg. »Die Monarchie und diejenigen, die sie repräsentieren, haben endgültig zu existieren aufgehört«, wirft er gereizt ein – das ist der einzige Moment, in dem er aus der Ruhe kommt. Die Palästinenserführer entwickeln einen anderen Plan. Arafat würde nach Kairo fahren und die Führer der fünf entscheidenden, am Gipfel teilnehmenden Länder überreden, sich nach Bagdad zu begeben, um dort zu verhandeln. Das Gipfeltreffen würde bis zu ihrer Rückkehr ausgesetzt werden.

Dies ist ein verwickelter und wagemutiger Vorschlag, der nur Erfolg haben kann – Arafat und Abu Ijad wissen das –, wenn es den beiden schon bald nach ihrer Ankunft in Kairo gelingt, jene fünf Staatschefs zu überzeugen. Doch Saddam Hussein ist einverstanden.

Nach dem streng diplomatischen Teil ihres Zusammentreffens nimmt Saddam Hussein die beiden Männer beiseite. In demselben ruhigen und entschlossenen Ton beschwört er die

Apokalypse, das Feuer, das er in der Region legen könnte. Er äußert sich nicht großsprecherisch, eher präzise, minutiös. Er wirkt wie ein Sprengmeister, der im Begriff ist, die Sprengladung scharf zu machen, aber den Augenblick der Zündung noch nicht festgelegt hat.

Der irakische Staatschef erwägt sogar einen Krieg gegen die Vereinigten Staaten: »Es ist klar, daß ich Israel angreife, sobald ich angegriffen werde. Eine israelische Beteiligung an diesem Konflikt wird die Ansichten und den Standpunkt der arabischen Welt verändern, und man wird eine solche Aggression gegen den Irak als amerikanisch-zionistisches Komplott empfinden. Mehrere Länder, vor allem Ägypten und Syrien, die derzeit die USA unterstützen, werden ihre Haltung ändern, wenn sie feststellen, daß Israel bei diesem Krieg mitmacht.«

Kurz darauf präzisiert er: »Ich bin dabei, die militärische Infrastruktur in Kuwait zu verstärken. Wir werden dort vier Abwehrlinien haben, zwei zur Verteidigung von Kuwait-City. Die müßten die ausländischen Truppen überwinden, bevor sie Kuwait zurückerobern können. Selbst wenn die Vereinigten Staaten die Lufthoheit gewinnen, werden meine Truppen den Invasionsheeren bedeutende Verluste beibringen.«

Der dritte Abschnitt seines Plans betrifft Saudi-Arabien: »Aus Irakern und Saudis ist eine Gruppe gebildet worden, die bereit ist, terroristische Anschläge auf in Saudi-Arabien stationierte amerikanische Truppen zu verüben...«

Zum Abschluß sagt er noch: »...wenn ein Krieg ausbricht, wird es sogar im Innern Saudi-Arabiens zu Kämpfen kommen. Im Lauf der letzten fünf Jahre sind vom Jemen aus viele Waffen heimlich über die Grenze geschafft worden. Diese Waffen stammen zum großen Teil aus Polen und der Tschechoslowakei. Inzwischen sind sie in der Hand von Stämmen, die mit der saudischen Königsfamilie verfeindet sind.«

Einige hundert Kilometer entfernt, in Ankara, befindet sich der türkische Präsident Özal in einer prekären Lage. Ihm gegenüber sitzt James Baker. Nachdem er für die Schließung der Pipeline gedankt hat, fügt der amerikanische Außenminister hinzu:

»Auch wenn das nicht das Hauptziel unserer Gespräche ist...«

Özal hört ihm zu, aufmerksam, leicht beunruhigt.

»...wäre es doch wichtig zu erörtern, auf welche Weise und unter welchen Bedingungen Ihre Militärbasen genutzt werden könnten.«

Özal antwortet mit Allgemeinplätzen:

»Die Türkei unterhält seit Ausrufung der Republik 1923 enge Bindungen mit dem Westen, aber wir haben auch traditionelle und historische Beziehungen zur arabischen und islamischen Welt.«

»Das ist wahr«, pflichtet Baker ihm bei. »Die aktuelle Krise unterstreicht die strategische Bedeutung Ihres Landes und seine Rolle innerhalb der Nato. Genau deshalb würden wir gern wissen, ob wir Ihre Basen nutzen könnten.«

»In welchem Rahmen, Herr Außenminister?«

»Es gibt mehrere Optionen«, antwortet Baker. »Die extremste wäre natürlich die einer Offensive gegen den Irak.«

Özal lächelt verlegen. »Das ist sehr heikel. Ihre Truppen können unsere Basen im Rahmen regulärer Nato-Übungen nutzen, aber die Möglichkeit, die Sie in Betracht ziehen...«

»Selbstverständlich«, unterbricht ihn Baker, »wäre jede Initiative von der vorherigen Zustimmung Ihrer Regierung abhängig.«

»Ich glaube, wir können uns folgendermaßen verständigen. Wir werden Ihrer Bitte nachkommen, wenn eine Militäraktion...«

Baker geht aufs Ganze: »...notwendig wird?«

Der türkische Präsident schüttelt verneinend den Kopf: »Nein, ich würde das Wort ›unvermeidlich‹ bevorzugen.«

Baker willigt ein und bringt eine türkische Beteiligung an der multinationalen Streitmacht, die zum Schutz Saudi-Arabiens aufgestellt worden ist, ins Gespräch. Özal, dessen Außenminister inzwischen hinzugestoßen ist, zeigt sich reserviert: »Das ist eine Frage, die man erwägen muß.«

»In jedem Fall«, sagt Baker entspannt, »ist das vor allem eine Frage, die zwischen der Türkei und Saudi-Arabien geregelt werden muß und nicht zwischen der Türkei und den Vereinigten Staaten.«

Kurz darauf bringen die türkischen Führer das Gespräch auf das finanzielle Opfer, das es für ihr Land bedeutet, sich den Sanktionen gegen den Irak angeschlossen zu haben. Auf Nachfrage von Baker schätzen sie die Verluste auf annähernd 6 Milliarden Dollar. Der Außenminister verspricht amerikanische Unterstützung und fügt hinzu, daß »die augenblicklich im Exil befindliche legitime Regierung von Kuwait sich erbötig macht, ihren Teil dazu beizutragen, die von der Türkei erlittenen finanziellen Nachteile abzumildern«.

In Amman macht sich König Hussein bereit, nach Kairo zu fliegen, wo er am nächsten Tag an der Gipfelkonferenz teilnehmen will. Für die Reise hat er einen Airbus der königlichen jordanischen Luftfahrtgesellschaft mit Namen »Bagdad« gewählt. Trotz der Vorbehalte seiner Berater weigert sich der Monarch, den Namen am Flugzeug überpinseln zu lassen. Er hat sich vorgenommen, im Verlauf des Gipfels die Bildung einer Vermittlungskommission aus arabischen Staatschefs vorzuschlagen und von den Golfstaaten die Zustimmung zu einer Reduzierung der amerikanischen Militärpräsenz in der Region einzufordern.

Für Washington kommt diesem Gipfel große Bedeutung zu. Die amerikanische Administration hofft, daß eine Mehrheit der UNO-Mitgliedsstaaten sich für die Entsendung von Kontingenten in die multinationale Streitmacht ausspricht.

Nachdem er seine Verhandlungen in Saudi-Arabien abgeschlossen hatte, war der amerikanische Verteidigungsminister Cheney am 7. August in Kairo zwischengelandet. Er hatte Husni Mubarak gebeten, Soldaten auf saudisches Gebiet zu entsenden. Obwohl er das später abstritt, willigte der ägyptische Präsident ein, »unter der Bedingung, daß andere arabische Staaten ebenfalls dazu bereit sind«. Cheneys Boeing war eben in Kairo gestartet und hatte gerade das Mittelmeer erreicht, als der amerikanische Verteidigungsminister einen Anruf von George Bush bekam: »Dick«, sagte der Präsident, »ich hätte es gern, wenn du nach Marokko fliegst und dich mit König Hassan triffst.« Diese Initiative kam so unerwartet, daß der Flugzeugcrew sofort Flugplan und Karten gefaxt werden mußten, um den Flughafen von Rabat zu erreichen. Die Unterredung mit dem König war unergiebig. Hassan lehnte es ab, Truppen zu entsenden, und als Mubarak von dieser Haltung Kenntnis erhielt, widerrief er seinerseits seine Zusage.

Die arabischen Regime erwiesen sich als schwach und unbeständig, weniger geeignet, eine entschlossene Haltung einzunehmen, als nach einem Kompromiß zu suchen. In der Vergangenheit waren ihre Gipfeltreffen zumeist vom Willen geprägt, jeder Entscheidung zu den behandelten Problemen aus dem Wege zu gehen. Aber diesmal standen die arabischen Länder mit dem Rücken zur Wand, unfähig, ihre Doppelzüngigkeit zu verbergen.

Tatsächlich begannen die großen Manöver in der ägyptischen Hauptstadt schon am 9. August, noch während Arafat in Bagdad versuchte, Saddam Hussein zur Reise nach Kairo zu überreden.

Gaddafi war, am Abend des 8. gegen 23 Uhr, als erster eingetroffen. Die irakische Delegation kam an Bord eines Flugzeugs, das nach Saladin benannt war, jenem legendären arabischen Heros aus der Zeit der Kreuzzüge, dessen Großtaten Saddam Hussein so faszinierten, am 9. gegen 4 Uhr morgens an und begab sich unmittelbar in das mitten im Nil gelegene Hotel Meridien, in dem die Mehrzahl der Delegationen untergebracht war. Die irakische Vertretung bestand aus drei Männern: Vizepremierminister Saadum Hammadi, Außenminister Tarik Asis und Taha Jassin Ramadan, dem Chef der Volksarmee.

Mubarak wollte die vierundzwanzig Stunden vor der offiziellen Eröffnung der Gipfelkonferenz nutzen, um zu versuchen, von Bagdad ein Einlenken zu erreichen. Für mehr als drei Stunden empfing er in seiner Residenz die irakischen Sonderbeauftragten. Vergebene Mühe. Beide Parteien beharrten auf ihren Positionen. Saadum Hammadi und Ramadan wollten über die gegen ihr Land verhängte Blokkade, »einen Akt der Piraterie«, diskutieren und über die amerikanische Militärpräsenz, die sie als »kriegerischen Akt« bezeichneten.

Mubarak hängt zwei Träumen an: daß Ägypten wieder das »Gravitätszentrum« der arabischen Welt werde und daß die Vereinigten Staaten, mit denen er sich in Verhandlungen befindet, seinem Land die 7,1 Milliarden Dollar Militärschulden erlassen. Er hofft, daß die Ergebnisse des Gipfels von Kairo diese beiden Hoffnungen aussichtsreicher werden lassen.

Tatsächlich wird aber die Lage im Verlauf der Stunden immer gespannter, mitunter nehmen die Ereignisse gar eine tragikomische Wendung.

Erstmals seit ihrer Flucht ins Exil treten die früheren Beherrscher Kuwaits auf. Sie stellen noch immer die legitime und anerkannte Regierung. Der Emir hat lange gezögert, bevor er die Reise antrat, und erst auf gemeinsamen Druck der Saudis und der Amerikaner, die er mit seiner Entschlußlosigkeit in Rage gebracht hatte, willigte er ein, sich nach Kairo zu begeben. Allerdings stellte er klar, daß er nur an der Eröffnungssitzung am 10. teilnehmen würde, um dann in sein saudisches Exil nach Taef zurückzukehren. Auf sämtliche Zeugen macht Emir Dschabir den Eindruck eines Mannes, der »niedergeschlagen ist und noch immer unter Schock steht«. Bei einer informellen Sitzung der Außenminister werden sich die irakische und die kuwaitische Delegation gegenübersitzen.

Tarik Asis hat den Saal betreten, ohne die Mitglieder der Familie Sabbah und insbesondere den Außenminister, Scheich Sabbah el-Ahmed, eines Blickes zu würdigen. Alle

Kuwaitis tragen kugelsichere Westen. Tarik Asis wendet sich an die Versammlung: »Ich protestiere gegen die Anwesenheit von Marionetten der Amerikaner...«

Scheich Sabbah el-Ahmed erhebt sich, rasend vor Wut: »Sie haben sämtliche internationalen Gesetze gebrochen und...«

Asis schneidet ihm eiskalt das Wort ab: »Seien Sie still, Sie sind nichts als ein amerikanischer Söldner, der seit langem für die CIA arbeitet!«

Der Kuwaiti, mit den Nerven am Ende, versucht aufzustehen und erneut das Wort zu ergreifen. Dabei kippt er nach hinten und sinkt auf seinem Sitz in sich zusammen, leblos, das Opfer eines Schwächeanfalls. Währenddessen poltert Tarik Asis unerschütterlich weiter: »Seit der Flucht der Sabbahs ist Kuwait frei!«

Einige Stunden später beginnt die Konfrontation von neuem, diesmal jedoch im Restaurant des Kongreßgebäudes. Iraker und Kuwaitis beleidigen einander weiter, Ramadan schleudert sogar seinen Teller nach dem kuwaitischen Kronprinzen, Scheich Saad. Der springt von seinem Sitz auf und will den Iraker schlagen, der eine Pistole im Gürtel trägt. Es bedarf der Intervention mehrerer anderer Minister und Diplomaten, um die Streithähne zu trennen, die sich mit Flaschen und Geschirr bewerfen.

Das Gesprächsklima der Konferenz von Kairo war von Haß erfüllt. Dennoch begrüßte Mubarak bei der Eröffnung der Plenarsitzung jeden einzelnen Staatschef mit gespieltem Lächeln und mit einigen plauderte er locker, Hand in Hand, wie es Brauch ist. Vielleicht wäre das Schlimmste doch noch zu verhindern.

Tatsächlich aber trat es ein, und zwar im gesamten Verlauf dieses »Gipfeltreffens der letzten Chance«.

Die Plenarsitzung beginnt am 10. August um 14 Uhr 30. Mubarak hat den Vorsitz inne, an seiner Seite muß sich ein stummer Schadli Klibi, der Generalsekretär der Arabischen Liga, mit einer Statistenrolle begnügen. Vierzehn Staatschefs und Monarchen, fünf Regierungsdelegationen und PLO-Chef Jassir Arafat sind anwesend. Tunesien nimmt nicht an der Konferenz teil. Der ägyptische Präsident verlangt »den Rückzug aller irakischen Truppen aus Kuwait, die Respektierung der Rechte des kuwaitischen Volkes und die Wiedereinsetzung der legitimen Regierung, die vor der Invasion existierte«. Aber unausgesprochen kritisiert er das Einverständnis der Saudis, amerikanische Truppen bei sich aufzunehmen.

Fahd ist wütend. Später wird er zu einem seiner Herrscherkollegen sagen: »Ich habe diese Entscheidung getroffen, weil die Satellitenfotos, die mir die Amerikaner gezeigt haben, die Realität der irakischen Bedrohung belegten, und auch, weil ich Vertrauen in George Bush habe. Ich kenne ihn seit langem, aus der Zeit, in der ich Innenminister war und er Direktor der CIA.«

Seit ihrer Ankunft gehen die saudischen Delegierten ihren irakischen Partnern demonstrativ aus dem Weg. Andere Details machen diesen Gipfel noch erstaunlicher: Unter Mißachtung der Sitzordnung hat man die Delegation aus Katar zwischen den Irak und Kuwait plaziert, um neuerliche Auseinandersetzungen zu vermeiden. Mubarak schließt seine Rede mit den Worten: »Der Araber des 21. Jahrhunderts darf kein ohnmächtiger Mann sein, verloren in der Finsternis von Ignoranz und Mißerfolg; die arabische Nation darf nicht ›der kranke Mann des Jahrhunderts‹ sein.« Emir Dschabir und Taha Jassin Ramadan – der schließlich doch noch akzeptiert hat, seinen Revolver am Eingang zu hinterlassen – spenden simultan Beifall. Dies sollte aber auch der einzige Augenblick der Einmütigkeit bleiben.

Im Anschluß an die Rede löst sich die Sitzung auf. Alle Teilnehmer begeben sich zum Freitagsgebet in die Moschee, die man im Kongreßpalais eingerichtet hat.

Um 15 Uhr 30 beginnt die Sitzung hinter verschlossenen Türen. Sie wird fünf Stunden dauern, und einer der Delegationschefs wird sie auf den Nenner bringen, sie sei die »für die Einheit der arabischen Welt mörderischste« Konferenz gewesen.

Jassir Arafat versichert, er hätte sich gerade auf seinen Platz gesetzt, als er zu seiner Überraschung bereits den Text eines Schlußkommuniqués vorgefunden habe – einen auf Englisch geschriebenen und ins Arabische übersetzten Text. Diese Tatsache wird von vier weiteren Delegationen bestätigt. Die PLO-Führer können darüber hinaus das ganze Ausmaß ihrer Isolation erkennen. Zahlreiche Staatschefs erwidern ihre Grüße nicht oder wenden sich ostentativ ab, um nur nicht in ein Gespräch verwickelt zu werden. Die Palästinenser bezahlen ihre Unterstützung für Saddam Hussein teuer. Selbst der König von Jordanien, der einräumt, das Ausmaß der westlichen Reaktion unterschätzt zu haben, ist Schritt für Schritt auf Distanz zum irakischen Staatschef gegangen. Er hat die kuwaitische Exilregierung anerkannt und eingewilligt, sich dem Sanktionsprogramm der Vereinten Nationen anzuschließen, das wenig später zur Schließung des jordanischen Hafens von Akaba führen wird, wo zahlreiche Waren anlanden, die anschließend in den Irak transportiert werden.

Die irakische Delegation greift die frühere kuwaitische Regierung heftig an, und Mubarak verwirrt die Teilnehmer durch die Art und Weise, wie er die Debatte leitet. Nach einer etwas langen und konfusen Vorrede will Arafat seinen Plan einbringen.

Ungeduldig herrscht Mubarak ihn an: »Komm zur Tagesordnung zurück, die Zeit drängt.«

»Ich schlage vor«, fängt Arafat nochmal an, »daß fünf Staaten – Jordanien, der Jemen, Algerien, Ägypten und Palästina – ein Vermittlungskomitee bilden, das sich in den nächsten Stunden nach Bagdad begibt...«

Mubarak unterbricht ihn, entnervt: »Es kommt nicht in Frage, daß ich eine solche Reise unternehme. Saddam Hussein hat mein Vertrauen mißbraucht. Abu (Abu Amar ist der Deckname von Arafat, P. S.), es wird Zeit, zur Abstimmung zu kommen.«

»Aber ich habe nichts sagen können!« ruft Arafat verblüfft aus.

Ein Delegierter interveniert: »Laßt uns Brüder bleiben.«

Worauf Mubarak, noch immer gereizt, entgegnet: »Wir sind es, aber kommen wir zur Abstimmung.«

Zu der Resolution, die noch vor Beginn der Sitzung jeder Delegation auf den Tisch gelegt worden ist, scheinen mehrere Länder bereits voll und ganz zu stehen: die Golfemirate, Ägypten, Syrien, Marokko und Saudi-Arabien. Diese in sieben Punkte unterteilte Resolution, von der viele glauben, daß sie von den Amerikanern entworfen oder zumindest inspiriert worden ist, weist die Annexion Kuwaits zurück, schließt sich den von der UNO gegen den Irak verhängten Sanktionen und dem Embargo an und ruft zur Aufstellung arabischer Expeditionskorps auf, die nach Saudi-Arabien entsandt werden sollen. Zwölf der einundzwanzig Mitglieder der Arabischen Liga stimmen für die Resolution; drei, der Irak, Libyen und die PLO, dagegen; andere, wie Algerien und der Jemen, enthalten sich, während Jordanien gar nicht erst an der Abstimmung teilnimmt. König Hussein sitzt erstarrt auf seinem Platz. Der Truppenaufmarsch und die Schaffung einer arabischen Friedensstreitmacht vollziehen sich in einer Atmosphäre aus Schmerz und Verwirrung.

Unmittelbar nach der Abstimmung schreit Arafat auf den Gängen seinen Ärger hinaus: »Das ist ein Fehler, ein schrecklicher Fehler! Hätte eine Delegation nach Bagdad fahren können, wäre sie zu einer Lösung gelangt, die die Krise geregelt hätte.«

Gaddafi ist nach der Abstimmung entmutigt auf seinem Platz sitzen geblieben, den Kopf in die Hände vergraben. Mubarak geht auf ihn zu:

»Warum«, sagt Gaddafi zornig, »hast du mir kein Mal das Wort erteilt, wenn ich darum gebeten habe? Warum hattest du es so eilig, diese Resolution abstimmen zu lassen? Sie ist illegal. Deine Resolution ist illegal.«

Diese letzten Worte brüllt er hinaus und macht so die Umstehenden zu Zeugen der Auseinandersetzung. Mubarak steht ihm immer noch gegenüber, leichenblaß. »Achte auf deine Worte. Beschuldige mich nicht!«

Die Konfrontation setzt sich auch am nächsten Tag fort. Mubarak und Hafez el-Assad haben sich nach Alexandria begeben. Der Syrer und der Ägypter waren während dieses Gipfels Verbündete. Beide haben sie Gaddafi vorgeschlagen, sie zu begleiten. Einmal in der dortigen Residenz abgestiegen und vor neugierigen Blicken geschützt, nähert sich Mubarak drohend, mit ausgestrecktem Zeigefinger, dem libyschen Oberst. Hafez beobachtet die Szene mit unbewegter Miene.

»Wie kannst du die Besetzung Kuwaits hinnehmen?« sagt Mubarak. »Paß auf, wenn du so weitermachst, bin ich es morgen, der dein Land besetzt, und niemand wird etwas sagen.«

Der arabische Entschluß, den amerikanischen Streitkräften ein internationales Truppenkontingent zur Seite zu stellen, entsprach zwei einander entgegenstehenden Wünschen: die Amerikaner, wie es einige wollten, zufriedenzustellen, aber auch jede westliche Intervention in der Region zu verhindern. Mubarak hatte dieses Mißtrauen gegen ausländische Einflüsse während der Gipfelkonferenz implizit formuliert: »Die Alternative für uns«, sagte er, »ist klar: eine arabische Aktion, die unsere höchsten Interessen wahrt, oder eine ausländische Intervention, über die wir weder irgendeine Rechtshoheit noch Kontrolle haben.«

Die arabischen Führer, die für die Entsendung von Truppen gestimmt hatten, fürchteten die Reaktion der Öffentlichkeit in ihren Ländern. Eine islamische Tradition verlangt, daß – wenn eine Nation, deren Religion der Islam ist, auf ihrem Boden Ungläubige aufnimmt, um ihnen das Kämpfen zu ermöglichen – alle anderen islamischen Länder sich gegen den Abtrünnigen kehren müssen.

Niemand war im Zweifel gelassen worden. Die Auseinandersetzung, die sich anbahnte, wäre vor allem anderen ein Duell zwischen den Vereinigten Staaten und dem Irak, bei dem die arabische Welt der einen oder der anderen Seite lediglich als moralische Unterstützung dienen würde.

Saddam Hussein erkannte das klar und deutlich, und noch

an dem Tag, da in Kairo die erregten Wortwechsel abliefen, lancierte er, in einer Fernsehbotschaft, die von einem Sprecher verlesen wurde, der sein Doppelgänger hätte sein können, einen unmißverständlichen Appell zum »Heiligen Krieg gegen die Vereinigten Staaten und die korrumpierten arabischen Herrscher«. Er versicherte, Mekka, der Geburtsort des Propheten Mohammed, würde durch die Ankunft amerikanischer Truppen in Saudi-Arabien entweiht.

In Washington wurde dieser Aufruf von der CIA als unverhohlene Aufforderung dazu interpretiert, das Regime von König Fahd zu stürzen. William Webster, der Direktor des Dienstes, sprach darüber mit Präsident Bush, der am späten Nachmittag in Maine eingetroffen war, in seiner Residenz in Kennebunkport, wo er ein paar Tage Ferien machen wollte. Sorge machte dem CIA-Direktor noch eine weitere Tatsache: Am selben Tag waren, einem Aufruf der Moslem-Bruderschaft folgend, Tausende von Demonstranten durch die Straßen der jordanischen Hauptstadt gezogen, um ihre Unterstützung für Saddam Hussein zu bekunden, und ebenfalls in Amman hatten sich 40000 Menschen freiwillig gemeldet, um an der Seite der Iraker zu kämpfen. Die Gefahr eines Steppenbrandes wurde real.

Analytiker des Geheimdienstes hatten eine genaue Einschätzung der »Verwundbarkeiten« mehrerer verbündeter Länder vorgenommen: die »Anfälligkeit« Husseins von Jordanien war offenkundig, selbst wenn er, wie ein Experte es ausdrückte, schon »eine Million mal die Seiten gewechselt hat, nur um zu überleben«. Noch nie schien sein Thron so sehr bedroht zu sein. Für sein Land, das über keine eigenen Ressourcen verfügt, würde die ökonomische Blockade gegen den Irak, die einzuhalten er sich verpflichtet hatte, zu enormen Einnahmeverlusten führen. Mehr noch: Wenn Saddam Hussein sich entschlösse, eine zweite Front gegen Israel zu eröffnen, läge das Königreich in der ersten Feuerlinie. Ägypten war kaum besser dran. Mubarak hatte gut reden: »Als Saddam Hussein mich belogen hat, haben das 40 Millionen Ägypter als Schmach empfunden« – er mußte auch die eineinhalb Millionen ägyptischen Gastarbeiter im Irak und die 50000 in Kuwait einrechnen. Ihre brutale Abschiebung würde den angeschlagenen Zustand der ohnehin kriselnden ägyptischen Wirtschaft nur verschärfen. Auch das Bündnis mit Syrien, von den Amerikanern noch kurz zuvor als »terroristischer Staat« eingestuft, stieß bei den Experten nicht gerade auf Begeisterung. Sie wiesen darauf hin, daß im Gegenzug für die Entsendung seiner Truppen »Hafez el-Assad versuchen wird, uns ein Maximum abzuhandeln«. Die Ereignisse im Libanon sollten die Stichhaltigkeit dieser Analyse beweisen.

Bush befand sich, während er mit William Webster sprach, im Salon, einem hell getünchten, nüchtern möblierten Raum. Das Holzhaus von Kennebunkport, in unmittelbarer Nähe zum Meer und einem Golfplatz, war seit vielen Jahren die bevorzugte Sommerfrische von Bush und seiner Familie. Erbaut worden war sie von seinem Großvater, einem berühmten Polospieler.

Webster brachte das Gespräch auch auf Saudi-Arabien. Das Königreich war nie zuvor so reich und so exponiert gewesen. Der Druck auf den Ölpreis würde es dem Land ermöglichen, seine Einnahmen zu verdoppeln: auf über 95 Milliarden Dollar im kommenden Jahr. Doch da gab es andere, besorgniserregendere Informationen. Innerhalb der Herrscherfamilie war Fahd heftig kritisiert worden, weil er den Amerikanern grünes Licht gegeben hatte, und an den heiligen Stätten von Mekka und Medina zirkulierten Tonbandaufnahmen von radikalen Predigern, die, so berichtete CIA-Chef Webster, »die machthabende Familie hart attackierten«. Im Krieg der Worte trieben die Iraker das Spiel mit dieser amerikanischen Präsenz, die »zu Sex- und Alkohol-Ausschweifungen führt«, auf die Spitze.

Nach diesem Anruf telefonierte George Bush mit dem Pentagon und unterhielt sich mit Richard Cheney und Colin Powell. Es wurde beschlossen, die Anzahl der ins Feld entsandten »Spezialeinheiten« zu erhöhen. Dabei handelte es sich um mehrere hundert Mann der SEAL-Marineeinheiten und die zum Heer gehörige Delta Force. Sie waren mit dem Schutz der Ölfelder gegen terroristische Angriffe betraut und hatten sich für mögliche Operationen bereitzuhalten, um »amerikanische Geiseln« zu retten, obwohl der Begriff noch nicht offen ausgesprochen wurde. Beschlossen wurde auch, gesondert mehrere Einheiten abzustellen, um die Sicherheit der wichtigsten Mitglieder der saudischen Königsfamilie zu gewährleisten.

Vor Ort koordinierte Generalleutnant Charles Horner das Eintreffen der Luftwaffenverbände. Über 200 Jagdflugzeuge sollten bis zum Ende der Woche auf saudischen Basen stationiert sein, begleitet von 100 unterstützenden Maschinen. 50 riesige B-52-Bomber warteten auf der kleinen Insel Diego Garcia, bereit, wie es ein höherer Offizier formulierte, irakische militärische Ziele »mit einem Bombenteppich einzudecken«. Vierzehn F-111-Jagdbomber standen auf türkischen Basen. Insgesamt rechnete das Pentagon mit 600 Flugzeugen gegenüber 500 irakischen Maschinen, von denen lediglich etwa hundert MiG-23 und Mirage-F1 als bedrohliche Gegner betrachtet werden konnten.

Von seinem in Riad eingerichteten Hauptquartier aus überwacht General Norman Schwarzkopf alle Einzelheiten der Operation. Der Oberbefehlshaber der amerikanischen Truppen in Saudi-Arabien, den sie, in Analogie zum Deutschen Rommel, »Wüstenbär« nennen, verfügt über eine Direktleitung, über die er ständig in Verbindung mit dem Büro von Colin Powell in Washington steht. Die beiden Männer sprechen täglich miteinander. Für Schwarzkopf haben »die Truppen, die wir im Feld haben, gleichzeitig Verteidigungs- und Angriffskapazität«.

Es ist eine regelrechte Luftbrücke, die das Pentagon hinüber nach Saudi-Arabien geschlagen hat. Alle fünf Minuten landet eine riesige C-141 auf saudischen Stützpunkten, um am Ende insgesamt mehr als 450000 Tonnen Material abzuladen. Abgesehen vom militärischen Zubehör enthalten die Kistenstapel so unterschiedliche Güter wie 168000 Ausrüstungen, um einem Krieg mit Chemiewaffen zu widerstehen, oder 150000 Flaschen Sonnenöl. In den Reihen der Armee wissen nur Powell, Schwarzkopf und ihre engsten Mitarbeiter, daß dieses gigantische Unterfangen zum Ziel hat, 250000 Soldaten in der saudischen Wüste zu stationieren, an der Grenze zu Kuwait. Noch nie seit dem Vietnamkrieg haben die Vereinigten Staaten ein solches Truppenaufgebot, eine so eindrucksvolle Zurschaustellung ihrer militärischen Macht ins Werk gesetzt.

Bush ist jeden Morgen auf dem Golfplatz von Kennebunkport. Er wirkt entspannt, während er das Green pflügt und auf den Stützpunkten weitere Soldaten die Flugzeuge besteigen. Ab und zu unterbricht er seinen Parcours, um seine Mitarbeiter in Washington oder einen politischen Führer irgendwo auf der Welt anzurufen. Ein Adjutant hält sich unablässig an der Seite des Präsidenten, mit einem Telefon, das ihm ermöglicht, jeden beliebigen Punkt auf der Weltkugel anzurufen.

Seit Ausbruch der Krise, durch die Art und Weise, wie er sie angeht und managt, scheint Bush das ihm anhaftende Image eines entschlußunfähigen Mannes abgelegt zu haben. Jetzt ähnelt er eher einem entschlossenen Sheriff, der den Israelis den Befehl erteilt, ruhig und besonnen zu bleiben, oder den Japanern, sich eindeutiger als nur mit einer bloßen finanziellen Beteiligung zu engagieren. Die Chinesen und vor allem die Sowjets läßt er wissen, daß sie nun eine einmalige Gelegenheit hätten, sich wahrhaftig der internationalen Gemeinschaft anzuschließen, und gleichzeitig gruppiert er unter seinem Banner eine Mehrheit der arabischen Länder und seine europäischen Verbündeten. Bushs Persönlichkeit ist komplexer, als sie sich gibt. Fast zwiegespalten. Der Aristokrat von der Ostküste mit vornehmer Ausdrucksweise und geschliffenen Manieren, der klassische Musik liebt, ist auch der Mann, der in Texas mit Öl ein Vermögen gemacht hat, einer dieser »wilden Geldmacher«, unerbittlich in Geschäftsdingen und Liebhaber von Country Music.

Seine »Telefondiplomatie«, seine fortwährenden Gespräche mit anderen Staatsmännern illustrieren diese Doppelnatur. So macht er König Hussein heftige Vorwürfe wegen der Zweideutigkeit seiner Haltung und seiner heimlichen Unterstützung für Bagdad. Die Festigkeit des Tons beeindruckt den jordanischen Herrscher, der in Erinnerung zu bringen sucht, daß er stets ein treuer Verbündeter der Vereinigten Staaten war. »Wir müssen darüber diskutieren«, sagt Bush beiläufig und trocken. Hussein schlägt vor, ein paar Tage später in die Vereinigten Staaten zu kommen und sich mit dem amerikanischen Präsidenten zu treffen, wenn er zuvor in Bagdad Saddam Hussein gesehen habe, von dem er sich Zugeständnisse erhofft. »Ich bin da skeptisch«, lautet Bushs Antwort, die wie ein Verdikt klingt.

Andererseits bleibt er eines Abends bis halb 3 Uhr morgens wach, um François Mitterrand, den er nicht aus dem Schlaf reißen möchte, in Paris anzurufen, wo es halb 9 ist. Und die ersten Worte, die er mit besorgter Stimme vorbringt, lauten: »Herr Präsident, ich hoffe vor allem, daß ich Sie nicht störe und daß es nicht zu früh ist.«

Während der »Wartepartie« mitten in der Wüste sind Stärken und Schwächen der irakischen Armee ausgiebig analysiert worden. Für die amerikanischen Experten handelt es sich beinahe um eine »Armee des Warschauer Pakts«, die großenteils mit sowjetischem Material ausgerüstet und der Taktik der Roten Armee entsprechend aufgebaut ist. Angriffe werden, nach einem vorausgehenden Sperrfeuer aus Kanonen der Kaliber 122 und 152 Millimeter, von sowjetischen T-62- und T-72-Panzern vorgetragen. Die Luftabwehr beruht auf mobilen Batterien von SAM-Raketen und Luftabwehrradar vom Typ ZSU 23. Die irakische Marine ist so gut wie nicht existent, eine gewisse Anzahl der aufmarschierten 5500 Panzer sind veraltete Modelle, und die Luftwaffe ist zu einem großen Teil nicht mit der Technologie ausgestattet, die einen wirkungsvollen Einsatz im Luftkampf erlaubt.

Doch ein Bodenkrieg, insbesondere mit dem Ziel, Kuwait zurückzuerobern, droht sehr viele Menschenleben zu kosten. Die Einschätzungen, die das Pentagon und der Generalstab auf Anforderung von Bush erstellt, ihm aber noch nicht übergeben haben, kreisen um die Zahl von 20000 bis 30000 Toten, davon 10000 im Lauf der ersten Tage von Gefechten am Boden. Ein menschlich und politisch extrem hoher Blutzoll.

Die amerikanische Administration setzt bei ihrem Versuch, Saddam Hussein in die Knie zu zwingen, auf das eindrucksvolle Truppenaufgebot und die Wirksamkeit der Blockade. Der Irak kann sein Öl – seine einzige Einnahmequelle – nicht mehr exportieren, und er kann nicht das geringste Produkt importieren, nicht einmal Lebensmittel.

Um die Auswirkungen der Sanktionen abzuschätzen, haben die CIA und die anderen Nachrichtendienste einen Plan zur »Sammlung« von Informationen miteinander abgestimmt. Da sind zunächst von Spionagesatelliten gemachte Aufnahmen, die präzise über alle zivilen und militärischen Bewegungen Aufschluß geben, über die Lage auf dem Land und auf den Schlachtfeldern. Diese Technik untersteht der NSA, die darüber hinaus in der Türkei streng geheime Abhörzentren unterhält. Dort kann ein Großteil der Gespräche im irakischen Telefonnetz abgehört werden. Die Einzelheiten werden unverzüglich in die Vereinigten Staaten übermittelt, wo Übersetzer und Linguisten aus dem Tonfall und der verwendeten Ausdrucksweise Rückschlüsse auf die Moral der Bevölkerung ziehen, auf potentielle Unzufriedenheit, auf erste Anzeichen einer Versorgungskrise. Im Hauptquartier der CIA in Langley ist ein gigantisches Informationsprogramm auf die Beine gestellt worden, in das alle existierenden Daten eingegeben werden, selbst Indizien wie die Erhöhung der Taxitarife, die auf eine Verteuerung der Lebenshaltungskosten hindeuten, auf den Anstieg der Benzinpreise und womöglich auch auf Schwierigkeiten bei der Beschaffung von Ersatzteilen.

Parallel dazu wird ein ganzes Bündel von Maßnahmen der »psychologischen Guerilla« eingesetzt. Koordiniert werden sie im »Deputies Committee« – dem die Stellvertreter der wichtigsten Minister angehören – von Robert Gates, der ehemaligen Nummer Zwei der CIA, der heute stellvertretender Direktor des Sicherheitsrates im Weißen Haus ist. Eines der Ziele lautet: der irakischen Propaganda entgegenzuwirken. Einer der Mitarbeiter sagt im Vertrauen: »Wir alle haben Vietnam noch in Erinnerung, wo wir den Krieg politisch verloren haben.«

Die »Stimme Amerikas« sendet vierundzwanzig Stunden am Tag in den Irak, allerdings mit einem Problem belastet: Es mangelt an arabischen Moderatoren mit irakischem Akzent. Spezialisten der vierten Gruppe für die psychologische Kriegsführung, stationiert in Fort Braggs in North Carolina, halten sich bereit für den Einsatz in Saudi-Arabien. Ihr Auftrag: eine großangelegte Desinformationskampagne ins Werk zu setzen, um die Moral der auf der anderen Seite der Grenze massierten irakischen Truppen zu untergraben; zum Beispiel, indem man sie glauben macht, das Wasser aus den Wüstenbrunnen sei vergiftet.

Auf den Irak soll starker psychischer Druck ausgeübt werden, um die amerikanische Entschlossenheit zu unterstreichen. Soldaten werden bei der Übung, einen Ort Haus für Haus zu durchkämmen, fotografiert – eine Mission, die ihnen zufiele, wenn Kuwait-City zurückerobert wäre.

Die Gruppe um Robert Gates hat ein langes, streng vertrauliches Memo abgefaßt, in dem aufgezählt ist, »was zu tun ist und was nicht«. Dieser Text richtet sich an zivile und militärische Offizielle, die direkt mit der Krise zu tun haben. Er ist ein Verhaltenskodex, der beispielsweise die öffentlichen Erklärungen beschreibt, die man abgeben oder meiden sollte.

Der spektakulärste Mißerfolg in dieser Hinsicht sollte das Interview des Luftwaffenchefs werden. General Dugan versicherte vor Journalisten, daß es einen Plan gäbe, Bagdad zu bombardieren, und daß Israel der Air Force helfen würde, die Ziele auszuwählen.

Dugan wurde von Bush sofort kaltgestellt. Seine Erklärungen waren offensichtlich peinlich, und überdies hatte er eine der Grundregeln des berühmten Memos über »das, was man nicht tun darf« mißachtet: niemals von einer wie auch immer gearteten Zusammenarbeit mit Israel zu sprechen.

In Jerusalem treffen Nachrichten ein, die bei der israelischen Führung »Besorgnis erregen«. Da war zunächst diese Information, die die Geheimdienste übermittelt hatten. Ihr zufolge werde ein Luftangriff auf die israelische Atomanlage von Dimona in der Negev-Wüste geplant.

Die Drohung wurde ernst genug genommen, um Hawk-Raketen von der jordanischen Grenze auf das Atomgelände zu verbringen, die dort das bereits existierende Abwehrsystem verstärken sollten. Es wurde sogar erwogen, die Einwohner der benachbarten Stadt zu evakuieren.

Am 12. August schlägt Saddam Hussein in einer von Radio und Fernsehen übertragenen Rede eine globale Regelung für den Nahen Osten vor. Er will einen eventuellen Rückzug aus Kuwait nur in Betracht ziehen, wenn auch über die syrische Präsenz im Libanon und die von Israel besetzten Gebiete diskutiert wird. Darüber hinaus fordert er den »sofortigen und bedingungslosen Abzug der israelischen Truppen«. Bush antwortet unverzüglich, indem er den »sofortigen und bedingungslosen Abzug der Besatzungstruppen aus Kuwait« fordert.

Die amerikanische Reaktion beruhigt den israelischen Premierminister Schamir nur notdürftig. Er ist davon überzeugt, daß Saddam »manövriert, um das gegen ihn geschmiedete internationale Bündnis zu schwächen«. In Westjordanland und im Gazastreifen begrüßen die Palästinenser den Vorschlag des irakischen Führers enthusiastisch. An diesem 12. August gilt ein Großteil der wie jeden Sonntag stattfindenden Sitzung des israelischen Kabinetts der Entwicklung am Golf. Mosche Arens, der Verteidigungsminister, Dan Schomron, der Generalstabschef, und Generalmajor

Ammon Scharak, der Chef des Militärgeheimdienstes, ergreifen ausgiebig das Wort.

Angesichts der Ereignisse ist ein Mann besonders ratlos: Jizhak Rabin, ehemaliger Premierminister von der Arbeitspartei, eine kühle und entschlossene Persönlichkeit. Unablässig muß er an die merkwürdige Botschaft denken, die er Anfang des Jahres erhalten hat.

Ein israelischer Geschäftsmann, Azriel Eynav, war von einer Person kontaktiert worden, die als »Präsident einer bekannten Bank und einer der Hauptakteure auf dem Ölmarkt« beschrieben wurde. Dieser Mann, ein Amerikaner arabischer Abstammung, hatte sich in Bagdad lange mit Saddam Hussein getroffen, der ihn beauftragt hatte, Fühlung zu Rabin aufzunehmen, »dem starken Mann der israelischen Regierung« und seinerzeitigen Verteidigungsminister.

Von dieser Initiative unterrichtet, ließ Rabin Recherchen über den amerikanisch-arabischen Geschäftsmann anstellen. Der Bericht, den er daraufhin erhielt, beschrieb den Mann als »seriös und über Kontakte auf höchstem Niveau verfügend«. Die Initiative des irakischen Führers weckte Rabins Neugier, er akzeptierte das Prinzip eines Zusammentreffens. Sein Assistent, Eitan Haber, übernahm die Vorbereitungen. Es wurde beschlossen, daß der israelische Minister und der Geschäftsmann sich in Philadelphia treffen sollten, wo Rabin auf der Durchreise wäre. Die beiden Protagonisten kamen überein: Ihr Gespräch sollte unter strengster Geheimhaltung stattfinden. Jede Einzelheit wurde sorgfältig abgewogen und ausgearbeitet.

Der Bankier kam in seinem Privatflugzeug. Um den Journalisten aus dem Weg zu gehen, betrat er das Hotel, in dem Rabin abgestiegen war, durch die Küche und nahm dann einen Lastenaufzug, der ihn zur Suite des Ministers brachte. Die beiden Männer diskutierten über eine Stunde lang. Saddam Hussein schlug Rabin ein Treffen »in Bagdad oder in Europa« vor. Der Israeli willigte ein, lehnte aber die Forderung des Irakers ab, daß irgendwann ein Vertreter der PLO zur Diskussion hinzustoßen sollte. Zwei Termine wurden in

Aussicht genommen. Saddam Hussein gab sein Einverständnis, um dann, praktisch am Vorabend, abzusagen.

Über den amerikanischen Geschäftsmann wurde der Kontakt zwischen den beiden führenden Politikern jedoch bis zum Februar 1990 aufrechterhalten. Die Rede, die Saddam Hussein dann in Amman hielt und in der er Israel und die Vereinigten Staaten angriff, führte zum Bruch. Aber für Rabin blieb die Frage völlig ungelöst: Was wollte der irakische Präsident wirklich?

Am Montag, dem 13. August, reiste König Hussein nach Bagdad. Zwei Tage später wollte er nach Washington fliegen. Er hoffte darauf, zu seinem Treffen mit George Bush eine Botschaft von Saddam Hussein oder den Entwurf eines Friedensplanes mitbringen zu können. Er glaubte noch immer an eine arabische Lösung. Allem Anschein nach gegen jede Logik. Die Vereinigten Staaten und – auf dem Gipfeltreffen von Kairo – auch eine Mehrheit der Staaten der Arabischen Liga hatten sich dagegen ausgesprochen. Sein Land versank in wirtschaftlichen Schwierigkeiten, und Washington, wie auch Riad, hielt ihn von nun an in Argwohn. Mehrere arabische Länder hatten bereits jordanische Einwohner ausgewiesen, und den König hatten Meldungen erreicht, die besagten, daß die Saudis, bis dahin drittgrößter Handelspartner, sich darauf einstellten, den Import jordanischer Produkte zu stoppen.

»Jeder Tag, der vergeht«, sagte er im Vertrauen, »bringt uns dem Krieg näher, und diejenigen, die behaupten, daß eine arabische Lösung gestorben sei, vergessen, daß sie während der ersten Woche der Krise durchaus möglich war, bis zu dem Moment, in dem die Amerikaner dem ein Ende gesetzt haben.«

Der König wußte auch, daß er sich der Feindseligkeit des US-Kongresses gegenübersehen würde, und er hatte einen Brief abfassen lassen, der an jeden Senator und Abgeordneten gehen sollte, in dem er die Haltung seines Landes detailliert erläuterte.

Als der Monarch von den Unterredungen mit Saddam Hussein zurückkam, war sein Gesicht verschlossen, und er sagte kein Wort. Sein Bruder, Prinz Hassan, sagte im Vertrauen, daß die Gespräche gescheitert wären.

Am 14. August unterbricht George Bush für kurze Zeit seine Ferien, um nach Washington zurückzukehren. 60000 Soldaten, Matrosen und Piloten haben bereits in Saudi-Arabien Stellung bezogen, weitere 50000 werden im Lauf der nächsten Tage erwartet. Das Pentagon hat die Kosten der Operation »Wüstenschild« beziffert: 10 Millionen Dollar pro Tag.

Am Morgen des 15. August trifft Bush mit führenden Kongreßmitgliedern zusammen. Zwar ist der Präsident befugt, 120000 Reservisten einzuziehen, ohne dafür, zumindest hundertachtzig Tage lang, die Zustimmung des Kongresses einholen zu müssen. Doch er versuchte, auch auf innenpolitischer Ebene den Konsens aufrechtzuerhalten, den er international erreicht hatte. Manche seiner Berater meinten unter Ausschluß der Öffentlichkeit: »Es wird einfacher sein, die Billigung der Vereinten Nationen zu erhalten als die des Kongresses.« Einer von ihnen fügte noch hinzu: »Es ist wahr, daß wir versprochen haben, im Kriegsfall den Kongreß zu konsultieren. Das heißt, wir werden sie gleich anrufen, wenn die ersten Bomben abgeworfen worden sind.«

Bush kam gerade rechtzeitig wieder in Kennebunkport an, um Hussein von Jordanien zu begrüßen. Dem König war ein Gerücht vorausgeeilt: er überbringe eine Botschaft von Saddam Hussein. Das stimmte nicht. Er hatte dem amerikanischen Präsidenten, der ihn kühl empfing, nichts Neues mitzuteilen. Auch führten in Amman Politiker aus der Umgebung des Monarchen seit einigen Tagen Reden, die die amerikanische Administration in Rage brachten. Sie behaupteten, die Vereinigten Staaten würden sich dieser Krise bedienen, um in Zukunft die Ölfelder der arabischen Welt besser kontrollieren zu können.

In dem Verhandlungsgespräch verpflichtete sich König Hussein, die Sanktionen der Vereinten Nationen anzuwenden, und er bat den amerikanischen Präsidenten, rascheste Hilfe in Aussicht zu stellen, um Jordanien für die ihm entgangenen Einkünfte zu entschädigen. Bush versprach, diese Frage zu »prüfen«, gab aber keine bindende finanzielle Zusage.

Die beiden Staatschefs unterhielten sich höflich, doch ohne die Wärme und Vertrautheit, die ihre früheren Zusammenkünfte geprägt hatten. Der Monarch, den Bush bis dahin als »alten Freund und loyalen Verbündeten« behandelt hatte, weckte nun sein Mißtrauen. Nach seinem Besuch beim amerikanischen Präsidenten wirkte Hussein, so sagen es Augenzeugen, am Boden zerstört.

Die beiden Männer hatten wahrscheinlich auch über die jüngste Initiative Saddam Husseins diskutiert, die an diesem Tag gerade bekanntgeworden war.

In einem Brief an den iranischen Präsidenten Rafsandschani bot der irakische Präsident ausgerechnet dem Land den Frieden an, das bis dahin sein unbeugsamer Gegner gewesen war. Er sicherte zu, seine Ansprüche auf die Grenzgebiete aufzugeben, und kündigte an, vom 17. August an seine Truppen aus den umstrittenen Gebieten abzuziehen. Sie sollten nach Kuwait und an die saudische Grenze verlegt werden. Schließlich erklärte sich Saddam Hussein auch bereit, die 19000 iranischen Kriegsgefangenen freizulassen, die er noch in Gewahrsam hielt.

Mit wenigen Zeilen tilgte Saddam Hussein damit die Erinnerung an Hunderttausende von irakischen Toten, an acht Jahre eines Konflikts, der als der mörderischste seit dem Zweiten Weltkrieg gilt, und lieferte so einen neuen Beweis für sein taktisches Geschick.

Der irakische Rückzug aus dem Gebiet am Schatt el-Arab, in der Nähe zum Iran, ist leicht erklärbar. Dank der Annexion Kuwaits verfügt Saddam jetzt über einen breiten Zugang zum Golf.

Tatsächlich ist der Begriff Annexion eigentlich unangebracht. Man müßte vielmehr von einer regelrechten Einverleibung Kuwaits in das irakische Staatsgebilde sprechen. Die westlichen Geheimdienste hatten lange über die wahre Identität jenes Obersten Ali gerätselt, der als Chef der Gruppe »junger Revolutionäre« präsentiert wurde, die provisorisch die Macht in Kuwait-City übernommen hatte. Eine eingehendere Untersuchung ergab, daß es sich um Saddam Husseins eigenen Schwiegersohn handelte.

Zusätzlich zu den 430000 Mann Infanterie und den 3500 in der Region aufgefahrenen Panzern wurden 7000 Angehörige der Geheimpolizei, der Muchabarat, nach Kuwait entsandt. Das Ziel: die entstehenden Widerstandsbewegungen zu zerschlagen. Die Hauptstadt wird in Zonen mit Kontrollpunkten unterteilt. Die Häuser werden durchsucht, und wer immer mit Flugblättern oder Zeitungen entdeckt wird, die zum Widerstand im Untergrund aufrufen, wird auf der Stelle exekutiert. Die Unterlagen der Banken werden Punkt für Punkt durchforscht, um Beamte und Funktionäre zu identifizieren, die mit Schecks der Regierungsbehörden bezahlt worden waren. Schulen und Polizeistationen werden zu Verhörzentren umfunktioniert.

Im Irak sind die Landkarten umgezeichnet worden. Kuwait erscheint auf ihnen nur noch als die 19. Provinz Bagdads. Kuwait-City ist in Kathima umbenannt worden, an den Fahrzeugen werden irakische Nummernschilder angebracht, entlang den Straßen und an den Kreuzungen tauchen plötzlich Porträts und Statuen von Saddam Hussein auf. Ein Vertrauter des irakischen Präsidenten meint: »Kuwait ist in den Tiefen der Geschichte verlorengegangen und aus der Geographie verschwunden.«

Auch über den kuwaitischen Wohlstand sind die Iraker hergefallen. Die Besatzungstruppen plündern in Maßen, die Herrschenden in großem Stil. Ein Autohändler büßt binnen weniger Stunden seine 14000 brandneuen Chevrolets und Oldsmobiles ein; sie werden nach Bagdad expediert. Die Mitarbeiter mehrerer Minister kommen eigens in das ehemalige Emirat gereist, um ganze Lagerbestände von Luxusgütern mitzunehmen. Saddam Hussein hat zwar keinen Zugriff auf die gigantischen kuwaitischen Auslandsguthaben bekommen können, die sofort nach der Invasion eingefroren wurden. Aber Spezialkonvois haben 3 Milliarden Dollar in Fremdwährungen und 1 Milliarde Dollar in Gold, die bei der Zentralbank und den zahlreichen Finanzeinrichtungen des Landes konfisziert wurden, von Kuwait-City nach Bagdad geschafft.

Am 16. droht Saddam Hussein, die in Kuwait lebenden Amerikaner und Briten zu internieren, und erteilt ihnen Anweisung, sich in einem Hotel zu sammeln. Eine weitere Drohung lautet, er werde die amerikanischen Soldaten nach Hause schicken, »in Särgen«.

Tags darauf erklärt die irakische Regierung, alle westlichen Staatsbürger, die sich unter ihrem Zugriff befänden, würden an strategisch wichtige militärische oder zivile Orte verbracht, solange die Kriegsdrohung fortbestehe. Der UNO-Sicherheitsrat beauftragt Generalsekretär Perez de Cuellar, etwas zu unternehmen, um die Freilassung der Ausländer zu erreichen. Im selben Moment verlassen 30 irakische Divisionen die iranische Grenze, um die 150000 bereits in Kuwait stationierten Soldaten zu verstärken.

Am 17. reist James Baker von Washington auf seine Ranch in Wyoming, wo er ein paar Tage Ferien macht. Er bleibt aber in täglichem Kontakt mit Eduard Schewardnadse in Moskau. Es wird eine Dreiecksverbindung hergestellt. Auf Vorschlag von Bush bittet Baker den sowjetischen Außenminister, eine UNO-Resolution zu unterstützen, die die Anwendung von Gewalt zur Durchsetzung des Embargos vorsieht. Daraufhin setzt eine wahre Pokerpartie ein. Die Sowjets spielen auf Zeit, sie glauben noch immer an eine Verhandlungslösung, während die Zeit für die Amerikaner drängt.

Am 20. August wird der irakische Vizepremier Saadum Hammadi in Moskau von den sowjetischen Verantwortlichen empfangen, die einen bedingungslosen Abzug aus Kuwait und die Freilassung aller Ausländer verlangen. Hammadi fährt am nächsten Tag nach Bagdad zurück, und Schewardnadse ruft sofort Baker an.

»Warten Sie achtundvierzig Stunden, bis Sie von der

UNO eine Resolution abstimmen lassen. Vielleicht gelingt es dem stellvertretenden irakischen Premier, Saddam Hussein zu überzeugen.«

»Und wenn er scheitert, werden Sie dann in zwei Tagen auf unserer Seite stehen?«

»Ich werde Ihnen das sehr schnell bestätigen.«

Am nächsten Tag meldet sich Schewardnadse am späten Nachmittag bei Baker.

»Jim, wir brauchen Zeit.«

»Wieviel?«

»Fünf Tage, bis zum 27. August.«

Baker schweigt eine Weile. »Das erscheint mir zu lang. Ich muß darüber mit dem Präsidenten sprechen.«

Baker ruft Bush an. Nach der Rückkehr von seiner Residenz in Maine am 19. August war Bush am nächsten Tag in Baltimore, wo er vor einer Veteranenvereinigung die im Irak und in Kuwait festgehaltenen Ausländer erstmals öffentlich als »Geiseln« bezeichnete. Dieses Wort birgt seit der Affäre um die amerikanischen Diplomaten, die 1980 in der Teheraner Botschaft festgehalten wurden, in den Vereinigten Staaten einen enormen emotionalen und politischen Sprengsatz. Bush erscheint gereizt über das Zögern der Sowjets und beauftragt Baker, eine kürzere Zeitspanne auszuhandeln. Der Außenminister telefoniert mit Moskau und sagt seinem sowjetischen Kollegen:

»Es ist schwierig, Ihrer Bitte nachzukommen. Wir stehen stark unter Druck, insbesondere von seiten der Verantwortlichen des Pentagons, die Gewalt zur Respektierung des Embargos anwenden wollen, ohne die Zustimmung der UNO abzuwarten.«

Schewardnadse seufzt. »Ich weiß, wir haben dasselbe Problem mit unseren Militärs, die finden, daß wir einen Fehler machen, wenn wir Sie unterstützen. Denen zufolge haben Sie nur ein Ziel: eine permanente Militärpräsenz im Nahen Osten. Aber zurück zur Frage der UNO – was schlagen Sie vor?«

»Daß wir am 24. eine Resolution abstimmen lassen.«

»Verstanden.«

»Wir werden doch Ihre Unterstützung haben, nicht wahr?«

Schewardnadses Antwort bleibt vage. Anderntags jedoch, am 23. August, spricht der sowjetische Geschäftsträger in Washington, Sergej Schetwerikow, im State Department vor. Zum Zeichen ihres guten Willens haben ihn die sowjetischen Verantwortlichen beauftragt, den Amerikanern die Botschaft Gorbatschows an Saddam Hussein in voller Länge zu übermitteln. Der Sowjetführer verlangt den Abzug aus Kuwait, die Befreiung der Ausländer und fügt hinzu: »Wir haben die Abstimmung des UN-Sicherheitsrates so lange hinausgezögert, wie wir konnten. Wir bitten Sie, uns Ihre Antwort bis spätestens Freitagabend (24. August) zukommen zu lassen.«

Sobald er die irakische Antwort erhalten hatte, rief der sowjetische Minister seinen amerikanischen Amtskollegen an.

»Was sagen sie?« fragte Baker.

Schewardnadse schien verbittert über das, was er gelesen hatte. »Das verdient nicht den geringsten Kommentar. Jedenfalls stellt es uns überhaupt nicht zufrieden. Sie können zu den Vereinten Nationen gehen, wir folgen Ihnen.«

Ein paar Minuten später erhielt der Chef der amerikanischen UNO-Delegation, Thomas Pickering, Anweisung von Baker, die fünfzehn Mitglieder des UN-Sicherheitsrates so lange tagen zu lassen, bis eine Resolution abgestimmt wäre. Am Samstag, dem 25. August, wurde um 4 Uhr morgens die Resolution 660, die den Einsatz von Gewalt genehmigt, um dem Embargo Geltung zu verschaffen, mit dreizehn zu null Stimmen angenommen. Kuba und der Jemen hatten sich enthalten.

Am 27. August bestieg Jesse Jackson auf dem New Yorker Kennedy-Airport ein Flugzeug der jordanischen Luftfahrtgesellschaft. Der ehemalige schwarze Präsidentschaftskandidat der Vereinigten Staaten eröffnete damit eine politische Partie, die im Verlauf der nächsten Monate manchen Zorn erregen sollte: die Reise nach Bagdad, ein Treffen mit Saddam Hussein, der seine Haltung erklärt und seine Beschwerden vorbringt, dann die Rückkehr ins Heimatland in Begleitung von ein paar Handvoll Geiseln. Die erste Bresche hatte in dieser Hinsicht der österreichische Bundespräsident Kurt Waldheim geschlagen, der froh über die Gelegenheit war, die Quarantäne zu durchbrechen, in der ihn das Ausland aufgrund der Kontroverse um seine Vergangenheit im Zweiten Weltkrieg hielt.

Jesse Jacksons Reise kam größeres Gewicht zu, da es sich um eine amerikanische Persönlichkeit handelte und die aktuelle Krise vor allem ein Kampf bis aufs Messer zwischen Bush und Saddam Hussein war. Der schwarze Pfarrer flog an der Spitze eines Fernsehteams nach Bagdad. Sein erklärtes Ziel war es, ein Interview mit dem irakischen Führer zu filmen. Der Ablauf seines Besuches machte deutlich, wie Bagdad solche Visiten auszunutzen gedachte.

Im Irak und in Kuwait gab es 3 Millionen Ausländer. Die größten Kontingente bildeten die Ägypter (mit 1,6 Millionen im Irak und 150000 in Kuwait), die Palästinenser (300000 im Irak und 170000 in Kuwait), die Inder und die Filipinos. Aber diese Gastarbeiter aus der Dritten Welt stellten ein ungleich weniger wirkungsvolles Druckmittel dar, waren als Verhandlungsmasse viel weniger wert als die Amerikaner (2500 in Kuwait, 500 im Irak), die Briten (4000 in Kuwait, 500 im Irak) und die anderen Europäer.

Kurz nach ihrer Ankunft wurden Jackson und seine Delegation von Tarik Asis empfangen. Dreieinhalb Stunden lang erläuterte der Außenminister im Detail die Haltung seines Landes, breitete nochmals die minutiöse Geschichte der Krise aus und leistete sich sogar den Luxus zu sagen:

»Mehrmals im Laufe der Verhandlungen hat sich Präsident Saddam Hussein geduldiger und versöhnlicher gezeigt als ich ... Am Ende des Gipfels von Dschidda (am 31. Juli, in der Nacht vor der Invasion, P.S.) waren wir verzweifelt über die ablehnende Haltung der Kuwaitis. Wir konnten unsere Nahrungsmittelimporte nicht mehr bezahlen. Es war ein regelrechter Krieg, um uns auszuhungern. König Fahd von Saudi-Arabien schien sich selbst nicht dafür zu interessieren, ob wir Hunger litten. Wir gelangten zu dem Schluß, daß wir es mit einer Verschwörung, den Irak zu zerstören, zu tun hatten, einer Verschwörung, die Kuwait nicht ohne die Unterstützung durch eine Supermacht angezettelt hätte. In unseren Augen zielte diese Konspiration auf einen ökonomischen Zusammenbruch des Irak ab, gefolgt von einem politischen und einem Wechsel der Regierung.«

Als Tarik Asis seinen Vortrag beendet hatte, fragte ihn einer der mit Jackson mitgereisten Journalisten: »Wie kann der Irak auf Sympathie hoffen, solange die Amerikaner die spektakulären Bilder der 1988 im Gas umgekommenen Kurden und des Anfang des Jahres gehängten britischen Journalisten in Erinnerung hat?«

Der irakische Minister schwieg, überrascht von der Frage, einen Augenblick, bevor er mit leiser Stimme sagte: »Ich gebe zu, daß das ein Problem ist.«

Am Abend wurde Jesse Jackson von Saddam Hussein zu einem persönlichen Gespräch empfangen. Ein Teil der Unterhaltung drehte sich um Jesus und seinen Märtyrertod. Der irakische Staatschef ging davon aus, er wäre, wie Jesus Christus, Opfer vorsätzlicher Verdammung und falscher Urteile. Er räumte ein, den Befehl erteilt zu haben, die Ausländer nicht ausreisen zu lassen, aber das, so sagte er, sei »eine Friedensgarantie« – die »uns aufgezwungene Blockade von Nahrungsmitteln und Medikamenten« sei »erbarmungsloser als eine Geiselnahme«. Saddam Hussein ließ tiefe Bitterkeit gegenüber den Vereinigten Staaten durchscheinen. Er fühlte sich gedemütigt, weil die Amerikaner auf seine »sukzessiven Friedensvorschläge« nicht einmal geantwortet hatten, und vertraute Jackson an, als wie erniedrigend er das Verhalten der Amerikaner empfand: »Nach meiner Unterredung mit Ihrer Botschafterin am 25. Juli haben die amerikanischen Behörden nicht einmal um eine offizielle Abschrift dieses Gesprächs gebeten. Ihr Land behandelt mich mit der Arroganz einer Kolonialmacht gegenüber einer Kolonie.«

Am folgenden Tag konnte Jackson sein Interview machen, nachdem er sich kurz in Kuwait-City aufgehalten hatte. Aus Sicherheitsgründen bestanden Saddam Husseins

Berater darauf, daß die Aufnahmen von Kameraleuten und mit Material des irakischen Fernsehens gedreht werden müßten. Am Schluß des Gesprächs fragte Jesse Jackson ihn, ob er, als Geste des guten Willens, »die dem Frieden dienen würde«, bereit sei, unverzüglich die Geiseln freizulassen. Saddam Hussein antwortete in gereiztem Ton: »Ich habe meine Position zu diesem Thema in mehr als einem Interview und gegenüber mehr als einem Journalisten klar erläutert. Dem ist nichts hinzuzufügen.«

Er erhob sich, und von einem Augenblick auf den anderen veränderten sich seine Haltung und sein Gesichtsausdruck. Keine Spur mehr von Entrüstung, statt dessen ein zufriedenes Lächeln und ein langer Händedruck mit Jackson, ausführlich von den anwesenden Kameras gefilmt. Dem amerikanischen Geistlichen sagte er in feierlichem Ton, damit alle es hören konnten: »Das war ein guter Abend und eine tiefgehende menschliche Begegnung. Zu Ehren der Amerikaner, die uns im Fernsehen zuschauen, können Sie die Frauen und Kinder mitnehmen, denen ich die Ausreise gestatte, sowie vier Männer, die krank zu sein scheinen. Sie werden an Bord einer irakischen Maschine in die Vereinigten Staaten fliegen.«

Während Jackson sich bereit macht, Bagdad zu verlassen, landet der Generaldirektor des israelischen Verteidigungsministeriums, David Ivri, gerade in Tel Aviv. Er war in aller Eile zu Geheimverhandlungen mit den wichtigsten Verantwortlichen im Pentagon nach Washington entsandt worden. Die israelische Regierung ist beunruhigt über amerikanische Projekte, Waffen nach Saudi-Arabien zu verkaufen. Das Abkommen mit Riad soll insbesondere die Lieferung von 24 F-15-C-Jägern, 150 Panzern und 200 Stinger-Luftabwehrraketen umfassen. Die Israelis schätzen den Wert dieser Waffenverkäufe auf annähernd 2,5 Milliarden Dollar. David Ivri hat einen Plan dabei, in dem Israel anfragt, ob es möglich sei, sofort zusätzliches Militärmaterial zu erwerben – namentlich F-16-Flugzeuge, Apache- und Tow-Raketen – sowie die von den Vereinigten Staaten bewilligten 1,8 Milliarden Dollar Militärhilfe auf einmal und gleich zu Beginn des Haushaltsjahres überwiesen zu bekommen. Ivri kehrt mit der Zusage zurück, daß die Vereinigten Staaten Israel hochentwickelte Waffen für 1 Milliarde Dollar verkaufen werden.

Am selben Tag erhält die israelische Regierung über den französischen Außenminister Roland Dumas eine Botschaft von Gorbatschow, mit dem er eben zusammengetroffen ist. Moskau macht sich aufgrund von Informationen aus Bagdad Sorgen über die Möglichkeit eines irakischen Angriffs auf Israel.

Für Gorbatschow ist die Golfkrise nicht nur eine formidable Gelegenheit, dem Rest der Welt seine maßvolle Haltung und sein Verantwortungsbewußtsein zu beweisen, indem er eng mit Washington zusammenarbeitet. Für ihn ist es auch ein Geduldsspiel und vielleicht sogar eine Falle. Er muß den Vormarsch gewisser immer noch mächtiger Machtzentren, vor allem innerhalb der Armee, einiger Abteilungen des KGB und im Außenministerium eindämmen, die weiterhin enge Beziehungen zu Bagdad unterhalten. Sie alle sind »beunruhigt über seine Duldsamkeit gegenüber der amerikanischen Strategie«. Gorbatschow hatte am 31. August nochmals versichert, die Aktion der Vereinigten Staaten stehe »in Einklang mit der Charta der Vereinten Nationen«. Man hält ihm entgegen, daß Washington die Schaffung einer kollektiven Sicherheitsstruktur am Golf vorbereite, die zu einer dauerhaften amerikanischen Militärpräsenz in dieser Region führen würde. Ein Projekt, das ihn in eine peinliche Situation bringen würde.

Außerdem war er wütend darüber, daß der Kreml nichts vom irakischen Vorhaben gewußt hatte. Noch am Tag der Invasion hatte er den Verteidigungsminister, Marschall Dimitri Jasow, einen Vertreter der konservativen Linie, in sein Büro bestellt. Die Unterhaltung der beiden Männer war in gespannter Atmosphäre verlaufen.

Untersuchungen ergaben, daß der sowjetische militärische Geheimdienst, zwei Wochen bevor die Invasion stattfand, über die Vorbereitungen informiert war. Der Dienst verfügte über zahlreiche Kontakte im Irak, sowohl zu Militärexperten als auch zu Saddam nahestehenden Offiziellen. Die Geheimdienstchefs rechtfertigten ihr Schweigen damit, die Berichte seien ihnen »übertrieben« erschienen. Das war eine plausible Verteidigung, aber das Schweigen konnte auch beabsichtigt gewesen sein, um den sowjetischen Präsidenten bloßzustellen. Überdies hatten die Iraker ein Druckmittel in der Hand: die noch immer im Land befindlichen sowjetischen Militärberater, deren Anzahl vertraulich behandelt wurde. Bagdad hatte Moskau wissen lassen, daß ihre Rückkehr erschwert würde, wenn die Sowjets den Vereinigten Staaten »militärische Geheimnisse« übermittelten.

Die größten Skeptiker unter den westlichen Analytikern argwöhnten, Gorbatschow spiele ein doppeltes Spiel. Einerseits zöge er an der Seite der Weltgemeinschaft die Karte der Diplomatie und der Entrüstung. Andererseits halte er insgeheim einen militärischen Beistand für das Bagdader Regime aufrecht, das seit fast 20 Jahren Verbündeter der Sowjetunion ist. Jedenfalls war klar, daß diese Verdächtigungen Gorbatschows Glaubwürdigkeit beeinträchtigen würden.

Am 5. September trat er abends in der Fernseh-Nachrichtensendung »Vremia« auf und gab einen detaillierten Bericht über die Audienzen des Tages. Sein Treffen mit Tarik Asis erwähnte er nicht. Der irakische Außenminister hatte einen Blitzbesuch unternommen und war »auf eigenen Wunsch vom sowjetischen Präsidenten« empfangen worden. Nach Abschluß des Meinungsaustauschs, der als »freimütig« bezeichnet wurde – was in der versteinerten sowjetischen Sprache so viel bedeutet wie »schwierig« –, erklärte der Iraker lächelnd: »Ohne Zögern kann ich die Sowjetunion immer noch als Freund bezeichnen.« Ein Satz, dessen offensichtliche Kühnheit womöglich darauf abzielte, Gorbatschow in Verlegenheit zu bringen, drei Tage vor seinem Gipfeltreffen mit George Bush in Helsinki. Am Vorabend hatte Eduard Schewardnadse in einer Rede in Wladiwostok versichert: »Die internationale Gemeinschaft kann räuberische Staaten und Piratenregime nicht tolerieren.«

Die Sowjetunion war nicht das einzige Land, das verdächtigt wurde, ein doppeltes Spiel zu spielen. Aus verschiedenen sicheren Quellen sollten im Lauf der folgenden Wochen Zweifel an der Ernsthaftigkeit auch der französischen Position laut werden. Manche gingen sogar so weit, sie als »unsicher« und »mehrdeutig« zu bezeichnen. Hatte Frankreich zur Befreiung seiner Geiseln vielleicht doch einen Handel mit dem Irak abgeschlossen? In Tunis und vor allem in Amman hatten französische Emissäre, die für ihre privilegierten Beziehungen zu arabischen Führern und den »besonderen Diensten« des Nahen Ostens bekannt sind, wahrscheinlich direkte Gespräche mit irakischen Offiziellen geführt. In diesem Zusammenhang wird, aus naheliegenden Gründen, der Name von Claude Cheysson genannt, aber auch der von Philippe Rondot, einem Spezialisten für arabische Angelegenheiten bei der DGSE (Direction Générale de la Sécurité Extérieure, der militärische Nachrichtendienst Frankreichs), dessen Vater viele Jahre zuvor den syrischen Geheimdienst aufgebaut hatte. Welcher Preis war gezahlt worden? Gewiß mehr als die symbolische Rückverlegung von 50000 in Saudi-Arabien stationierten französischen Soldaten um fünfzig Kilometer und die unter dem Vorwand der Wasserknappheit erfolgte Schließung der französischen Botschaft in Kuwait.

Ein weiteres, viel schwerwiegenderes Rätsel: Befinden sich noch Franzosen im Irak? Zivile und vielleicht sogar militärische Techniker, die vor der Invasion Kuwaits in Bagdad die Wartung von Militärausrüstungen gewährleistet hatten, seien angeblich, auch nach der Freilassung der Geiseln und unter Mißachtung der UNO-Resolution, dort weiterhin aktiv.

Am 8. September, wenige Stunden bevor der amerikanische Präsident und sein sowjetischer Partner in der finnischen Hauptstadt eintreffen, lanciert Saddam Hussein im

Fernsehen eine Warnung: Es dürfe keine ausländische Einmischung in der arabischen Welt geben. Die Sowjetunion forderte er auf, alles zu tun, um ihren Status als Supermacht zu bewahren. Das war eine feindselige, hinterhältige Bemerkung, die anklingen ließ, Moskau würde Stück für Stück an Einfluß verlieren und in eine subalterne Rolle abgleiten, wenn es zu sehr an den amerikanischen Positionen klebe.

Am 9. September kamen Bush und Gorbatschow zu einer Einigung. Gorbatschow, der den amerikanischen Präsidenten davon überzeugt hatte, daß er den Irak nicht militärisch unterstützt, erhielt grünes Licht, seine Beziehungen, einen Kontakt zum Irak, aufrechtzuerhalten. Jewgeni Primakow, einer seiner engsten Mitarbeiter, wird den Auftrag erhalten, sich darum zu kümmern. Im Gegenzug ermächtigte Gorbatschow den US-Präsidenten, seine Kriegsvorbereitungen weiterzutreiben. In einer gemeinsamen Erklärung wurde noch einmal der Wunsch bekräftigt, diese Krise friedlich beizulegen. Allerdings: »Wenn alle unternommenen Anstrengungen scheitern sollten, sind wir bereit, andere Initiativen ins Auge zu fassen, die in Einklang mit der Charta der Vereinten Nationen stehen.«

Die entscheidende Unbekannte war, und sie bleibt es noch heute, die ernstgemeinte Entschlossenheit Saddam Husseins. Ein Zipfel des Schleiers wird vielleicht gelüftet durch das, was er Ende August in Bagdad Jassir Arafat und Abu Ijad anvertraute.

Die Palästinenserführer fanden ihn »völlig entspannt«. Saddam sagte in aller Ruhe: »Jetzt, wo die Krise sich ausgeweitet hat, kann ich sie da auf die Forderung nach zwei Inseln und einigen Ölfeldern reduzieren, besonders nachdem ich mich vom Schatt el-Arab zurückgezogen habe? Das wäre nicht genug. Wenn ich dem irakischen Volk sagte, daß ich mich zurückziehe, weil ich ein so bedeutsames Problem wie das der Palästinenserfrage gelöst habe, verstünde man das. Aber wenn ich gehe und nur zwei Inseln und ein paar Ölfelder behalte, wird das Volk das niemals akzeptieren.

Das wäre schlimmer, als den Krieg zu verlieren. Ich habe nie gesagt, daß ich bereit wäre, mich zurückzuziehen. Warum? Weil ich glaube, daß die irakischen Soldaten ihre Moral verlieren würden, wenn sie spüren, daß ich an einen Rückzug glaube.« Und Saddam setzt hinzu: »Wenn ich einen Friedensvorschlag vorbringe, dann bin ich es, der Konzessionen machen muß. Sind es die anderen, die etwas vorschlagen, dann kann ich Konzessionen einfordern.«

Die drei Männer sprechen über die Möglichkeit eines Krieges. Saddam sieht dem ohne Besorgnis entgegen. »Ich bin sehr wohl auf dem laufenden«, sagt er, »über die amerikanische technische Überlegenheit, besonders in der Luft, doch ich denke, daß sie nur einen Teil der irakischen Streitkräfte werden neutralisieren können und daß die entscheidenden Gefechte am Boden stattfinden werden.«

Dann macht er sich daran, detailliert Charakter und Ausmaß der verschiedenen Angriffe zu beschreiben, die gegen ihn vorgetragen werden könnten. Er scheint alles in Betracht gezogen und abgewogen zu haben: die Verluste, die er in Kauf nehmen müßte, und die Mittel, mit denen er zurückschlagen würde. Arafat bestätigt später: »Beim Zuhören war ich wie betäubt von seiner Kaltblütigkeit.«

Der PLO-Chef teilte dem Iraker mit, daß zuverlässigen Informationen zufolge Operationen in Vorbereitung seien, die gegen ihn persönlich gerichtet seien. Saddam Hussein brach in Gelächter aus und antwortete: »Wollt ihr mich erschrecken oder zur Aufgabe bewegen? Das ist doch nur ein Scherz.«

Hat sich Saddam Hussein seither zum Nachgeben entschlossen? Jewgeni Primakow, der Sonderbotschafter Gorbatschows, hat sich wiederholt mit ihm getroffen. Einmal im Oktober ließ er, erstaunt und entnervt zugleich über die Unnachgiebigkeit des Irakers, die diplomatischen Floskeln beiseite, die er bis dahin bemüht hatte: »Herr Präsident, wenn Sie stur bleiben, werden die Amerikaner Krieg gegen Sie anfangen, und wir werden nicht eingreifen, um das zu verhindern.«

»Ich weiß«, antwortete Saddam Hussein in fast unbeteiligtem Ton.

»Aber Sie werden verlieren«, gab Primakow zurück.

Saddam Hussein blickte ihn lange an, bis er in aller Ruhe antwortete: »Vielleicht.«

# Epilog

Obwohl die Golfkrise noch lange nicht zu Ende ist, mußten wir ein Datum wählen, mit dem dieses Buch enden soll. Schließlich haben wir uns auf den 29. November 1990 festgelegt. Es schien uns offensichtlich, daß die Krise noch eine ganze Zeit andauern würde; nicht weniger klar war es, daß ihre Lösung immer komplizierter werden würde. Dramatische Dinge hatten sich Mitte Oktober im Nahen Osten ereignet.

Während wir in Südfrankreich an unserem Buch arbeiteten, wurde offenkundig, daß neue Elemente die weltweite Koalition unter Druck setzten, die sich gegen Saddam Hussein formiert hatte.

Zwei Themen beherrschten zu dieser Zeit Zeitungen, Rundfunk und Fernsehen: Die 21 am 8. Oktober auf dem Jerusalemer Tempelberg getöteten Palästinenser und die Niederlage, die die syrische Armee am 13. Oktober in Beirut dem Christenführer General Michel Aoun beigebracht hatte.

Am 12. August, zehn Tage nach der Invasion in Kuwait, hatte Saddam Hussein erklärt, die Krise könne nur zusammen mit anderen Konflikten der Region gelöst werden – der israelischen Präsenz in den besetzten Gebieten, der syrischen Besetzung des Libanon und dem israelischen Eindringen in den Südlibanon. Die amerikanische und die israelische Regierung hatten darauf reagiert, indem sie Saddam Husseins Vorschlag als »verachtenswerte Propaganda« abqualifizierten.

Im weiteren Verlauf der Krise räumten einige westliche

Mächte in ihren Erklärungen jedoch die Existenz eines solchen Zusammenhangs zwischen den verschiedenen Problemen des Nahen Ostens ein. So sagte Präsident François Mitterrand in seiner Rede vom 24. September vor den Vereinten Nationen, daß Verhandlungen aufgenommen werden könnten, wenn Saddam Hussein die Absicht erkennen ließe, Kuwait zu verlassen. Der britische Außenminister Douglas Hurd versicherte seinerseits, eine Regelung des palästinensischen Problems werde vorrangig geprüft, wenn die Golfkrise erst einmal gelöst sei. Präsident Bush selbst mochte eine direkte Verbindung zwar nicht herstellen, erkannte jedoch an, daß die Probleme des Nahen Ostens nach dem Rückzug Saddam Husseins aus Kuwait gelöst werden müßten.

Die blutigen Ereignisse vom 8. Oktober in Jerusalem kamen für Saddam Hussein wie ein unerwartetes Geschenk, da sie die weltweite Aufmerksamkeit auf das Palästinaproblem lenkten und Israel in eine äußerst heikle Lage versetzten. Die Israelis beeilten sich zu erklären, daß die Unruhen von der PLO geschürt worden seien, um Israel zu kompromittieren. Einige israelische Sprecher gingen sogar so weit zu behaupten, wahrscheinlich habe der Irak die PLO zu diesem Manöver angestiftet. Die palästinensischen Führer vertraten den entgegengesetzten Standpunkt. Sie beschuldigten die Israelis, die Agitation einer Gruppe von israelischen Extremisten, der »Tempelgläubigen«, die ihre Absicht verkündet hatten, eine Moschee niederzureißen, um an ihrer Stelle eine Synagoge zu errichten, für eine blutige Reaktion ausgenutzt zu haben. Man weiß, daß die israelische Polizei es den Extremisten eindeutig verboten hat, sich der Moschee zu nähern. Es ist ebenso gesichert, daß die Palästinenser Tausende von Juden, die an der Klagemauer beteten, mit Steinwürfen angegriffen haben. Aber es ist nicht weniger gewiß, daß die israelischen Truppen das Feuer auf die Palästinenser eröffnet haben, als die Juden dem Steinhagel schon längst entflohen und außer Gefahr waren.

Mehrere israelische Gruppierungen haben ihre Regierung wegen ihres Vorgehens gegen die Demonstranten kritisiert.

Eine unabhängige Gruppe mit der Bezeichnung B'Tselem, die die israelische Präsenz in den besetzten Gebieten überwacht, beschuldigte die Ordnungskräfte, »in die Menge geschossen« zu haben, ohne zwischen Aufrührern, unbeteiligten Schaulustigen und Rettungsmannschaften zu unterscheiden. »Es wurde selbst dann noch geschossen, als die Menge auf der Flucht war und sich in alle Richtungen zerstreute; die Schüsse hörten auch dann nicht auf, als Krankenwagen und Sanitäter am Ort des Geschehens eintrafen.« So lautete die Anklage der Rechercheure in ihrem vierunddreißigseitigen Bericht.

Diese Ereignisse stellten die amerikanische Regierung, die für ihre langjährigen und privilegierten Beziehungen zu Israel bekannt ist, vor ein schwerwiegendes Problem. Während einer fünfstündigen Debatte im Sicherheitsrat der Vereinten Nationen setzte die amerikanische Delegation sich mit aller Kraft für eine Resolution ein, in der mit Israel so nachsichtig wie möglich umgegangen würde. Nachdem sie in der Golfkrise die Unterstützung einer Mehrheit der arabischen Länder gewonnen hatten, waren die Vereinigten Staaten nun tatsächlich nicht mehr imstande, ihr Veto einzulegen. In den Tagen nach den Unruhen von Jerusalem ließ sich feststellen, daß die Feindschaft der arabischen Welt die Zielrichtung gewechselt hatte: statt der PLO, für ihre Unterstützung Saddam Husseins, galt sie einmal mehr Israel. Dieser Meinungsumschwung war besonders in Ägypten spürbar, wo Präsident Husni Mubarak eine feste Position für die amerikanische Haltung gegenüber Saddam Hussein bezogen hatte. Die ägyptische Presse wurde zum Spiegel und Verstärker der von den Jerusalemer Ereignissen hervorgerufenen Kehrtwendung.

Die schließlich verabschiedete UNO-Resolution tadelte Israel nicht nur wegen seiner Repressionsmaßnahmen gegen die Palästinenser, sie sah auch die Entsendung einer Untersuchungskommission der Vereinten Nationen vor. Die konservative Regierung von Jizhak Schamir reagierte wütend. Sie machte den USA Vorwürfe wegen ihrer Haltung in dieser Sache und lehnte eine Untersuchungskommission der Vereinten Nationen kategorisch ab, fügte sogar noch hinzu, die UNO-Repräsentanten könnten allenfalls als Touristen einreisen. Der amerikanische Außenminister Baker verglich die Reaktion Israels auf die Resolution der Vereinten Nationen mit der von Saddam Hussein. Das konnte die Spannungen zwischen Israel und den USA nur verschärfen, worauf diese mitten in der Golfkrise gern verzichtet hätten. Seit Beginn der Krise hatten die USA Israel zur Zurückhaltung geraten, um in der Weltöffentlichkeit den Eindruck eines »amerikanisch-zionistischen Komplotts« zu verhindern. Saddam Hussein hatte das sehr wohl verstanden. Er hatte wiederholt erklärt, er würde im Fall einer Aggression gegen den Irak durch amerikanische oder andere in Saudi-Arabien massierte Truppen sofort Raketen auf Israel abschießen. Er wußte, daß er auf diese Weise Israel in den Konflikt hineinziehen und damit die Einheit der arabischen Staaten gegen den Irak sprengen würde.

Die israelische Regierung ordnete eine eigene Untersuchung der Ereignisse von Jerusalem an, die vom ehemaligen Mossad-Direktor Zvi Zamir geleitet wurde. Hinter verschlossenen Türen verhörte die Kommission am Sonntag, dem 14. Oktober, ihren ersten Zeugen. Zwölf Tage später erklärte der Zamir-Bericht die israelische Grenzpolizei praktisch für unschuldig am Tod der 21 Palästinenser.

Zweifellos war es auch der Ärger auf die USA, der die Israelis dazu trieb, eine weitere Entscheidung zu treffen, die die Beziehungen zwischen beiden Ländern nur verschlechtern konnte. Wohnungsbauminister Ariel Scharon kündigte an, in Ost-Jerusalem Wohnungen für Emigranten aus der Sowjetunion bauen zu wollen. Die USA hatten Israel eine Bürgschaft über Kredite in Höhe von 400 Millionen Dollar gewährt, allerdings nur unter der Bedingung, daß kein Teil dieser Summe für den Bau von Siedlungen in den besetzten Gebieten verwendet würde. Nichtsdestotrotz erklärte Scharon, Ost-Jerusalem sei nicht etwa besetztes Gebiet, sondern integraler Bestandteil der Hauptstadt des Staates Israel – eine Behauptung, der sich praktisch keine ausländische Macht je angeschlossen hatte.

Die Entscheidung der Syrer, General Aoun im Libanon mit Waffengewalt auszuschalten, stand ebenfalls in Bezug zur Golfkrise. Lange Zeit von den USA wegen seiner Unterstützung terroristischer Gruppen verurteilt, war Syrien in der Krise zum begünstigten Verbündeten geworden. Präsident Hafez el-Assad haßte Saddam Hussein schon immer und war nur zu glücklich, sich einer internationalen Streitmacht anschließen zu können, deren Ziel es war, den Iraker aus Kuwait, womöglich gar von der Macht zu vertreiben. Der Besuch von Außenminister James Baker in Damaskus und sein langes Gespräch mit Hafez el-Assad hatten in den Vereinigten Staaten für Kritik gesorgt. Die Angehörigen der Opfer des Pan-Am-Fluges Nr. 103 – im November 1988 war das Flugzeug über dem schottischen Dorf Lockerbie durch eine Explosion zerstört worden – waren zutiefst verletzt. Sie konnten es kaum fassen, daß einer der wichtigsten Führer ihres Landes einem Komplizen dieses terroristischen Anschlags einen offiziellen Besuch abstattete.

Doch Präsident Assad stand mittlerweile bei den Vereinigten Staaten wieder in Gunst. Er hatte ein Truppenkontingent nach Saudi-Arabien und in die Vereinigten Arabischen Emirate entsandt, er stand voll und ganz hinter der Position der USA und der Resolution des UN-Sicherheitsrates gegen den Irak. Glaubt man einem hochgestellten syrischen Gewährsmann, so hatte Assad achtundvierzig Stunden bevor er sich aufmachte, die christliche Enklave in Beirut einzukesseln und General Aoun mit Gewalt zu vertreiben, vom Weißen Haus grünes Licht erhalten.

Von syrischen Truppen eingekreist, hatte General Aoun Israel zu Hilfe gerufen, wie Uri Lubrani, der Koordinator der israelischen Operationen im Libanon, bestätigt. Lubrani zufolge konnten sich die Syrer nur deshalb mit Gewalt des Christengenerals entledigen, weil es zwischen ihnen und den Amerikanern in der Golffrage zu einer Annäherung gekommen war: »Es steht außer Frage, daß Syrien sich aufgrund seiner Allianz mit den Vereinigten Staaten zur Gewaltanwendung im Libanon berechtigt fühlte.«

Nach kurzem, aber mörderischem Kampf mußte General

Aoun den Beiruter Präsidentenpalast räumen und in der französischen Botschaft Zuflucht suchen. Dort ist er noch immer. Die Regierung von Präsident Elias Hrawi lehnt die französische Forderung ab, General Aoun aus dem Libanon nach Frankreich ausreisen zu lassen, und besteht darauf, ihm wegen Korruption den Prozeß zu machen.

Man wird aufmerksam festhalten müssen, daß die syrische Intervention in Ost-Beirut weder von den USA noch von irgendeiner anderen Großmacht öffentlich kritisiert worden ist. Sie wurde, im Gegenteil, als ein großzügiger Versuch dargestellt, die Einheit des Libanon wiederherzustellen. Es ist sicher wichtig, die nur noch lächerliche Souveränität des in seine Einzelteile zerfallenden libanesischen Staates zu restituieren, doch es fällt eher schwer, die langwährende syrische Besetzung des Libanon anders zu beurteilen als die irakische Besetzung Kuwaits, selbst wenn die Syrer noch immer vorgeben, nur in den Libanon eingedrungen zu sein, um dort den Frieden zu sichern.

Indem es sich der Koalition angeschlossen hat, ist es Syrien nicht nur gelungen, grünes Licht für seine Intervention im Libanon zu erhalten, es hat aus diesem Bündnis noch weitere Vorteile ziehen können. Syrien hat nicht nur als Folge seiner langdauernden Feindschaft mit dem Irak gemeinsame Sache mit den internationalen Truppen gemacht. Allem voran sah Syrien sich isoliert von den wichtigsten arabischen Staaten, besonders von Ägypten und Saudi-Arabien. Es war weder Mitglied des 1989 gegründeten Arabischen Kooperationsrates noch des seit einigen Jahren bestehenden Golf-Kooperationsrates. Durch seinen Beitritt zur Koalition schaffte es Syrien, die Mauern einzureißen, die es vom Rest der arabischen Welt trennten, und sich Ländern anzuschließen, zu denen es bis dahin praktisch keine Verbindungen unterhalten hatte. Auch hatten die Syrer schnell begriffen, was die Ereignisse in Osteuropa und in der Sowjetunion, den bisherigen Hauptstützen des Regimes von Hafez el-Assad, bedeuteten. Selbst in schwere ökonomische Schwierigkeiten gestürzt, würden diese Länder fortan nicht mehr imstande sein, Syrien Wirtschafts- und Militärhilfe zu leisten. Für Syrien wurde es deshalb dringlich, einen neuen und mächtigen Verbündeten zu finden – die Vereinigten Staaten. Die syrische Regierung war sich rasch im klaren darüber, daß sich ihre Beziehungen zu Washington normalisieren würden, wenn Syrien der Koalition beiträte – obwohl die Amerikaner lange Zeit die syrische Führungsrolle im nahöstlichen Terrorismus verurteilt hatten.

Ungeachtet dieser Verbesserungen gab es immer noch Dinge, die den Syrern Unbehagen bereiteten. Der erste und wichtigste Grund hatte mit den 700 Millionen Dollar zu tun, die die USA Israel für den Ausbau seiner Raketenabwehrsysteme bewilligt hatten. Die Syrer interpretierten diese von ihnen heftig bekämpfte Entscheidung als amerikanische Variante, die Golfkrise mit dem israelisch-arabischen Konflikt zu verbinden. Kaum glücklicher war Syrien über die Finanzhilfe, die der Westen und seine Verbündeten Ländern wie Ägypten gewährten. Die USA hatten 7 Milliarden Dollar der Auslandsschulden Ägyptens gestrichen, dem die Ölstaaten am Golf darüber hinaus eine Unterstützung von 5 Milliarden Dollar bewilligt hatten. Syrien hingegen fiel noch immer unter die von den Vereinigten Staaten und Großbritannien verhängten Wirtschaftssanktionen und genoß keinerlei finanzielle Hilfe, die ihm ermöglicht hätte, seine vordringlichsten Wirtschaftsprobleme zu lösen.

Auch mit der diplomatischen Entwicklung waren die Syrer unzufrieden. So hatte Großbritannien wieder diplomatische Beziehungen zum Iran geknüpft, lehnte es aber ab, sie auch zu Syrien wiederaufzunehmen. Der Bruch war 1986 erfolgt, nachdem man in einer El-Al-Maschine auf dem Flughafen von Heathrow eine Bombe entdeckt hatte. Die Briten hatten damals Syrien beschuldigt, das Attentat organisiert zu haben, und die diplomatischen Beziehungen abgebrochen. Seither hatte sich, trotz der neuen syrischen Position auf seiten der antiirakischen Koalition, Premierministerin Margaret Thatcher geweigert, diese Entscheidung zurückzunehmen. Schließlich gab es für die Syrer noch einen letzten Grund zur Unzufriedenheit: Trotz ihres Hasses auf den Irak betrachteten sie dieses Land immer noch als potentiell wichtige Stütze für den Fall eines Krieges gegen Israel. Das war der Grund, weshalb die syrische Regierung von Beginn an eindeutig erklärte, ihre Truppen stünden nur in Saudi-Arabien, um das Königreich zu verteidigen, nicht etwa, um den Irak anzugreifen. Die Syrer wünschen eine Lösung des Kuwait-Problems, aber sie sähen es ungern, wenn der Irak seine militärische Macht verlöre. Sie wollen den Krieg nicht, denn etliche syrische Führer fürchten, daß es ein von Israel provozierter Krieg wäre, den Israel ausnutzen würde, um Saddam Hussein zu entmachten und das irakische Militärpotential zu zerschlagen.

In den zehn Tagen, bevor wir das Buch abschlossen, sind im Nahen Osten weitere Ereignisse von Bedeutung eingetreten.

Am 18. November, also dreieinhalb Monate nach Ausbruch der Krise, versammelten sich vierunddreißig Staats- und Regierungschefs aus Ost- und Westeuropa, den Vereinigten Staaten und Kanada in Paris zum KSZE-Gipfel und besiegelten das Ende des Kalten Krieges. Genau zu diesem Zeitpunkt traf aus Bagdad eine Botschaft Saddam Husseins ein, mit der Ankündigung, sämtliche ausländischen Geiseln würden ab Weihnachten freigelassen. Diese Erklärung hatte nichts Überraschendes. Seit Beginn der Krise hat Saddam Hussein die Geiselfrage intelligent gehandhabt, in der Hoffnung, die Unterstützung der Weltmeinung für einen bewaffneten Angriff auf sein Land abzuschwächen. Auch seine letzte Initiative würde, wie die vorhergehenden, von den USA sicher nur als neues Propagandamanöver zurückgewiesen werden. Und tatsächlich denunzierte Bush am nächsten Morgen, nach einem Frühstück mit Margaret Thatcher, diese Praxis der scheibchenweisen Freilassung der Geiseln und erklärte, wenn Saddam Hussein eine friedliche Lösung wünsche, dann müsse er sich in Kuwait nur so verhalten, wie er es mit dem Iran getan habe, »eine vollständige Kehrtwendung vollführen«. »Niemand brauchte auch nur einen Schuß abzufeuern, wenn er das tut, was er tun muß, das heißt, sich ohne Vorbehalte den in der Resolution der Vereinten Nationen verfügten Bedingungen zu unterwerfen.«

Doch parallel zur Eröffnung der KSZE-Konferenz ließ sich mit bloßem Augenschein feststellen, daß die Golfkrise immer komplexer wurde. George Bush und Außenminister James Baker waren nicht nur nach Paris gekommen, um an der Konferenz teilzunehmen, sondern auch und vor allem zu dem Zweck, Frankreich und die Sowjetunion von der Notwendigkeit einer neuen UN-Resolution zu überzeugen, die eine Militäraktion gegen den Irak ausdrücklich erlauben sollte. Im Anschluß an ein Gespräch zwischen Baker und seinem französischen Amtskollegen Roland Dumas verlautete aus der Umgebung des amerikanischen Außenministers, Frankreich sei damit einverstanden, eine solche Resolution zu unterstützen. Eine gleichlautende Botschaft brachten die Amerikaner nach dem gemeinsamen Abendessen von Bush und Mitterrand in Umlauf. Im Elysée-Palast ließ man unverzüglich wissen, es sei keinerlei Einigung in diesem Sinne erfolgt. Frankreich befürworte zwar das »Prinzip«, lehne es jedoch ab, eine solche Resolution zu unterstützen, bevor sie im Sicherheitsrat debattiert worden sei. Mitterrand präzisierte schließlich seine Position auf einer Pressekonferenz zum Abschluß des Pariser KSZE-Treffens und erklärte, in weniger als drei Wochen würde eine weitere Resolution verabschiedet, die wahrscheinlich die Autorisierung zur Gewaltanwendung beinhalten werde.

Mit den Sowjets verliefen die Dinge fast genauso. Baker traf sich dreimal mit Schewardnadse, und Bush unterhielt sich mit Gorbatschow. Die Sowjets zogen eine »energische« Resolution des Sicherheitsrates ohne große Begeisterung in Betracht. Der Sprecher der sowjetischen Delegation bestätigte mehrfach, daß die Position seines Landes auf »Geduld« basiere. Nichtsdestoweniger erhob Gorbatschow vor seiner Abreise im französischen Fernsehen heftige Anschuldigungen gegen den Irak und Saddam Hussein: »Die Situation ist äußerst gefährlich«, erklärte er. »Wir müssen handeln, wir müssen uns standfest und entschlossen zeigen. Der Sicherheitsrat der Vereinten Nationen muß unverzüglich zusammentreten, um die Situation zu diskutieren und eine Entscheidung zu fällen.«

Vor seiner Ankunft in Paris hatte Bush angekündigt, daß er die amerikanische Präsenz am Golf durch die Entsendung von zusätzlichen 200000 Mann verstärken werde. Beobachter veranlaßte das, zwei unterschiedliche Szenarien zu formulieren: Nach dem ersten würde ein Truppenaufmarsch in diesem Umfang mehrere Monate erfordern und folglich jegliche Militäraktion vor Ende Januar oder Anfang Februar ausschließen. Nach dem zweiten Szenario sollte die Ankündigung der Truppenverstärkungen nur die Vorbereitung eines unmittelbar für den Dezember bevorstehenden Angriffs verschleiern.

Diejenigen, die noch auf eine arabische Lösung hofften, hatten nun alle Illusionen verloren. Anfang November hatte König Hassan II. von Marokko vorgeschlagen, einen arabischen Gipfel einzuberufen, um die Krise zu lösen. Doch während der Irak sich beeilte, diesen Vorschlag zu unterstützen, wurde er von den wichtigsten arabischen Staaten, insbesondere Ägypten, Syrien und Saudi-Arabien, nicht weniger rasch abgelehnt.

Auch die Befürworter einer Lösung auf dem Wege von Verhandlungen waren enttäuscht. Der sowjetische Unterhändler Jewgeni Primakow, der in der Hoffnung, auf eine friedliche Lösung hinzuwirken, zwischen den Ländern des Nahen Ostens, einschließlich des Irak, pendelte, regte an, Bagdad Konzessionen vorzuschlagen. Das war zu jener Zeit etwas, was die Amerikaner weder akzeptieren konnten noch wollten. Tatsächlich hatte sich Bush selbst in eine Position hineinmanövriert, die nur schwer zu verändern und so gut wie unmöglich zu verhandeln war. Er hatte erklärt, daß mit Saddam Hussein keine Verhandlungen aufgenommen werden könnten, solange der Irak sich nicht aus Kuwait zurückgezogen hätte, die kuwaitische Königsfamilie nicht wieder die Macht übernommen hätte und die ausländischen Geiseln nicht allesamt freigelassen worden wären. In jedem seiner Interviews wies Saddam Hussein diese Bedingungen zurück. Als einer der Autoren dieses Buches, Pierre Salinger, sich Anfang September in Bagdad aufhielt, teilte ihm der irakische Außenminister mit, Saddam Hussein wünsche eine Fernsehdebatte mit George Bush. Die Nachricht wurde ans Weiße Haus weitergegeben, die Antwort war ein kategorisches »Nein«. In einem Interview, das er am 15. November in Bagdad dem ABC-Korrespondenten Peter Jennings gewährte, unterstrich Saddam Hussein, er sei bereit zu Gesprächen mit den Vereinigten Staaten und Saudi-Arabien, jedoch »ohne Vorbedingungen« – was bedeutete, daß er sich nicht aus Kuwait zurückziehen würde, bevor eine Verhandlungslösung erreicht wäre. Die Positionen von George Bush und Saddam Hussein waren nun offensichtlich unvereinbar geworden. Da es keinen einseitigen Abzug Saddam Husseins gab, keine arabische Lösung, keine Verhandlungslösung, lief alles, wenn nicht eine plötzliche Wendung einträte, geradenwegs auf den Krieg zu.

Am 29. November 1990 verabschiedete der Sicherheitsrat der Vereinten Nationen eine die Anwendung von Gewalt gegen den Irak autorisierende Resolution mit einer Klausel, die Saddam Hussein ein Ultimatum für die Räumung Kuwaits setzte – den 15. Januar 1991. Das bedeutete, daß der Krieg nicht vor Ende Januar oder Anfang Februar 1991 angefangen werden konnte. Wohlgemerkt: Eine militärische Provokation Saddam Husseins würde aber ausreichen, den Krieg früher ausbrechen zu lassen.

Genau in diesem Moment kam die plötzliche Wendung. Schon am Tag nach der Abstimmung über die Resolution schlug George Bush die Aufnahme von Gesprächen mit dem Irak vor und regte an, Tarik Asis solle nach Washington kommen und James Baker nach Bagdad reisen. Saddam Hussein brauchte vierundzwanzig Stunden, um positiv zu reagieren. Die Kriegsgefahr war noch immer nicht gebannt, doch durch diese Initiative verfügte der amerikanische Präsident über zwei Hebel: Der UNO-Beschluß ließ ihm freie Hand, militärisch einzuschreiten, und erlaubte ihm zugleich, eventuelle Verhandlungen nicht als Beweis seiner Schwäche hinnehmen zu müssen.

Von nun an konnte George Bush mit Schwert und Ölzweig zugleich winken.

# Anhang

# Note des irakischen Außenministers Tarik Asis an den Generalsekretär der Liga der Arabischen Staaten vom 16. Juli 1990

Herr Generalsekretär der Liga der Arabischen Staaten,

Brüderliche Grüße!
Lassen Sie mich zu Beginn die Prinzipien wiederholen, an die der Irak glaubt und die er in seinen arabischen Beziehungen stets buchstabengetreu angewandt hat.

Der Irak geht davon aus, daß die Araber, über die staatlichen Grenzen hinaus, eine einzige Nation bilden, daß ihr Besitz allen gehören und nützen soll, daß ein Übel, das einen von ihnen trifft, alle berührt. Dieses ist die Grundlage, auf der der Irak stets die Reichtümer der arabischen Nation betrachtet und seine eigenen Reichtümer verwaltet hat.

Der Irak geht weiterhin davon aus, daß, trotz all dessen, was die arabische Nation während der osmanischen Zeit erdulden mußte, dann unter dem Joch der westlichen Kolonisation, der Verachtung, der Spaltungen, der Unterdrückung und der Versuche, die nationale Identität zu entstellen, der Bestand ihrer Einheit solide und lebendig geblieben ist. Trotz ihrer Aufsplitterung in Staaten bleibt die arabische Welt doch nicht minder ein einziges Vaterland, in dem jeder Schritt, hier oder dort, in dem einen Land oder in dem anderen, entlang einer nationalen Vision und insbesondere entlang den Erfordernissen der gemeinsamen arabischen nationalen Sicherheit betrachtet werden muß. Man muß verhindern, in den Abgründen einer engstirnigen und egoistischen Betrachtungsweise zu versinken, wenn es um die Rechte und Interessen dieses oder jenen Landes geht. Die übergeordneten Interessen der arabischen Nation wie auch die für die arabische nationale Sicherheit wesentlichen strategischen Kalküle müssen stets gegenwärtig sein und in den innerarabischen Beziehungen den Vorrang haben.

Auf die Grundlage dieser nationalen, brüderlichen, treuen und ernsthaften Prinzipien hat der Irak seine Beziehungen zu Kuwait gestellt, und das ungeachtet der wohlbekannten Wirklichkeit des vergangenen und gegenwärtigen Verhältnisses zwischen dem Irak und Kuwait.

Was zur vorliegenden Note veranlaßt, ist, daß wir uns leider einer Situation gegenübersehen, die, aufgrund der Politik der kuwaitischen Regierung, nicht nur in völligem Widerspruch zu den eben erwähnten nationalen Prinzipien steht, sondern sie in ihrem Wesen bedroht.

Obwohl wir ihnen gegenüber stets ein Verhältnis aufrichtiger Brüderlichkeit gepflegt und zu jeder Zeit auf die Fortführung des Dialogs mit ihnen bedacht waren, haben es die kuwaitischen Verantwortlichen wissentlich und vorsätzlich unternommen, dem Irak zu schaden, versucht, ihn zu schwächen, in einem Augenblick, in dem er gerade einen schrecklichen Krieg von acht Jahren hinter sich gebracht hatte, währenddessen der Irak – und das nach Ansicht aller aufrichtigen Araber, ob Monarchen, Intellektuelle oder Bürger, eingeschlossen die Staatschefs der Golfstaaten – die Souveränität der gesamten arabischen Nation verteidigt hat, vor allem die der Länder des Golfs und ganz besonders die von Kuwait.

Die kuwaitische Regierung hat also diese vorsätzliche Politik der Schwächung des Irak verfolgt in einem Moment, in dem dieser aufgrund seiner nationalen Positionen in der Verteidigung der Rechte der Araber einer wütenden imperialistisch-zionistischen Kampagne konfrontiert war. Kuwait ließ sich dabei bedauerlicherweise leiten von seinem Egoismus, der Beschränktheit seiner Sichtweisen, aber auch von Zielen, die sich als von großer Gefährlichkeit erwiesen haben und die auf den folgenden Seiten dargelegt werden:

*Erstens:* Man weiß, daß seit der Kolonialzeit und den Spaltungen, die sie der arabischen Nation zugefügt hat, ein Grenzproblem zwischen dem Irak und Kuwait in der Schwebe geblieben ist, das durch die in den sechziger und siebziger Jahren hergestellten Kontakte nicht zu regeln gelungen ist und das sich auch im Augenblick des Kriegsausbruchs zwischen dem Irak und dem Iran noch stellte.

Während der langen Jahre des Krieges und während die tapferen Söhne des Irak ihr kostbares Blut an der Front vergossen, um das arabische Land zu verteidigen, auch das Kuwaits, hat die Regierung dieses Landes das ausgenutzt – indem sie die Verbundenheit des Irak mit seinen authentischen nationalen Prinzipien und den Edelmut seiner Methoden in den Beziehungen zu seinen Brüdern und in der Behandlung arabischer Fragen ausnutzte –, um einen Plan zur geplanten und vorsätzlichen Aushöhlung des irakischen Territoriums ins Werk zu setzen, und hat es unternommen, militärische Installationen, Einrichtungen der petrotechnischen Infrastruktur und der landwirtschaftlichen Nutzung auf irakischem Boden zu errichten. Wir haben uns damit begnügt, darauf hinzuweisen, in der Annahme, daß dieses, unter Brüdern, ausreichen müßte, uns verständlich zu machen, im Rahmen der Prinzipien der Brüderlichkeit, von denen wir dachten, daß ihnen alle verbunden seien. Doch die Heimtücke wurde mit Beharrlichkeit fortgesetzt, was ihren vorsätzlichen und geplanten Charakter nur bestätigt.

Nach der Befreiung von Fao hatten wir – im Verlauf des Gipfels von Algier 1988 – die Initiative ergriffen, die kuwaitische Seite von unserem aufrichtigen Willen zu unterrichten, diese Angelegenheit freundschaftlich zu regeln, im Rahmen brüderlicher Beziehungen und des übergeordneten Interesses der Nation. Ihre Antwort war höchst überraschend. Es wäre nur logisch gewesen, daß die kuwaitischen Verantwortlichen unsere Initiative mit Freude begrüßen und darauf hinwirken, daß diese Angelegenheit rasch geregelt wird. Doch was wir von ihrer Seite erfuhren, das war lediglich Zögern, vorsätzliche Gemächlichkeit und inszenierte Schwierigkeiten, um den Fortgang der Gespräche zu hemmen, während parallel die Verletzung unserer Souveränität durch den Bau von Öl-, Militär- und Landwirtschaftseinrichtungen auf irakischem Boden weiterging.

Unsere Geduld gegenüber diesen Machenschaften ist nur unserer Weisheit und unserer Aufrichtigkeit zu verdanken, und wir hätten das noch länger ertragen können. Aber die Dinge nahmen eine so gefährliche Wendung, daß es nicht mehr möglich war, weiter zu schweigen. Dies wird Gegenstand des zweiten Punktes sein, den wir im Anschluß entwikkeln werden. Der Irak hat die Akte dieser Angelegenheit bewahrt, die – gestützt auf Dokumente – sämtliche Übergriffe beweist, die die kuwaitische Regierung begangen hat.

*Zweitens:* Die kuwaitische Regierung hat seit einigen Monaten, genau: seit der Irak laut und deutlich die Rechte des palästinensischen Volkes reklamiert und vor der amerikanischen Präsenz am Golf gewarnt hat, eine ungerechte Politik ergriffen, deren Ziel es ist, der arabischen Nation und insbesondere dem Irak Schaden zuzufügen. So hat Kuwait, mit der Komplizenschaft der Vereinigten Arabischen Emirate, ein Komplott eingefädelt, das zum Ziel hat, den Ölmarkt mit einer Überproduktion jenseits der Quoten, die ihnen von der OPEC zugestanden wurden, zu überschwemmen und dafür unbegründete, irrationale und ungerechte Vorwände zu bemühen, die von keinem anderen brüderlichen ölproduzierenden Land geteilt werden. Diese Politik hat einen gefährlichen Einbruch des Ölpreises herbeigeführt. In der Tat hat, nach dem vor einigen Jahren verzeichneten Verfall der Preise im Verhältnis zum internationalen Durchschnitt von seinerzeit 24, 29 und 28 Dollar pro Barrel, die Haltung der Regierungen Kuwaits und der Emirate einen Zusammenbruch des Ölpreises provoziert unter das – bereits bescheidene – im Rahmen der OPEC vereinbarte und auf 18 Dollar pro Barrel festgelegte Minimum auf einen zwischen 11 und 13 Dollar pro Barrel gelegenen Preis. Eine einfache mathematische Operation gestattet es, die von den arabischen ölproduzierenden Länder dadurch erlittenen beachtlichen Verluste zu errechnen.

1) Bei einer durchschnittlichen arabischen Ölproduktion von 14 Millionen Barrel pro Tag haben die arabischen Länder durch den zwischen 1981 und 1990 verzeichneten Preiseinbruch ungefähr 500 Milliarden Dollar verloren, davon 89 Milliarden allein der Irak. Hätte die Gesamtheit der arabischen Länder diese beachtlichen Summen nicht verloren, hätte sie dieses Geld, und sei es nur zur Hälfte, für die nationale Entwicklung und für die Hilfe an arme arabische Staaten verwenden können.

Nimmt man das von der OPEC 1987 festgesetzte Preisminimum – das heißt 18 Dollar pro Barrel –, beziffern sich die von den arabischen Ländern aufgrund der Preiseinbrüche erlittenen Verluste auf 25 Milliarden Dollar.

2) Jedesmal, wenn der Preis für Rohöl um einen Dollar sinkt, verliert der Irak übers Jahr gerechnet 1 Milliarde Dollar. Nachdem die Preise in diesem Jahr aufgrund der kuwaitisch-emiratischen Politik um mehrere Dollar unter die von der OPEC festgesetzten 18 Dollar gefallen ist, hat der Irak fehlende Gewinne in Höhe von mehreren Milliarden Dollar zu verzeichnen, und das in einer Zeit, in der seine Wirtschaft unter finanziellen Schwierigkeiten leidet, hervorgerufen durch Militärausgaben, die die gesamte Zeitdauer der acht Jahre für die legitime Verteidigung seines Territoriums, seiner Sicherheit und seiner heiligen Güter ebenso wie für die der Territorien der Araber, ihrer Sicherheit und ihrer heiligen Güter bereitgestellt wurden. Diese beachtlichen, dem Einbruch der Rohölkurse anzulastenden Verluste wurden nicht nur von den produzierenden Ländern erlitten. Ihre Auswirkungen haben andere befreundete Länder betroffen, die die Hilfe dieser ersteren Länder genossen; deren Kapazitäten in Sachen Entwicklungshilfe sind in solch einem Ausmaß gesunken, daß manche von ihnen veranlaßt waren, die Hilfe vorübergehend einzustellen.

Die panarabischen spezialisierten Organisationen haben ebenfalls Schaden genommen. Sie haben schwere Krisen durchgemacht und befinden sich augenblicklich in prekärer Lage, nachdem die Subventionen, deren Nutznießer sie waren, vermindert oder suspendiert worden sind.

Die Regierung von Kuwait hat sich mit diesen Eingriffen nicht zufriedengegeben. Sie hat, insbesondere gegen den Irak, weitere verübt. Sie hat tatsächlich auf dem südlichen Teil des irakischen Gebietes von Rumeila eine petrotechnische Infrastruktur eingerichtet und begonnen, dort Öl zu fördern. Es hat sich also erwiesen, daß sie den Weltmarkt mit Öl überschwemmt hat, das zu einem Teil aus dem Fördergebiet von Rumeila stammt. Der Irak hat mithin also einen doppelten Schaden erlitten: zunächst durch die Schwächung seiner Wirtschaft in einer Zeit, in der er am meisten auf seine Einnahmequellen angewiesen war, und anschließend durch die Verschwendung seiner Reichtümer. Der Wert des Öls, das Kuwait durch Rückgriff auf diese den Regeln der guten Nachbarschaft zuwiderlaufende Methode aus dem Feld von Rumeila gefördert hat, wird auf Grundlage der zwischen 1980 und 1990 gültigen Kurse auf 2400 Millionen Dollar geschätzt.

Wir halten vor der Liga der Arabischen Staaten und vor der Gesamtheit der arabischen Länder das Recht des Irak auf Rückerstattung der Summen fest, deren er beraubt worden ist, sowie sein Recht, Reparationen zu fordern für die Schädigungen und die Nachteile, denen er zum Opfer gefallen ist. Wir haben vor den arabischen Produzentenländern, einschließlich Kuwaits und der Emirate, mehrfach die Gefahren der von Kuwait und den Emiraten betriebenen Politik dargelegt; wir haben uns darüber beschwert und sie gewarnt. Auf dem Gipfeltreffen von Bagdad hat Präsident Saddam Hussein diese Frage vor den arabischen Staatschefs und im Beisein der betroffenen Parteien in Offenheit und brüderlichem Geist zur Sprache gebracht. (Der Text der Rede Seiner Exzellenz, des Präsidenten, ist diesem Dokument beigefügt.) Wir waren seinerzeit davon überzeugt, daß die Regierungen von Kuwait und den Emiraten diese Politik aufgeben würden, um so mehr, als der Gipfel von Bagdad es ermöglicht hatte, ein Klima der positiven Annäherung zu verwirklichen. Es war schmerzlich, feststellen zu müssen, daß in Wirklichkeit alle bilateralen Demarchen und die Kontakte, die wir zu Bruderländern geknüpft hatten, damit sie bei den Regierungen Kuwaits und der Emirate intervenieren, um sie zu überzeugen, von dieser Methode Abstand zu nehmen, vergebens geblieben sind und daß diese beiden Staaten, ungeachtet der von Präsident Saddam Hussein auf dem Gipfeltreffen von Bagdad gehaltenen Rede, ihre Vorsätze weiter verfolgten. Einige ihrer Verantwortlichen gingen sogar so weit, unverschämte Erklärungen abzugeben, wenn wir diese Wahrheiten zur Sprache brachten und unsere Klagen vortrugen.

Aus diesen Gründen bleibt uns nichts, als die Schlüsse aus diesen Machenschaften der Regierungen Kuwaits und der Emirate zu ziehen. Es handelt sich sehr wohl um eine vorsätzliche Politik mit finsteren Absichten, und es war offensichtlich, daß diese Politik, die zum Zusammenbruch der Preise für Rohöl geführt hat, schließlich der Wirtschaft dieser Länder selbst Schaden zufügen würde.

Es blieb uns also nur die Möglichkeit zu schließen, daß diejenigen, die diese Politik auf so unmittelbare und so eindeutige Weise gewollt haben, diejenigen, die sie unterstützt und ermutigt haben, nichts als die Ausführenden eines Teils des gegen den Irak und die arabische Nation gerichteten imperialistisch-zionistischen Plans sind, dies um so mehr, als der Zeitpunkt, der für seine Ausführung gewählt wurde, zusammenfällt mit den von Israel und den Imperialisten gegen die arabische Welt und insbesondere den Irak ausgestoßenen Drohungen. Fürwahr, wie hätten wir dieser ernsten Drohung entgegentreten und das Gleichgewicht der Kräfte, das dem Irak um den Preis all dessen, was er während des Krieges erdulden mußte, herzustellen gelungen war, aufrechterhalten können, wenn gleichzeitig die vornehmliche irakische Einnahmequelle nach dem Muster aller anderen arabischen ölexportierenden Staaten, will heißen: Saudi-Arabien, Katar, Oman, Jemen, Ägypten, Syrien, Algerien und Libyen, unter diesem Zusammenbruch litt? Fügen wir dem die verhängnisvollen Folgen dieser Politik auf die Fähigkeiten dieser Länder hinzu, den schweren wirtschaftlichen und sozialen Problemen zu begegnen, die sich ihnen in lebensbedrohlicher Weise stellen.

Auf welches Schicksal suchen die Regierungen Kuwaits und der Emirate die arabische Nation in diesen schwierigen, heiklen und gefährlichen Umständen vorzubereiten? Im Dienste welcher Politik und für welche Zielsetzungen arbeiten sie?

Nachdem wir dieses Problem all unseren Brüdern dargelegt haben und nachdem wir die beiden beteiligten Regierungen unmittelbar gebeten haben, dieser zerstörerischen Politik ein Ende zu setzen, indem wir ihnen die maßlosen Schäden vor Augen geführt haben, die sie verursacht, und das vor, während und nach dem Gipfel von Bagdad; nachdem wir Gesandte und Briefe geschickt haben, verurteilen wir die Handlungsweise der Regierungen Kuwaits und der Emirate und betrachten sie als direkte Aggression gegen den Irak und, wohlgemerkt, gegen die Gesamtheit der arabischen Nation.

Die Regierung von Kuwait hat ihrerseits gegen den Irak eine doppelte Aggression begangen. Zunächst, indem sie sich eines Teils seines Territoriums und seiner Ölfelder bemächtigte und indem sie seine nationalen Reichtümer verschwendete. Ein solcher Akt ist bereits einer militärischen Aggression vergleichbar. Der anschließende Versuch, die irakische Wirtschaft in dem Moment zu erdrosseln, da der Irak bereits Opfer einer unerbittlichen imperialistisch-zionistischen Bedrohung ist, stellt ebenfalls eine Aggression dar, die so schwerwiegend ist wie eine militärische Aggression.

Wenn wir heute vor unseren arabischen Brüdern die Elemente dieser schmerzlichen Wirklichkeit darlegen, dann geschieht das in der Hoffnung, sie einschreiten zu sehen, um die Stimme der Vernunft vernehmlich werden zu lassen und der beschriebenen Aggression ein Ende zu setzen, indem sie den Übertretern raten, auf den rechten Weg zurückzufinden und die Erfordernisse des gemeinsamen nationalen Interesses und der gemeinsamen nationalen Sicherheit zu beachten.

*Drittens:* Was die höchsten Interessen der arabischen Nation und die Verbindung zwischen den arabischen Reichtümern und der Zukunft unserer Nation angeht, so unterbreiten wir den folgenden Vorschlag:

Die Gesamtheit der arabischen Länder, Ölproduzenten oder nicht, möge sich auf der Grundlage einer starken politischen Solidarität einigen, den Ölpreis auf 25 Dollar anzuheben; sie möge alsdann einen arabischen Hilfs- und Entwicklungsfonds schaffen nach dem Muster desjenigen, was auf dem Gipfeltreffen von Amman vorgesehen war. Dieser Fonds sollte auf der Basis gebildet werden, daß jeder zusätzliche Dollar pro Barrel, das die Produzentenländer für mehr als 15 Dollar verkaufen, in ihn einfließt, er könnte mithin pro Jahr 5 Milliarden Dollar einnehmen. Während zur selben Zeit die Produzentenländer ihr Einkommen steigen sähen und sich gegen alle Versuche schützen könnten, die arabische Nation über die Verminderung ihrer Öleinnahmen zu schwächen.

Stellen Sie sich vor, wie sehr eine solche fixe Summe die arabische nationale Sicherheit festigen und die Mittel zur Entwicklung aller arabischen Staaten sicherstellen könnte, um der schweren wirtschaftlichen Krise zu begegnen, der die meisten unter uns ausgesetzt sind.

Der Irak unterbreitet diesen Vorschlag ernsthaft zur Prüfung, und der kommende arabische Gipfel in Kairo könnte die Gelegenheit sein, ihn zu untersuchen und zu verabschieden.

*Viertens:* Indem wir diese schmerzlichen Realitäten zur Sprache bringen, scheint es uns notwendig, bei unseren Freunden alle Unklarheiten zu beseitigen bezüglich der Hilfe, die von Kuwait und den Emiraten während des Krieges geleistet wurde.

Alle aufrichtigen Araber stimmen darin überein anzuerkennen, daß der Krieg, den der Irak hat führen müssen, nicht nur der Verteidigung seiner eigenen Souveränität diente, sondern der Verteidigung der östlichen Flanke der arabischen Welt und der gesamten Nation, namentlich der Golfregion. Die Führer der Golfstaaten haben dies selbst klar anerkannt.

Dieser Krieg war also eine gemeinsame nationale Schlacht, in der der Irak die Verteidigung der Sicherheit unserer Nation und insbesondere des Golfes auf sich genommen hat.

Im Verlauf des Krieges hat der Irak von den Bruderländern am Golf unterschiedliche Formen der Hilfe erhalten, deren größerer Teil seinerzeit in Form von zinslosen Anleihen gewährt wurde. Der Irak hat die »Hilfe« in dieser Form in der Anfangszeit des Krieges entgegengenommen, das heißt bis 1982; dann hat der Irak über diese Hilfe nicht mehr gesprochen, in der Hoffnung, der Krieg werde nicht lange dauern und der Irak könne danach schnell seine gesamte wirtschaftliche Kraft zurückerlangen.

Doch der Krieg zog sich hin, und seine Kosten stiegen beachtlich. Die vom Irak erworbenen militärischen Rüstungsgüter haben allein 102 Milliarden in Devisen bezahlte Dollar gekostet, nicht zu reden von den weiteren militärischen und zivilen Ausgaben, die in acht Jahren erbarmungslosen Krieges, der sich über eine Front von 1200 Kilometern erstreckte, beträchtliche Summen erreichten.

Obgleich die von den Bruderländern geleistete Hilfe nur einen verschwindenden Teil dessen ausmachte, was der Irak wirtschaftlich und menschlich bei der Verteidigung der Souveränität und der Würde der Nation aufgewendet hat, hat die irakische Führung dennoch gegenüber allen Brüdern, die diese Hilfe gewährt haben, ihre tiefe Dankbarkeit ausgesprochen. Präsident Saddam Hussein hat dies bei den Besuchen, die einige der brüderlichen Staatschefs am Golf dem Irak abstatteten, öffentlich zum Ausdruck gebracht.

Die bittere Wahrheit, die jeder Araber kennen muß, ist jedoch, daß der größere Teil dieser Hilfsleistungen als Verschuldung des Irak registriert wurde, auch bei Kuwait und den Emiraten. Wir haben, in aller Brüderlichkeit, vor mehr als einem Jahr mit den Betroffenen darüber gesprochen, doch wir sind auf taube Ohren gestoßen.

Darüber hinaus hat Kuwait die Mengen irakischen Öls als Schulden zu seinen Gunsten verzeichnet, die nach Schließung der durch Syrien führenden Pipeline aus der Region von Al-Chafdschi gefördert und für Rechnung des Irak verkauft wurden – obwohl diese Mengen über die Quote hinausgingen, die die OPEC Kuwait zugestanden hatte. Um die vollständige Wirklichkeit zu diesem Thema auszubreiten, müssen wir einen wesentlichen Aspekt des Ölmarktes zur Zeit des Krieges beleuchten.

Der Irak war, vor dem Krieg, mit etwa 2,6 Millionen Barrel pro Tag einer der Hauptölproduzenten. Als der Krieg ausbrach, wurde die Produktion für mehrere Monate völlig eingestellt, dann begann er wieder, kleine Mengen zu produzieren, auf dem Weg über die Türkei, dann über Syrien, und das bis 1982, als die Pipeline gekappt wurde. Die Exporte des Irak über den Süden waren zwischen 1980 und 1985, als die Pipeline durch Saudi-Arabien geöffnet wurde, vollständig zum Erliegen gekommen. Die Verluste des Irak während dieser Periode machten 106 Milliarden Dollar aus.

Tatsächlich ist diese Summe in die Kassen der anderen Produzentenländer der Region geflossen, die ihre Ölexporte gesteigert haben, um acht Jahre lang das Fehlen irakischen Öls wettzumachen. Eine einfache Rechnung zeigt uns, daß die »Schulden« des Irak an Kuwait und die Emirate durch den Überschuß an Ölgewinnen aufgrund der Produktionssteigerung während der Kriegsjahre eindeutig wettgemacht worden sind.

Die Frage, die sich stellt, ist folgende: Wenn der Irak, indem er die gesamte Verantwortung für die Verteidigung der Sicherheit der arabischen Nation und ihrer Würde übernommen hat, ebenso wie den Schutz der Reichtümer der Golfländer, die in ausländische Hände gefallen wären, wenn der Irak verloren hätte – muß er trotz allem die ihm gewährte Hilfe als eine »Schuld« betrachten?

Hatten nicht die Vereinigten Staaten im Zweiten Weltkrieg beachtliche Gelder ihrer Steuerzahler der Sowjetunion und ihren westlichen Verbündeten als Hilfe zur Verfügung gestellt, obwohl sie nicht zur selben Nation gehörten? Und unmittelbar nach dem Krieg hat Amerika im Rahmen des Marshall-Plans beträchtliche Summen für den Wiederaufbau Europas bewilligt und mit einer globalen strategischen Vision gehandelt für die Interessen und die Verteidigung des Lagers, dem es angehörte und das gegen einen gemeinsamen Feind am Krieg teilgenommen hatte. Wie kann man also weiterhin die dem Irak von seinen arabischen Brüdern bereitgestellten Summen als Schulden ansehen, wo er doch in den Jahren dieses erbarmungslosen Krieges aus seinem eigenen Staatsschatz ein Vielfaches dieser Summe geopfert und seine Jugend all ihr Blut für die Verteidigung des arabischen Landes, seiner Würde und seiner Reichtümer hingegeben hat?

Erfordern nicht die nationale Logik und die Logik der regionalen Sicherheit, im Lichte des amerikanischen Beispiels, daß diese Länder nicht nur die Schulden des Irak annullieren, sondern nach dem Muster des Marshall-Plans einen arabischen Plan entwerfen, um einen Teil der irakischen Verluste während des Krieges zu ersetzen?

Derart müßte die Logik der Nation sein, wenn auch nur das geringste Gefühl der Zugehörigkeit zur arabischen Gemeinschaft und ein Bemühen um die Sicherheit der Nation existierten. Statt dessen beobachten wir, wie zwei der Regierungen am Golf, die der Irak beschützt hat, indem er das Blut seiner Söhne vergoß, und zu deren Bereicherung er sogar beigetragen hat, heute versuchen, die irakische Wirtschaft zu zerstören, indem sie ihre Einnahmen mindern, und daß eine von ihnen, die von Kuwait, gar so weit geht, die Reichtümer derer zu stehlen, die ihr Land beschützt haben.

Wir breiten diese bitteren Wahrheiten vor dem Gewissen eines jeden aufrichtigen Arabers aus, und an erster Stelle vor dem Brudervolk von Kuwait, auf daß es unseren Schmerz und den Schaden, der uns zugefügt wurde, ermessen könne.

Tarik Asis
Stellvertretender Premierminister
Minister für Auswärtige Angelegenheiten
der Republik Irak
Bagdad, am 15. Juli 1990

# Brief des stellvertretenden Premierministers und Ministers für Auswärtige Angelegenheiten, Tarik Asis, an den Generalsekretär der Vereinten Nationen vom 24. Oktober 1990

Ich habe die Ehre, Ihnen anliegend einen Brief zu überreichen, den der Generaldirektor der Abteilung für Nationale Sicherheit am 22. September 1989 an den Minister des Inneren des früheren kuwaitischen Regimes gerichtet hat. Dieses gefährliche Dokument beweist die zwischen dieser Regierung und der Regierung der Vereinigten Staaten existierende Verschwörung, um die Situation im Irak zu destabilisieren.

Ich habe diese Verschwörung bereits in einem vom 4. September 1990 datierten Brief angesprochen, den ich an die Außenminister der verschiedenen Staaten der Welt gerichtet habe. In diesem Brief erklärte ich den Hintergrund der Frage und die Umtriebe der Führer Kuwaits gegen den Irak wie folgt:

»Man muß also daraus schließen, daß die Führer des ehemaligen Regimes den Willen hatten, ihre Konspirationen fortzuführen, um die Wirtschaft des Irak zu zerstören und sein politisches System zu destabilisieren. Es ist unvorstellbar, daß ein Regime wie jenes, das vordem in Kuwait an der Macht war, sich in ein Komplott diesen Ausmaßes gegen ein so großes und so mächtiges Land wie den Irak einlassen könnte, ohne die Unterstützung und den Schutz einer Großmacht zu genießen. Diese Macht ist keine andere als die Vereinigten Staaten.«

In meinem Brief machte ich ebenfalls folgende Bemerkungen:

»Es ist aus meinem historischen Bericht und aus der Beschreibung, die ich von den Ereignissen gegeben habe, offensichtlich, daß die Meinungsverschiedenheiten nicht nur gewöhnliche Fragen der Wirtschaft oder der Grenzen betrafen. Wir haben in zwanzig Jahren eine Reihe von Differenzen dieser Art kennengelernt und uns unentwegt bemüht, bestmögliche Beziehungen zu den ehemaligen Herrschern Kuwaits aufrechtzuerhalten, trotz ihres verachtenswerten Betragens und ihrer niederträchtigen Haltung gegenüber dem Irak. Es handelte sich in Wirklichkeit um eine organisierte Konspiration, an der sich die ehemaligen Herrscher Kuwaits, mit Unterstützung der Vereinigten Staaten, mit fest umrissener Absicht beteiligten, um die Wirtschaft des Irak zu destabilisieren, seine Verteidigungsfähigkeit gegen die imperialistischen Pläne Israels und die Aggressionen der arabischen Welt zu untergraben. Dafür sollten das politische System des Irak ausgehöhlt und die Hegemonie der Vereinigten Staaten über die Region, insbesondere über die Ölressourcen verstärkt werden. Tatsächlich war das, wie Präsident Saddam Hussein auf dem Gipfeltreffen von Bagdad erklärt hat und wie ich in meinem Brief an den Generalsekretär der Arabischen Liga mitgeteilt habe, ein Krieg gegen den Irak!«

Dieses Dokument beweist auf klare und unzweideutige Weise, daß sich die amerikanische CIA und die Nachrichtendienste der ehemaligen Regierung von Kuwait im Einverständnis darüber waren, sich gegen die nationale Sicherheit, die territoriale Integrität und die nationale Wirtschaft des Irak zu verschwören.

Ich wäre Ihnen dankbar, wenn Sie diesen Brief und seinen Anhang als offizielle Schriftstücke des Sicherheitsrates in Umlauf brächten.

Tarik Asis
Stellvertretender Premierminister
Minister für Auswärtige Angelegenheiten
der Republik Irak
Bagdad, den 24. Oktober 1990

# Streng geheim und persönlich

Seine Exzellenz, Scheich Salem el-Sabbah el-Salem el-Sabbah, Minister des Inneren

In Übereinstimmung mit den bei unserer Begegnung mit Ihnen am 22. Oktober 1989 erteilten Anweisungen Ihrer Hoheit habe ich, begleitet von Oberst Ischak Abd el-Hadi Schaddad, dem Direktor der Ermittlungsbehörde für das Gouvernement Ahmadi, vom 12. bis 18. November 1989 den Standort der Central Intelligence Agency der Vereinigten Staaten besucht. Die amerikanische Seite bestand darauf, daß dieser Besuch streng geheim bleibt, um auf die Vorbehalte unserer Brüder im Golf-Kooperationsrat, des Iran und des Irak Rücksicht zu nehmen.

Ich unterrichte mit Vorliegendem Ihre Hoheit über die Kernpunkte, in denen wir mit Richter William Webster, dem Direktor der amerikanischen CIA, während meiner privaten Unterredung mit ihm am Dienstag, dem 14. November 1989, übereingekommen sind.

1. Die Vereinigten Staaten werden von uns ausgewählte Personen für den Schutz Seiner Hoheit, des Emirs, und Seiner Hoheit, Scheich Saad el-Abdullah el-Salem el-Sabbah, ausbilden. Ihre Unterweisung und Ausbildung wird unmittelbar am Sitz der CIA stattfinden, und wir haben ihre Zahl auf 123 festgesetzt, von denen einige sich mit besonderen Aufgaben bei der königlichen Familie betraut finden werden, Aufga-

ben, die von Seiner Hoheit, dem Kronprinzen, definiert worden sind.

Zu diesem Thema haben uns unsere amerikanischen Gesprächspartner wissen lassen, daß sie mit dem Verhalten der Streitkräfte der königlichen Garde zum Zeitpunkt des Anschlags auf Seine Hoheit, den Emir, nicht zufrieden waren.

2. Wir sind mit der amerikanischen Seite übereingekommen, daß zwischen der Abteilung für Nationale Sicherheit und der CIA auf allen Ebenen Besuche stattfinden sollen und daß Informationen ausgetauscht werden sollen über die Bewaffnung wie auch über die sozialen und politischen Strukturen des Iran und des Irak.

3. Wir haben dringend um die Hilfe von Experten der Agentur ersucht, um die Struktur der Abteilung für Nationale Sicherheit zu überprüfen, die nach den von Seiner Hoheit, dem Emir, erteilten Anweisungen Vorrang bei unserem Meinungsaustausch mit der amerikanischen Seite haben sollte. Wir gedenken, uns ihre Erfahrung zunutze zu machen, um eine den Veränderungen in der Golfregion und der inneren Situation des Landes Rechnung tragende neue Strategie zu entwerfen, indem wir ein Informatiksystem und automatische Funktionen in der Abteilung für Nationale Sicherheit installieren.

4. Die amerikanische Seite hat uns gesagt, sie sei bereit, wie wir sie gebeten hatten, mit uns Informationen betreffs der Aktivitäten extremistischer Schiiten im Inneren des Landes und einiger Staaten des Golf-Kooperationsrates auszutauschen. Herr Webster hat uns zu den Maßnahmen beglückwünscht, die wir getroffen haben, um die vom Iran unterstützten Bewegungen zu bekämpfen, und er hat uns bestätigt, daß die Agentur zu einer gemeinschaftlichen Aktion bereit ist, die Spannungspunkte in der Golfregion zu beseitigen.

5. Wir sind mit der amerikanischen Seite übereingekommen, daß es wichtig wäre, die Verschlechterung der wirtschaftlichen Lage im Irak auszunutzen, um die Regierung dieses Landes zu veranlassen, unsere gemeinsame Grenze festzulegen. Die CIA hat uns die Druckmittel dargelegt, die

sie für angemessen hält, und hat präzisiert, daß eine breite Zusammenarbeit zwischen uns eingeführt werden müßte, unter der Bedingung, daß die Aktivitäten auf hoher Ebene koordiniert würden.

6. Die amerikanische Seite ist der Meinung, unsere Beziehungen zum Iran sollten dergestalt sein, daß wir einerseits jeden Kontakt mit diesem Land vermeiden können und wir andererseits ihm gegenüber alle denkbaren ökonomischen Druckmittel einsetzen, während wir uns gleichzeitig bemühen, sein Bündnis mit Syrien zu stützen. Die Übereinkunft mit der amerikanischen Seite sieht vor, daß Kuwait negative Erklärungen, die den Iran betreffen, in der Öffentlichkeit vermeiden und seine diesbezüglichen Anstrengungen auf arabische Zusammentreffen beschränken wird.

7. Wir sind mit der amerikanischen Seite übereingekommen, daß es wichtig ist, die Drogen im Land zu bekämpfen, nachdem uns die Experten des Rauschgiftbüros der CIA darüber informiert haben, daß ein Gutteil des kuwaitischen Kapitals dazu dient, den Drogenhandel in Pakistan und im Iran voranzubringen, und daß die Entwicklung dieses Handels unheilvolle Auswirkungen auf die Zukunft Kuwaits haben wird.

8. Die amerikanische Seite hat uns ein Satellitentelefon zur Verfügung gestellt, um einen raschen Austausch von Ideen und Informationen zu fördern, die keiner schriftlichen Kommunikation bedürfen. Die Telefonnummer des privaten Anschlusses von Herrn Webster ist (202) 659-5241.

Ich erwarte die Instruktionen Ihrer Hoheit und entbiete Ihnen meine besten Grüße.

Brigadier Fahd Ahmed el-Fahd
Generaldirektor
der Abteilung für Nationale Sicherheit